VICTOR FOURNEL

BIBLIOTHÈQUE HISTORIQUE ET LITTÉRAIRE

PROMENADES
D'UN
TOURISTE

Voyage en Hollande.
Excursion en Savoie
et en Suisse.

PARIS
ÉDOUARD BALTENWECK, ÉDITEUR
7, RUE HONORÉ-CHEVALIER, 7

PROMENADES
D'UN TOURISTE

Coulommiers. — Typogr. ALBERT PONSOT et P. BRODARD.

VICTOR FOURNEL

PROMENADES

D'UN

TOURISTE

Voyage en Hollande.
Excursion en Savoie
et en Suisse.

PARIS
ÉDOUARD BALTENWECK, ÉDITEUR
7, RUE HONORÉ-CHEVALIER, 7

VOYAGE
EN HOLLANDE

I

Le départ. — Types de voyageurs.

C'est au moment où les chasseurs parisiens se préparaient à envahir le plateau de Châtillon et la plaine de Saint-Denis, que j'ai pris mon vol du côté de la Belgique et de la Hollande. Par l'express, la Belgique n'est vraiment guère plus loin que la banlieue de Paris. Aller de la Madeleine à Montrouge en omnibus, ou de la gare du Nord à Mons en train-poste, c'est à peu près tout un. A peine a-t-on le temps de faire un léger somme, si l'on part le soir, ou de fumer un cigare jusqu'au bout en contemplant les charmes discrets de la nature, si l'on voyage de jour et si l'on n'a pas assez de force d'âme pour réagir contre la pernicieuse contagion tabagique.

A peine les portes de la salle d'attente ouvertes, chacun s'élança à la conquête d'un coin : ce fut d'abord un steeple-chase, puis presque un assaut. Un coin, c'est le rêve de tout voyageur ; pour avoir son coin, il marcherait sur le corps de son meilleur ami, quitte à le relever après et à l'asseoir doucement à côté de lui, — mais pas dans le coin. Pour un coin, s'il s'agit surtout d'un voyage nocturne, le plus débonnaire devient féroce, le plus altier ferait des bassesses, le plus poli passe devant une dame.

Nous étions six dans notre compartiment : c'est dire qu'il n'y avait pas de coin pour tout le monde. Les deux déshérités avaient fini par se résigner, après avoir parcouru le train d'un bout à l'autre et s'être convaincus de l'inutilité d'une plus longue recherche. Mais leur résignation était sans dignité : pendant un quart d'heure, elle s'épancha en confidences réciproques (c'étaient deux amis) sur la gêne et l'ennui qu'ils éprouvaient, en paroles amères contre la parcimonie de la compagnie, qui ne mettait jamais qu'un nombre insuffisant de wagons à la disposition des voyageurs, voire en sorties agressives contre quelques pauvres employés qui n'en pouvaient mais. Nous écoutions ces plaintes navrantes avec la condescendance sereine de l'égoïsme repu, opinant parfois du bonnet, appuyant çà et là quelque réflexion chagrine, tout en nous pelotonnant dans notre coin comme un chat dans sa corbeille, et en nous disant tout bas que ces messieurs faisaient bien du bruit pour peu de chose.

Grâce à cette chambrée presque complète et très-variée, nous pûmes étudier à notre aise, ce soir-là, les diverses variétés de voyageurs. Vous les connaissez comme nous : elles sont partout à peu près les mêmes.

Il y a le voyageur égoïste et sans façon qui, à peine dans son coin, relève l'accoudoir, tire le coussin pour s'en faire un oreiller, et s'étend tout de son long sans se déranger pour âme qui vive : trop heureux quand il ne procède pas tranquillement devant vous à des changements de toilette quelquefois très-intimes! Je vous conseille de ne pas vous plaindre s'il se borne à ôter ses bottes pour mettre des pantoufles.

Il y a le voyageur prudent, maladif, timoré, circonspect, qui s'enfonce un bonnet de laine sur les oreilles, craint les courants d'air, vous demande la permission de fermer la vitre qui est à côté de vous, et ne cesse de vous entretenir de ses rhumatismes que pour demander à un employé qui passe s'il ne s'est pas trompé de convoi et où il faut descendre pour changer de train.

Il y a le voyageur encombré et encombrant,

que suit un facteur portant une demi-douzaine de colis. Il prend possession du wagon comme d'une terre conquise, envahit les filets avec ses malles, ses boîtes, son carton à chapeau, son faisceau de cannes et de parapluies, et déborde jusque sur les coussins, où il élève à ses côtés un véritable retranchement. L'infortuné compagnon qui est parvenu à se glisser après lui dans le compartiment le regarde avec une curiosité mêlée d'effroi procéder à son déballage : il ôte la lorgnette-télescope qu'il porte en bandoulière, sa gibecière, ses gants, son pardessus, tire de toutes les poches un Livret-Chaix, un Guide-Joanne ou un Bœdeker, le *Figaro*, le *Gaulois* et le dernier roman du bon faiseur ; étale à côté de lui la valise qui contient sa pharmacie et ses provisions de bouche, déboucle sa couverture de voyage et l'étale amplement sur ses genoux. Avez-vous vu cette scène du Cirque où un clown à cheval dépouille successivement une demi-douzaine de paletots, quinze gilets, dix-huit pantalons, vingt paires de bas ? Le voyageur encombrant, quand il est en train de se débarrasser, ressemble à ce clown, et j'ai toujours peur de lui voir tirer un supplément de colis de sa casquette ou de ses chaussures, comme ces escamoteurs qui font sortir des cages à poules de leurs chapeaux.

Il y a le voyageur *grincheux*, qui n'est content de rien ni de personne, qui se plaindra à l'administration, qui écrira à son journal : les portières ne fonctionnent pas, la courroie où il a l'habitude de passer son bras est décousue ; on est parti avec un retard de cinq minutes ; les employés ne crient pas assez haut le nom des stations ; les banquettes sont mal rembourrées. Quelle *sale* ligne que celle-là ! D'ailleurs, on ne sait rien faire en France. Voyez les chemins de fer américains, ou, sans aller si loin, les chemins de fer suisses, belges, allemands, tous, en un mot, car la Turquie même nous dame le pion. Nous sommes le pays de la routine ; les administrations ne s'occupent que de gagner de l'argent et se moquent parfaitement du public. C'est une exploitation honteuse ! Parfois, surtout lorsqu'il est gros, le voyageur grincheux arrive à un état d'exaspération violente qui fait craindre des accidents apoplectiques.

Il y a le voyageur taciturne, qui ne répond que par un grognement inarticulé à vos questions ; le voyageur expansif et loquace, qui entre dans votre intimité avec effraction, vous emprunte vos journaux, vous offre ses cigares, vous interroge sur vos affaires et vous conte les siennes, vous invite à venir le voir à sa campagne et vous donne son amitié ; le voyageur *bien informé*, qui connaît la ligne *comme sa poche*, — voilà vingt cinq ans qu'il y passe toutes les semaines, — qui sait combien elle possède de wagons et d'employés, ce qu'elle transporte de personnes par jour en moyenne, ce qu'elle dépense, ce qu'elle gagne, de combien de millimètres la voie monte d'une station à l'autre, qui vous annonce chaque tunnel dix minutes d'avance, en vous disant qu'il a été construit en 1845 par un ingénieur qu'il vous nomme, et que sa longueur est tout au juste de 945 mètres et une fraction, non pas seulement de 940, comme le dit Joanne.

Pour peu que le voyageur bien informé se combine avec le voyageur loquace, vous êtes perdu : ne pouvant échapper par la fuite, vous n'échapperez que par le sommeil.

Mais il n'est pas toujours facile de dormir en chemin de fer. Je suppose que le voyageur expansif et le voyageur bien informé vous aient enfin laissé quelque répit ; que le voyageur égoïste ait retiré ses jambes à lui, et que l'échafaudage du voyageur encombrant ne menace pas de s'écrouler sur vous : vos compagnons fument comme autant de cratères, et remplissent le wagon d'une senteur âcre qui vous fait pleurer et tousser ; vous avez l'alternative entre un gros rhume et l'asphyxie, selon que vous jugerez opportun de tenir la vitre ouverte ou fermée. Enfin, vers minuit, les feux s'éteignent peu à peu, la conversation languit; vous êtes parvenu à trouver une position presque commode où déjà, en dépit du ronflement trop sonore de votre voisin et d'un commencement de torticolis, si vous ne dormez pas encore, vous rêvez avec délices que vous allez dormir.

Le train ralentit sa marche; une voix glapissante s'élève : « Valenciennes, sept minutes d'arrêt. » Le buffet, messieurs. — Demandez le *Rappel*, la *République*, le *Petit Journal*, la *Gazette !* » La porte laisse pénétrer une traînée d'air glacial. Le voyageur attaqué de boulimie, comme il y en a presque toujours un dans chaque train, est descendu pour renouveler ses provisions, qui vont lui fournir matière à une mastication bruyante et prolongée.

« En voiture, messieurs ! » Je reprends tant bien que mal ma position et mon rêve. Ah ! pour le coup, je crois que je dors !... Mais la portière s'ouvre de nouveau, et une espèce de fantôme pénètre dans le wagon, projetant sur nous un rayon lumineux qui semble lui partir de la poitrine : « Vos billets, messieurs, s'il vous plaît. »

Cette fois, c'est bien fini, n'est-ce pas ? Recouchons-nous. Cette nouvelle tentative sera plus laborieuse que les précédentes, mais elle aboutira pourtant. Et tenez, je sens que je glisse au fond d'un sommeil délicieux... « Quiévrain ! Messieurs les voyageurs, descendez pour la visite de la douane. »

Après cette dernière épreuve, vous êtes découragé : il ne vous reste plus le courage de faire un effort. Plongé dans un accablement morne, dans une sorte d'hébétement farouche, vous assistez de votre coin, sans y prendre part, aux savantes manœuvres du voyageur égoïste qui, penché à la portière, affirme aux diverses personnes qui se présentent, tantôt qu'il n'y a plus une seule place, tantôt que c'est un wagon réservé, ou, s'il s'agit d'une dame, que c'est le wagon des fumeurs. Il arrive à son but : nous nous retrouvons trois seulement. Le troisième descend à la première ville. Tout un côté du wagon m'appartient à moi seul. Je me laisse tenter. L'aube commence à peine à se lever au loin. Mais on ouvre la porte avec fracas. Une compagnie de chasseurs pénètre tumultueusement dans l'intérieur. Il n'est pas encore jour, et ces messieurs ont l'air d'avoir déjà trop bien déjeuné. Ils échangent des souvenirs, des confidences, des défis, des exclamations sonores, des rires olympiens, et lorsqu'ils n'ont plus rien à dire, ils fredonnent en faux bourdon le chœur des chasseurs du *Freyschütz*.

Le ciel vous préserve de voyager la nuit avec des amis réunis en société et qui ont bu le coup de l'étrier avant de partir ! De tous les fléaux que je viens d'esquisser sommairement, celui-là est le plus redoutable. Ils emplissent le wagon des éclats de leur gaieté exaspérante et de leurs expansions désordonnées ; ils échangent un feu roulant de quolibets, de hâbleries et de propos salés. Quand ils n'ont plus rien à dire, ce qui arrive assez vite, quelqu'un propose une partie, et ils se mettent à jouer aux cartes jusque sur vos genoux.

C'est pour le coup qu'on apprécie le voyageur taciturne. Le voyageur taciturne est un sage, le plus agréable, le plus délicieux des compagnons de route. J'avais failli le méconnaître ; je lui fais amende honorable. Qu'il agrée toutes mes excuses et l'hommage de ma considération la plus distinguée.

II

Entrée en Hollande. — Dordrecht.

Après avoir franchi la Belgique tout d'une traite, j'ai fait mon entrée en Hollande par une pluie torrentielle, une pluie morne, implacable, obstinée, flegmatique, hollandaise enfin. Un païen superstitieux, effrayé de cet augure, fût retourné en arrière; pour moi, je n'y ai vu qu'une de ces harmonies de la nature chantées par Bernardin de Saint-Pierre, et cette manière de faire connaissance tout d'abord avec la Hollande, sous son vrai jour et dans son aspect normal, avait de quoi charmer un touriste épris avant tout de la couleur locale. J'étais en wagon avec un Hollandais, parlant français comme presque tous ses compatriotes de la classe moyenne : l'excellent homme se montrait fort contrarié de mes observations sur cette pluie caractéristique, qui avait justement commencé à la frontière. Il prétendait que j'étais sous l'empire d'un préjugé répandu par les *Guides,* et qu'il n'y a pas de pays au monde où la température soit plus agréable, et l'été, en particulier, plus charmant qu'en Hollande. Je lui ai promis de revenir vérifier la chose l'été prochain.

J'avais pris de grand matin, à Anvers, le chemin de fer de Moërdick, pour marcher droit à la frontière hollandaise. La Hollande commence, à proprement parler, au sortir d'Anvers. Les rails traversent un sol noirâtre et marécageux, d'une platitude absolue, semé de bruyères, de broussailles, d'arbres chétifs, parmi lesquels se détachent çà et là une maison rustique et le clocher pointu de quelque village. Pas un accident de terrain ; pour tout épisode, outre les arbrisseaux qui s'alignent de chaque côté de la route, de belles vaches, d'un pelage noir et blanc, qui nous regardent d'un œil mélancolique, des ruisseaux traînant leur eau dormante à travers les prés, et parfois, endormi au détour de quelqu'une de ces étroites rivières, un grand bateau à voiles, qui a l'air de sommeiller en songeant à la mer. Un peu avant la frontière, le moulin à vent fait son apparition sur la scène, et dès ce moment il ne la quitte plus.

Nous descendons à Rosendaal pour la visite

des passeports et des bagages. Rien de particulier à noter. Si fait pourtant : les douaniers hollandais m'ont surpris par leur politesse. Il paraît que, dans les Pays-Bas, le voyageur n'est pas considéré comme un ennemi ; le fait est assez rare pour mériter qu'on le note au passage. Nos douaniers devraient bien aller faire un tour en Hollande, mais ils sont trop occupés pour cela.

A Moërdick, la compagnie du chemin de fer nous transvase en bateau. La Meuse, en cet endroit, a la largeur d'un bras de mer, et c'est à peine si l'on aperçoit l'autre rive. Pour compléter la ressemblance, elle moutonnait ce jour-là comme un roman de M. de la Landelle. Mais cette majestueuse prestance ne dure pas longtemps ; et dès qu'on a franchi la passe de Dort, avec son brise-courant, — c'est-à-dire une petite île étroite, aiguë comme la pointe d'une épée, allongée et affilée par la main de l'homme, semblable à l'un de ces trains flottants que les badauds s'assemblent pour voir passer sous les ponts de Paris, — elle se resserre et ne pense plus à singer l'Océan. Les rives sont couvertes de saules, égayées de jardins et de pavillons, animées, surtout aux approches de Dordrecht, d'usines haletantes et infatigables, dont les pieds se rafraîchissent dans les eaux du fleuve. Une multitude d'embarcations de tout genre et de toute grandeur nous croisent au passage, et les matelots se hèlent avec des cris joyeux. Et puis les moulins à vent se mettent à escorter le bateau : de quelque côté qu'on regarde, à droite, à gauche, en avant, en arrière, partout de grandes élytres blanches qui tournent toujours, et semblent courir après vous sur leurs bras fantastiques, comme ces gamins du bon vieux temps qui suivaient les diligences en faisant la roue. Que serait devenu don Quichotte, s'il était né en Hollande ?

Notre embarcation fait escale à Dordrecht, ou, comme on dit familièrement par ici, à Dort. J'en profite pour descendre à terre jusqu'au soir, où je reprendrai le dernier bateau allant à Rotterdam. J'ai laissé mes bagages au bureau et je suis allé me promener par la ville. Elle m'a charmé : on y trouve déjà la Hollande tout entière, et l'impression produite sur le voyageur est d'autant plus vive qu'elle n'a pas été préparée. Dordrecht possède même une physionomie à part et très-caractérisée, parmi ses sœurs du même pays : c'est essentiellement la vieille ville néerlandaise, paisible et tranquille, n'ayant pas sacrifié au démon moderne, et telle à peu près aujourd'hui qu'elle était au temps du fameux synode. Les touristes ont grand tort de la négliger.

Jugez tout ce que doit avoir d'étrange la sensation produite sur un Français par l'aspect de la ville : la plupart des maisons sont bâties en briques noires, ou d'un rouge noirâtre ; sur ce fond sombre, calculé pour servir de repoussoir, éclatent la blancheur immaculée du ciment, qui relie toutes les briques l'une à l'autre, les pierres blanches disposées en éventail autour des fenêtres ou au-dessus des portes, les encadrements blancs ou jaunes des fenêtres, la couleur bronze des portes ouvragées, avec leurs bordures de diverses couleurs, leurs panneaux et leurs marteaux de cuivre étincelant comme de l'or, les toitures d'ardoises, les perrons de pierre et les établis peints qui font saillie au dehors. Ajoutez-y les vitres, qui forment en Hollande tout un arsenal de coquetteries provocantes à l'œil. Quelquefois elles sont en verre colorié, le plus souvent elles se teignent des nuances savamment assorties que la ménagère a disposées à l'intérieur : — rideaux blancs mariés à des rideaux bleus, stores illustrés dont on trouve moyen de montrer quelque bout affriolant, et tout en bas, reposant sur l'appui, un écran mobile, tantôt peint, tantôt constellé d'arasbesques. N'oublions pas les petits miroirs à l'*espion* disposés en dehors des fenêtres, ni les volets ou jalousies qui étaient à peu près inconnus dans le pays il y a vingt ans, et vous aurez une idée de l'ensemble des couleurs qu'on trouve sur la surface d'une maison, en particulier d'une fenêtre hollandaise. Comptez. Tout cela, bien entendu, d'une netteté éclatante, sur laquelle un grain de poussière ferait tache.

Dans les rues, les servantes secouent les tapis avec un bruit d'artillerie qu'on décharge, et par les portes entr'ouvertes vous en voyez d'autres, accroupies et lavant à grande eau le parquet et les lambris des corridors. Qu'y peuvent-elles laver, bon Dieu ? D'autres inondent du haut en bas la façade de la maison, à l'aide d'immenses tuyaux semblables à ceux de nos pompes à incendie ; torchons, vergettes, balais de toutes dimensions, baguettes et baquets, terres et savons de tous genres, ustensiles de toutes formes, en un mot un arsenal entier est sans cesse en activité, et ces braves filles s'appliquent avec un zèle si désintéressé à la propreté du logis qu'elles en oublient d'ordinaire leur propreté personnelle. L'abondance des canaux sert à souhait cette manie et la provoque en même temps. On peut s'étonner de ce soin à entretenir une humidité permanente dans les maisons, sous un climat qui n'est déjà que trop humide ; mais, sauf cet excès particulier et pour tout le reste, il faut reconnaître que cette hygiène de la propreté est nécessitée par les conditions matérielles du pays.

Une particularité assez bizarre m'a frappé dans la construction des maisons de Dordrecht :

presque toutes elles penchent et surplombent sensiblement. Il faut l'attribuer sans doute au tassement de ce sol mou et détrempé sur lequel les Hollandais sont obligés de bâtir. Peut-être aussi doit-on rapporter en partie l'origine de ce phénomène à la curieuse et incroyable catastrophe, attestée par une tradition constante et confirmée par les dernières études géologiques, qu'aurait éprouvée la ville lors de la désastreuse inondation de 1421, qui submergea 72 villages, fit périr près de cent mille hommes et forma l'île où se trouve actuellement enfermée Dordrecht. On assure que la ville aurait été déplacée tout d'un bloc et transportée en un autre lieu, — ce qui s'explique par la nature particulière du sol. La couche d'argile sur laquelle elle est bâtie, aurait glissé sur la masse de tourbe marécageuse qui forme la base du terrain.

Dordrecht, pas plus que les autres villes du pays, n'est riche en monuments. Les Hollandais construisent comme ils peuvent, et non comme ils veulent. Eussent-ils le génie architectural, la nature de leur sol ne leur permettrait guère de le déployer. La grande Église est pourtant un assez bel édifice gothique, avec une haute tour qui produit un effet imposant quand le bateau passe au-dessous. Il y a aussi sur le quai une porte âgée de quelques siècles, surmontée d'un dôme et ornementée de quelques bas-reliefs, que je me suis amusé à regarder en détail en attendant le bateau de Rotterdam. Je ne parle pas de l'hôtel de ville, fort insignifiant avec ses deux lions débonnaires, plantés en sentinelle devant une maigre colonnade. D'ailleurs, tout cela est l'affaire des *Guides*, et je n'ai nulle envie de leur faire concurrence.

La principale des curiosités particulières de la ville, presque la seule, était jadis l'admirable collection de tableaux anciens et modernes formée par M. de Kat, et qui s'est vendue près de 600,000 francs en 1866, à l'hôtel Drouot, après la mort de son propriétaire. La Hollande est certainement l'un des pays du monde où l'on trouve le plus de galeries privées, véritables et opulents musées, consacrés surtout à la peinture nationale. Il est impossible de connaître l'art hollandais, tant qu'on ne les a pas visitées à fond. Lors d'un premier voyage, en 1860, on m'avait peint de diverses parts sous les plus sombres couleurs les obstacles qu'il fallait vaincre pour dépasser l'entrée de ce sanctuaire, gardé, disait-on, comme le jardin des Hespérides, par des dragons inflexibles. Je tentai bravement l'aventure, et bien m'en prit de ne pas écouter les pessimistes, car M. Herman de Kat lui-même, malgré son grand âge, ses infirmités et sa connaissance imparfaite de la langue française, voulut me faire, avec une obligeance infinie, les honneurs du temple, où, en véritable égoïste, je me promenai pendant près de trois heures.

Que de merveilles! Que de révélations! Tous ces tableaux, choisis parmi les plus exquis et dans une condition parfaite, étaient groupés en une douzaine de petites salles successives, soigneusement garantis du soleil comme de la poussière, et les plus précieux cachés sous un rideau que le maître du trésor se réservait de tirer lui-même. Cette inépuisable collection était surtout riche en belles toiles de maîtres peu connus, ou dont les productions sont très-rares. Elle m'introduisit soudainement au cœur de l'art hollandais, et produisit sur moi une impression de surprise et de saisissement, en me révélant des séries de petits chefs-d'œuvre exécutés par d'excellents peintres, dont on n'a jamais entendu parler en France et qui sont presque inconnus en Hollande même. La galerie de Kat était pour l'art ce que la ville de Dordrecht est pour la contrée : une initiation subite, au seuil des Pays-Bas.

M. de Kat avait aussi dans sa galerie les plus beaux Ary Scheffer qui se pussent voir, en particulier ce fameux *Coupeur de nappe,* que les admirateurs du maître ont tant regretté de n'avoir pu réunir à ses autres œuvres, à la même exposition.

On sait qu'Ary Scheffer était né à Dordrecht, qui se montre à bon droit fière de ce titre de gloire. Un monument en bronze, érigé par souscription, s'élève sur la place de la Bourse en l'honneur de ce *peintre des âmes*, qui restera l'une des gloires les plus pures, sinon la plus haute, de l'art contemporain.

III

Rotterdam. — Les rues, les routes et les canaux hollandais. — Une séance à la grande Église. — Érasme et sa statue.

A cinq heures du soir, le bateau à vapeur me dépose à Rotterdam. Il pleut toujours. A peine installé à l'hôtel, je suis sorti pour me promener par la ville, qui est animée et a tout à fait l'aspect d'une capitale. Avec ma casquette de voyage, la pluie ne me gênait guère. Je ne sais trop comment vous expliquer ce mystère, mais il est certain que la pluie ne fait pas de boue ici, par respect sans doute pour la propreté hollandaise : elle sert tout au plus à laver les pavés, qui n'en ont pas besoin. En y réfléchissant, je m'aperçois que ce phénomène, inconnu en France, doit tenir au zèle qu'on met à entretenir les rues. Voici de quoi se compose partout une rue hollandaise :

d'abord les trottoirs le long des maisons ; mais ces trottoirs, de hauteur inégale, interrompus à chaque instant par les marches des perrons et les escaliers des caves, sont à l'usage exclusif des propriétaires ; la plupart du temps une grille les défend contre l'envahissement des passants, et garde de la curiosité banale les secrets de l'intimité, le sanctuaire de la maison, toujours fermé en Hollande avec un soin jaloux. Le trottoir est bordé d'une rigole ; puis vient une chaussée en briques rouges pour les piétons ; enfin le milieu de la rue, destiné aux voitures, est recouvert de pavés uniformes, symétriquement disposés et serrés de façon à ne pas laisser place à la moindre flaque d'eau. En Hollande, les routes tout entières sont pavées en briques, souvent jusqu'à l'intérieur des villes ; dans ce dernier cas, on a grand soin d'en assortir la couleur de façon à ce qu'elle tranche nettement sur la chaussée des piétons. Quelquefois les briques de chaque partie de la route sont de différentes dimensions et disposées dans un sens inverse. Le voyageur qui traverse la Hollande s'étonne de la quantité de briques que peut contenir un si petit royaume.

On parle beaucoup du flegme des Hollandais. Nous verrons bien. En attendant, ce n'est pas le flegme qui me frappe dans la physionomie de la ville. Les passants semblent rouler sur eux-mêmes le long des rues étroites ; c'est partout une foule pressée qui court plus qu'elle ne marche, et partout des airs affairés qui exciteraient la jalousie des avocats sans cause de la salle des Pas-Perdus. Rotterdam est le centre du jeune commerce, du *commerce de l'avenir :* c'est là que s'est réfugié, dans toute sa verve et sa verdeur, le génie de la spéculation. Ici tout le monde est négociant, même les artistes, même les poètes, même les archi-millionnaires. Les plus grands écrivains de la Hollande étaient marchands ; Tollens vendait des couleurs, et celui que l'opinion publique regarde comme son successeur, est un épicier-droguiste. Les propriétaires des grandes collections à Rotterdam, MM. Blockhuyzen, Nottebohm, etc., sont des commerçants, comme l'était M. Kat. Aussi ce peuple est-il de l'avis du proverbe anglais, que le temps est de l'argent, et c'est pour cela qu'il court dans les rues.

En outre de cette population affairée, Rotterdam en renferme une autre des plus turbulentes. Les matelots, qui y passent leurs jours gras, ne sont pas les gens les plus paisibles du monde, et la jeunesse y est tapageuse à souhait. Je suis resté trois jours ici, et n'ai jamais manqué d'entendre, de huit à dix heures du soir, des bandes de gamins des deux sexes parcourant la ville en se tenant par le bras et poussant des hurlements effroyables que les Hollandais prennent pour des chansons. Près de mon hôtel, dans la Zandstraat, sont accumulés tous les *musicos* de la ville, espèces de cafés-bals d'un genre fort équivoque, ou plutôt nullement équivoque, d'où s'échappent par rafales les sons d'une effroyable musique. Les clarinettes, les triangles et les instruments de cuivre dominent dans ces concerts infernaux, renouvelés tous les soirs pendant quatre heures, et qui amassent devant chaque porte, fermée d'un simple rideau et surmontée de grandes lanternes coloriées et d'images fantastiques, avec des inscriptions bizarres, un rassemblement de curieux et de va-nu-pieds. Je ne vois guère le flegme hollandais dans tout cela. Encore un préjugé qu'il faut perdre. Patience! Nous en perdrons bien d'autres, en attendant que nous perdions celui de la pluie, comme l'a prédit mon compagnon de voyage.

Les rues de Rotterdam sont généralement étroites, et l'élévation des maisons les fait paraître plus étroites encore. Il ne manque pas de ruelles où deux individus qui se croisent ne pourront passer qu'en se mettant nez à nez ou dos à dos ; mais aucune, si déshéritée qu'elle soit d'espace et de soleil, ne recèle en ses flancs les ténébreux mystères qui déshonorent nos ruelles françaises. Il y a pourtant, à Rotterdam, une vaste promenade où l'on peut flâner à son aise : c'est le *Boompies*, c'est-à-dire un beau et large quai planté d'arbres, qui longe la Meuse. Bayle y a demeuré, lorsqu'il était professeur de philosophie et d'histoire à Rotterdam. La vue qu'on a de là sur le fleuve et sur les vaisseaux en mouvement a de quoi charmer un Parisien, si savant et si blasé qu'il se croie par la contemplation prolongée de la frégate-école. Mais le Boompies lui-même est, depuis quelques années, relégué au second plan par la création d'un nouveau quai conquis sur la Meuse, l'*Oosterkade*. Ces Hollandais, rien ne les arrête, et quand ils ont envie d'un pré ou d'une promenade, ils iraient les chercher jusqu'au fond de la mer. Il y a vingt-cinq ans, l'Oosterkade était une grande masse d'eau où mouillaient les navires; aujourd'hui c'est tout un quartier de la ville, le plus beau, le plus coquet, bordé de jolies maisons à pavillons, à balcons, à galeries, que précèdent uniformément des jardins clos de grilles, et avec une vaste jetée de cent vingt-cinq pas de largeur dans toute son étendue, couverte d'une pelouse où paissent tranquillement les vaches.

Le second soir de mon séjour à Rotterdam, comme j'errais par la ville, fatigué du mouvement et du bruit des passants, j'ai vu les fenêtres de la grande Église illuminées, et je suis entré. C'est un bel édifice gothique, du XVe siècle, jadis dédié à S. Laurent, maintenant consacré au culte calviniste. Les protestants ne devraient pas commettre ce gros contre-sens de pratiquer leurs cérémonies dans un édifice gothique. Passe encore, si c'était un temple grec à colonnade ! Rien ne jure plus avec le prêche que l'ogive, créée par et pour le catholicisme. L'ogive appelle l'autel et la messe, et je n'ai jamais pénétré dans quelqu'une de ces vieilles églises du XIIIe ou du XIVe siècle, que la Réforme nous a ravies, sans éprouver, à la vue du matériel ordinaire des temples, de ces becs de gaz et de ces bancs disposés circulairement autour de la chaire, seul tabernacle du lieu, le sentiment d'une disparate à la fois pénible et pourtant grotesque.

Les bas-côtés de la grande Église de Rotterdam sont occupés par de petits appartements, avec plafond coupant la voûte au quart de sa hauteur. Il y a là des bureaux et des boutiques. La niche du concierge est pratiquée dans le transept droit, et par la porte entr'ouverte on pouvait entendre les conversations de la famille et subodorer quelque vague odeur de fricot. Une quinzaine de beaux lustres éclairaient la salle. Les spectateurs arrivaient en foule : les uns allaient se placer sur les bancs du parterre, les autres dans les loges et galeries supérieures, entourées de barrières en planches, subdivisées à l'infini et étagées en pente douce, comme dans tout spectacle bien organisé. A chaque porte des galeries se tenaient des ouvreurs de loges. La concierge allait et venait d'un appartement à l'autre, traversant la salle une marmite à la main, et faisant ses petites affaires sans se gêner. Instinctivement j'avais ôté mon chapeau en entrant :

« Couvrez-vous, monsieur, me dit un brave Hollandais entré avec moi : il fait froid ce soir, vous pourriez vous enrhumer. »

Je regardai autour de moi : tout le monde avait son chapeau sur la tête. Je profitai donc de l'avis charitable de mon voisin, et je me couvris aussi — de peur de m'enrhumer.

Cependant la séance commençait. L'organiste exécuta sur son instrument, qui est fort beau [1], une espèce de symphonie rationaliste, où il me parut chercher, à travers les tâtonnements d'une improvisation parfois laborieuse, à glorifier phi-

---

[1]. Cet orgue peut presque rivaliser avec celui de Harlem. Ce n'est point par amour de l'art que les habitants de Rotterdam le firent établir, dit l'anglais John Carr dans son *Voyage en Hollande* (1807), mais par une spéculation mercantile, et uniquement pour empêcher la foule d'aller chaque année entendre celui de Harlem, et porter beaucoup d'argent dans cette ville. — O peuple de parfaits commerçants !

losophiquement le Dieu de la raison pure. Cependant, vers le milieu de la symphonie, un monsieur, de noir habillé, ganté scrupuleusement, cravaté de blanc, l'air distingué d'un professeur au collége de France, était monté en chaire. Quelques têtes se découvrent dans l'assistance, celles des gens polis qui tiennent à rendre hommage au professeur ; mais c'est un simple salut de civilité, car ils se recouvrent aussitôt. Je suis étonné qu'ils n'aient pas eu la même déférence pour le bon Dieu que pour son ministre, et qu'ils ne lui aient pas ôté leurs chapeaux en entrant chez lui. Le monsieur en habit noir tire lentement et péniblement ses gants, arrange sa cravate, ébouriffe ses cheveux d'un doigt léger, boit une gorgée d'eau sucrée dans un verre placé sur la chaire. Cela fait, l'orgue se tait, et le professeur, la tête légèrement renversée en arrière et éclairée en plein par la lueur qui descend d'un trou circulaire pratiqué dans l'abat-voix, prononce un petit discours d'un air inspiré. Après quoi, deuxième morceau d'orgue, dont le professeur profite pour réparer le nœud de sa cravate, boire une autre gorgée d'eau sucrée et lorgner discrètement son auditoire. Il se lève de nouveau et recommence un autre discours, cette fois sur un ton simple, le coude négligemment appuyé sur la chaire, le geste abandonné et familier. Cette seconde allocution est suivie d'un concert vocal et instrumental, dirigé par un chef de chœur qui s'est levé à côté de la chaire pour battre la mesure. Après ce concert, que j'ai trouvé le morceau le plus intéressant de la séance, les bons protestants s'en vont, édifiés. — Ils ne sont pas difficiles.

Quand je sortis, il pleuvait encore, en dépit de mon Hollandais, et le lendemain il pleuvait toujours.

Cette pluie persistante ne gêne en rien les habitudes de la ville de Rotterdam. On va, on vient, on vaque à ses affaires comme si de rien n'était. Les fripiers de Roodezand n'en accrochent pas moins sous leurs auvents les loques bariolées, les casaques jaunes surtout, semblables à des pelures d'oignon, qu'ils exposent chaque jour à la convoitise du chaland, et le long des rues populaires s'alignent, comme à l'ordinaire, les échoppes en plein vent des marchands d'anguilles fumées, de moules, de friture, de beignets et de cafés à cinq *cents* la tasse. Cette pluie-là n'a d'autre but que de faire sa cour aux canaux de la ville.

Mais je n'ai pas encore parlé des canaux; c'est pourtant ce qui donne avant tout, aux yeux du voyageur qui entre en Hollande, une physionomie si originale et si caractéristique à Rotterdam. Sauf la grande digue qui soutient et protége la ville en la traversant d'outre en outre, et qui en forme la principale artère, on peut dire que toutes les autres rues sont des canaux. Ces canaux sont à peu près au niveau du sol ; nul parapet, nulle barrière ne les séparent des quais, et parfois, avec la mousse verdâtre qui les recouvre, ils ressemblent si bien à une continuation du pavé, que les soirs où la lune boude dans son lit de nuages, l'œil et le pied d'un triple myope comme moi peuvent aisément s'y méprendre. La plupart du temps, ce sont les bateaux qui servent de parapets : les canaux en sont couverts ; entassés tout le long du bord, où vous les frôlez du coude en passant, ils soutiennent vos faux pas et vous empêchent de tomber à l'eau. Spectacle étrange que cette forêt de mâts dépassant de toutes parts les toits des maisons ; ces ponts qui s'ouvrent sans cesse, en se relevant par le milieu, pour laisser le champ libre à quelque gros navire en train de flâner par la ville et les places publiques, et ces bâtiments de commerce qui viennent se ranger devant la porte de leurs patrons, sous les fenêtres des magasins qu'ils fournissent, à portée de la main des armateurs et des négociants !

Les monuments sont rares à Rotterdam : lorsqu'on a nommé la Grande-Église, l'Hôtel-de-Ville, la Bourse, c'est à peu près tout. Il ne faut point parler du Musée, détruit par un incendie en 1864, rebâti depuis lors, mais dont la collection, déjà médiocre autrefois, mérite à peine une visite aujourd'hui et dont le cadre ne vaut pas mieux que les tableaux. J'ai déjà dit d'où vient cette disette architecturale. Il en est à peu près de même de la sculpture, pour des raisons analogues. Le génie artistique de la Hollande s'est tout entier renfermé dans les limites de la peinture, et de la peinture de genre. Ce peuple, qui a un sentiment religieux très-prononcé, et une glorieuse histoire nationale, dont il est fier à juste titre, n'a pourtant jamais pu s'élever jusqu'à la peinture religieuse ou historique. On trouve çà et là dans ses hôtels de ville, des toiles inspirées par les grands souvenirs de la chronique indigène, mais rares, et d'une médiocrité qui fait regretter qu'elles ne le soient pas plus encore.

Les scènes d'intérieur, familières ou comiques, tristes ou joyeuses, la vie de famille et la vie de cabaret, les assemblées de confréries et les expansions des kermesses, voilà le domaine naturel et exclusif de l'art chez ce peuple, en qui ses condisions matérielles d'existence, la nature de son climat et de son sol ont réagi sur le genre de vie, le caractère et l'intelligence. On comprend dès lors que la noble et sévère sculpture, cet art abstrait et monumental, ait rarement produit des œuvres dignes d'attention en Hollande. Regardez, par exemple, ce Mercure anguleux et gauche, qui grelotte au seuil de la Bourse, dans sa nudité innocente ; regardez surtout, au frontispice de l'Hôtel-de-Ville, cet incroyable bas-relief, d'un art tout primitif, d'un dessin naïvement puéril, qu'on dirait exécuté au couteau par un enfant de l'école primaire, et qui nous montre, je crois, en un symbolisme de formes exubérantes et charnues, la Hollande à qui les fleuves apportent leurs tributs de fruits et de fleurs. Regardez même, sur la place du Grand-Marché, cette statue d'Érasme, où le malicieux écrivain, de mine assez piteuse, malgré son masque de bronze, a été représenté par l'un des premiers sculpteurs de la Hollande, Henri de Keiser, feuilletant un gros livre qu'il a l'air de parcourir avec attention, tandis qu'en réalité son regard contemple les choux, légumes et comestibles divers, accumulés devant lui sur le large pont qui sert de marché, — spectacle assez prosaïque pour l'auteur de l'*Éloge de la folie*, mais en rapport avec le caractère artistique de la statue, à laquelle il forme un commentaire tout à fait congruent ! Érasme raconte quelque part que sa constitution délicate avait eu tellement à souffrir des poissons gâtés dont on le nourrissait au collége Montaigu, à Paris, où il était venu achever ses études, que la vue seule d'un poisson lui donnait des nausées et le rendait malade. Les magistrats de Rotterdam eussent dû épargner à *ses mânes* le supplice qu'ils leur ont infligé en dressant sa statue au milieu d'un marché, dont les poissardes ne se gênent pas pour entasser des montagnes de harengs et de morues à ses pieds.

A propos de ce monument, qui a succédé à une statue en pierre, qui avait succédé elle-même à une statue en bois, je ne veux pas vous priver d'une phrase précieuse du Guide-Richard. Il me semble que M. Prudhomme, en ses beaux jours, n'eût jamais trouvé mieux :

« De la Bourse, un fort beau chemin conduit à une place ornée de la statue d'Érasme. *Comme il est représenté en habit de docteur*, écrit l'excellent M. Richard, *on peut difficilement juger du mérite de l'artiste;* mais la figure a beaucoup d'expression, et *un physionomiste* y reconnaîtrait *peut-être* l'indice du discernement et de la subtilité de l'original. »

Voilà de l'esthétique comme on n'en trouve pas souvent. O sainte simplicité, vertu de nos pères, si tu étais bannie du reste de la terre, tu te réfugierais dans les Guides-Richard !

On montre encore, dans les environs de la grande église, la maison où naquit Érasme, le 28 octobre 1467, comme, sur le Boompies, celle qu'habita Bayle, ce grand érudit et ce déplorable philosophe. Aujourd'hui, après plus de trois siècles, Érasme, qui a écrit tous ses livres dans une langue morte et sur des sujets dont la plupart n'ont plus pour nous qu'un intérêt presque nul, a gardé toute sa réputation et reste l'écrivain le plus illustre et le plus universel qu'ait produit la Hollande. On ne le lit plus, mais tout le monde sait son nom. Sur le piédestal de la statue est gravée l'inscription suivante :

VIRO SECULI SUI PRIMARIO.

« Au premier homme de son siècle. »

Quand on pense que ce siècle est celui de Raphaël, de Michel-Ange, du Tasse, de Charles-Quint et de Bayard, on ne peut s'empêcher de sourire de cet excès d'enthousiasme. A coup sûr, Érasme est un homme célèbre, mais fut-ce bien un grand homme ? Fut-ce surtout le plus grand de son siècle ? Il n'y a guères de grand homme sans un grand caractère, et nous ne serons pas injuste envers Érasme en hésitant à lui reconnaître ce titre suprême de gloire, qui n'est justifié suffisamment ni par sa vie, ni par ses écrits.

IV

Riswyck. — Digression sur la pipe, la bière, le schiedam, les choux rouges et les pommes au beurre. — Ce qu'on mange et ce qu'on boit en Hollande. — Inauguration de la statue de Tollens. — Coup d'œil sur la poésie hollandaise.

J'ai pris, dans une gare bâtie en style gothique, ma place pour s'Gravenhage, appelée vulgairement par les Hollandais s'Hage, ce que nous autres Français nous traduisons par la Haye.

En dépit de mon Hollandais, il pleut toujours.

Au bout de trois quarts d'heure le chemin de fer me dépose à la Haye. Je n'ai pas même eu le temps d'achever mon cigare. On peut faire le tour de la Hollande en trois ou quatre cigares, au plus. Il y a souvent moins d'un demi-cigare de distance entre deux de ses principales villes, par exemple entre Delft et la Haye. On fume partout en wagon. Les employés mêmes donnent l'exemple aux voyageurs, qui le suivent avec une émulation empressée. Sur quarante personnes assises dans un wagon il y a bien trente à trente-cinq fumeurs, et comme le premier soin des Hollandais et des Hollandaises, qui craignent fort les courants d'air, est de fermer hermétiquement les portières des fenêtres, on ne tarde pas à se trouver enseveli dans une épaisse atmosphère de tabagie, que ces dames supportent avec une résignation stoïque. On fume même dans les théâtres hollandais, nous le verrons plus loin, mais presque toujours le cigare, car la pipe est assez peu en usage par ici.

La Belgique, qui est l'enfer des mangeurs de pain et des buveurs de vin, est du moins le paradis des fumeurs et des buveurs de bière. Comme la Belgique, la Hollande est l'enfer des premiers, mais elle est, en outre, tout au moins le purgatoire des seconds. Quoique les cigares y soient excellents, le tabac à fumer y est d'un si écœurant parfum qu'on l'abandonne aux palais vulgaires des gens du bas peuple. Quant à la bière hollandaise, c'est un mythe. On ne boit guère dans les Pays-Bas que de la bière de Bavière, qui se paye presque le double de ce qu'elle coûte en France, — 25 cents, c'est-à-dire un peu plus de cinquante centimes le verre et d'un franc la bouteille. Ne vous laissez donc pas prendre aux tableaux de

Van Ostade, de Jean Steen et d'Adrien Brauwer, qui représentent invariablement de braves gens, tenant d'une main leur pipe et caressant de l'autre les flancs d'un cruchon où pétille la bière. Ce sont de grands menteurs, à moins que la Hollande n'ait bien changé depuis.

Encore une illusion perdue!

La boisson populaire est le *schiedam*, sorte de genièvre, qui tire son nom de la ville où on le fabrique. Les uns le boivent pur, d'autres en le trempant d'eau. La Hollande, le pays du monde qui a le plus d'eau, qui en a à n'en savoir que faire, si bien que, dans les campagnes, les haies sont remplacées par des ruisseaux et qu'il faut toujours franchir un canal pour entrer dans un pré, ne possède cependant point d'eau potable. Un verre d'eau du pays, si on le buvait sans l'avoir préalablement filtré, vous payerait sa bienvenue par une dyssenterie désastreuse. Même après la filtration, l'eau conserve un goût fade et plat dont s'accommode mal l'estomac d'un Français.

Et puisque j'ai commencé à aborder la question, c'est ici le moment peut-être de vous donner quelques renseignements sommaires sur la nourriture du pays, telle que j'ai pu l'étudier aux tables d'hôte. J'y ai mangé des soupes, inédites en France, dont la tête de veau et les boulettes de saucisse formaient l'élément solide.

Les viandes sont savoureuses et succulentes, grâce aux excellents pâturages. La nutrition y est basée sur le grand principe des mélanges. Par exemple, le bœuf vient de faire son apparition : aussitôt le plat de pommes de terre circule, puis le plat de haricots verts, ensuite le plat de choux rouges ; quand tout cet amalgame est entassé en montagne dans votre assiette, vous voyez venir à vous la saucière, et vous imprégnez le tout d'un jus savoureux. Avec un pareil système, on a vite raison du plus vigoureux appétit. Avec le poisson les pommes de terre et les choux rouges recommencent à circuler. Très-souvent s'y joignent les pommes au beurre, sucrées, en marmelade. Une anguille à la sauce blanche, avec des pommes sucrées au beurre, jugez du résultat ! Les Hollandais ne se doutent pas que des ingrédients si disparates « hurlent d'effroi de se voir accouplés. »

L'usage universel et constant des pommes de terre, toujours bouillies, et toujours d'excellente qualité, est peut-être ce qui explique le discrédit où semble être tombé le pain dans les Pays-Bas. Un petit pain, mou et poreux comme une éponge, ou une tranche large comme le creux de la main et épaisse comme la lame d'un couteau, il n'en faut pas davantage à un Hollandais pour l'un de ces repas où il absorbe des collines de viande. J'étais obligé de faire bassement la cour aux garçons pour obtenir qu'on me servît à la française, en m'épargnant la honte d'en redemander dix fois. Encore n'y parvenais-je pas toujours, et le mot *Brood* (pain) est, de toute la langue hollandaise, celui que j'ai appris le plus vite, et à peu près le seul que j'aie retenu. Je me souviens qu'à Dordrecht, après avoir sonné cinq ou six fois de suite pour jeter le même cri : *brood*, à la ménagère qui me servait, je finis par expliquer mon angoisse à l'hôtelier, qui comprenait quelque peu le français. L'excellent homme abonda dans mon sens, et me promit satisfaction entière. Une minute après, la ménagère entrait, m'apportant triomphalement sur une assiette deux tranches, comme ci-dessus, plaquées l'une contre l'autre, et d'une épaisseur totale d'un tiers de pouce. Vous dire l'expression navrée que dut trahir mon regard serait chose difficile, et j'y renonce. Ce fut l'affaire de deux bouchées au lieu d'une, et, au bout de quelques instants d'attente, sacrifiés au respect humain, la sonnette recommença un appel désespéré, et le *Brood* retentit de nouveau avec une énergie tempérée par un commencement de pudeur.

La ménagère effarée passa la tête par la porte entr'ouverte et disparut au plus vite, tandis que l'hôtelier plongeait comme une trombe dans la cuisine. J'entendis un grand bruit de voix, le fracas d'une discussion animée où dominait le diapason féminin. J'attendais toujours, inquiet et consterné. Cinq minutes s'écoulèrent. Les voix grandissaient : le diapason se trempait de larmes ; j'avais peur. Enfin la porte s'ouvrit, et l'hôtelier, faisant un effort violent, comme un homme qui arrache à des mains cramponnées l'objet qu'elles s'obstinent à retenir, se précipita vers moi avec ce qu'il appelait la *miche*. En mettant de prudentes sourdines à mon appétit, je parvins à faire durer la *miche*, grosse comme la moitié du poing, jusqu'à la fin du dîner, résultat dont je m'applaudis autant qu'un diplomate qui vient de résoudre un des plus difficiles problèmes de l'équilibre européen. Mais j'avais dévoré en un repas la provision hebdomadaire de l'hôtel, et j'en aurais éprouvé quelques remords, si la note ne m'eût prouvé que mon crime avait été taxé à sa juste valeur.

Les déjeuners hollandais se font au café ou au thé, accompagnés non-seulement de beurre et de fromage, deux éléments qui jouent un grand rôle dans la composition de tout repas en Hollande, mais de jambon, de saucisse ou de viande fumée. L'arsenal d'accessoires qui s'étale sur la table pour un de ces déjeuners est tout à fait formidable, et c'est plaisir de voir la quantité de *babioles* qu'absorbent ces estomacs carnivores, uniquement pour aider au passage du thé.

Figurez-vous, pour entrer dans quelques détails, devant chaque convive une cruche de lait, une jatte pleine d'excellent beurre comme peuvent seules en produire les vaches nourries dans les riches et gras pâturages du pays ; aux deux extrémités, deux fontaines, l'une de thé, l'autre de café ; sur toute la surface de la table, des assiettes abondamment fournies de viande fumée, découpée par tranches minces, de saucisson doré et de jambon. Ce spectacle pantagruélique ferait venir l'eau à la bouche d'un anachorète. Suivant ses goûts, on remplit sa tasse jusqu'aux bords de thé, ou de café au lait, ou même alternativement de l'un et de l'autre ; on y trempe délicatement la mouillette recouverte de beurre, et on mange, avec accompagnement de viande fumée et de jambon, en variant chaque bouchée et en l'humectant d'une gorgée du liquide bienfaisant.

Ceci est pour les Hollandais un petit déjeuner préparatoire, un prélude sans conséquence, mais l'estomac français n'a point des exigences si robustes. Quand on a rempli et vidé deux ou trois fois sa tasse, épuisé la jatte de beurre, et fait le vide dans les diverses assiettes qui se trouvent à portée de la main, il ne reste plus qu'à retourner à la fontaine de café, et à s'en verser une dernière rasade, qu'on dégustera cette fois à petits coups, tout en fumant un de ces cigares qui coûtent si bon marché en Hollande.

C'est du moins ainsi que les choses se passaient à l'hôtel du Rhin. Une fois lesté de la sorte, on peut en conscience, je crois, jeûner jusqu'au dîner, qui a lieu à quatre ou cinq heures de l'après-midi. La préface permet d'attendre patiemment le livre.

Ce déjeuner coûte deux florins, c'est-à-dire environ quatre francs vingt-cinq centimes, et vraiment ce n'est pas trop cher. Du reste, le lecreur est prié de ne pas l'oublier, surtout s'il entreprend quelque jour le même voyage que moi, les hôteliers néerlandais ne donnent pas l'hospitalité à la façon des montagnards de l'Écosse. Le pays est riche ; la population est essentiellement commerçante, économe, et, par là même, amie du gain. Le confortable s'offre à vous de toute part, mais il faut le payer. Toutefois, si la Hollande avait jadis sur ce point une renommée spéciale, qu'elle méritait parfaitement, il est juste de reconnaître que, grâce à l'émulation croissante de tous les grands hôtels des bords du Rhin, de la Suisse, de l'Angleterre, et de bien d'autres lieux, elle tend chaque jour à la perdre. J'avais noté, comme un trait rare et charmant, qu'un garçon d'hôtel me demanda un jour 50 cents (environ 22 sous) pour avoir recousu à mon pantalon deux boutons, dont l'un avait été ramassé par moi au moment de sa chute. Qu'eût-il demandé, pensais-je, s'il avait fourni les deux boutons lui-même ? Mais depuis que j'ai payé un florin le même service sur les bords du Rhin, j'ai rayé ce souvenir de mes papiers. En somme, il fait moins cher vivre en Hollande que dans les villes à la mode de la Suisse et de l'Allemagne, et comme les distances y sont courtes, les moyens de transport faciles et rapides, le voyage n'a pas de quoi effrayer les bourses les plus modestes.

Les femmes ne paraissent jamais aux tables d'hôte. Je n'en ai pas vu une seule dans tout mon voyage en Hollande. Ici, comme en Angleterre, la femme mène une vie d'intérieur, et se cache dans le gynécée.

A peine arrivé à la Haye, j'en partis pour faire une excursion pédestre à la ville de Delft, où je ne m'étais point arrêté au passage. Je voulais voir à loisir la campagne et les villages hollandais. Il ne pleuvait plus, mais il faisait un vent terrible, qui me poussait de droite à gauche vers les canaux dont la route est bordée, et menaçait à chaque instant de m'engloutir dans leurs flots somnolents. Cependant je luttai bravement contre Borée, comme le voyageur de La Fontaine, et, mon gibus sous le bras, le manteau serré autour du corps, je parvins à me tirer sans naufrage de la position dangereuse où la tourmente eût fait chavirer un navigateur moins vigoureux.

La route passe d'abord devant Riswyck, joli village dont le traité de paix du 20 septembre 1697 a immortalisé le nom. Un obélisque, qui n'a, je l'espère, aucune prétention d'être un monument, s'élève sur les ruines de la maison où se réunirent les plénipotentiaires, à dix minutes du village.

C'est là qu'en 1860, pendant mon premier voyage, j'ai été témoin, tout-à-fait par hasard, d'une fête nationale. En entrant dans Riswyck, je m'étais aperçu qu'il s'y passait quelque chose d'extraordinaire. Toutes les maisons étaient pavoisées de drapeaux aux trois couleurs hollandaises. Un air de fête régnait dans les rues, où circulait une foule empressée. Je m'informai et l'on m'apprit qu'on devait, à deux heures de l'après-midi, inaugurer un monument élevé par souscription sur la tombe de Tollens, dans le cimetière qui s'étend derrière l'église protestante. Tollens est le poëte populaire de la Hollande moderne. Poëte de la famille, comme Cats, il fut de plus le poëte de la nation, et j'ai entendu bien des fois ses chants patriotiques dans la bouche des jeunes Néerlandais. Il est particulièrement l'auteur d'une sorte de *Marseillaise* pacifique — chant national d'une grande élévation de sentiment et de poésie, que les élèves mêmes des écoles primaires apprennent à répéter sur les bancs. Tollens était un simple épicier. Qu'en diront nos poëtes romantiques ? Mais le commerce est l'âme du pays et se trouve honoré jusque dans ses moindres ramifications à l'égal de toute autre condition sociale.

Henri Tollens, du vivant même de Bilderdyck, ne fut pas effacé par ce puissant rival. Il soutint la comparaison avec lui par ses belles odes historiques, son poëme sur l'hivernage des Hollandais à la Nouvelle-Zemble, qui fut une sorte de résurrection de l'épopée nationale, par ses ballades et romances patriotiques, enfin et surtout par ses poésies de famille, naïves et touchantes idylles où il chante toutes les douleurs, toutes les joies, toutes les inquiétudes et les préoccupations d'avenir qui s'agitent dans l'intérieur de la maison et le cercle du coin du feu, avec une distinction de style, une vérité, une grâce, une chaleur tendre qui font de chacun de ses morceaux un petit chef-d'œuvre. Aussi sa mémoire est-elle restée environnée d'une espèce de culte dans son pays natal.

La Hollande a eu surtout quatre poëtes nationaux. C'est d'abord le vieux Jacob Cats, dont nous dirons quelques mots plus loin. C'est ensuite Vondel, né en 1587 à Cologne, de pauvres anabaptistes anversois, mais de bonne heure naturalisé Hollandais. Vondel est un grand poëte, le plus grand peut-être qu'ait produit le pays. Il n'y a pas un genre qu'il n'ait cultivé, et pas un où il n'ait laissé une trace puissante, depuis l'épopée jusqu'à l'épigramme et la chansonnette. Ses défauts et le mauvais goût où il tombe souvent viennent de l'absence d'une éducation première dont l'avait privé la bassesse de sa naissance. Mais par combien de hautes qualités ne rachète-t-il pas ces taches ! Il a le souffle, la chaleur, la vie, l'élévation, la fécondité, une tendresse d'âme qui réchauffe et anime presque toutes les aspirations de son esprit. Plusieurs de ses tragédies, empruntées à l'Ancien Testament ou à l'histoire nationale, offrent une hardiesse grandiose de conception qui fait songer à son contemporain Shakespeare. Il peut aussi être considéré, dans certaines limites, comme le créateur de la langue poétique en Hollande. Sur la fin de sa vie, Vondel se convertit au catholicisme. L'existence de ce grand poëte fut traversée de malheurs et de persécutions sans nombre. Il a mérité une place dans la *Biographie des poëtes morts de faim*, par Colnet : « Vondel, le Shakespeare de la Hollande, dit celui-ci, après avoir vécu longtemps du mince produit d'une boutique de bas, mourut de besoin à l'âge de quatre-vingt-dix ans. Ses obsèques offrirent un spectacle singulier : son corps était porté par quatorze poètes aussi pauvres que lui. »

En Hollande aussi bien qu'en France le dix-septième siècle fut la grande époque de l'art et de la littérature. Tandis que les de Witt et les Barneveldt gouvernaient, que les Tromp et les Ruyter élevaient la marine de l'État au premier rang, Rembrandt, van der Helst, Gérard Dow, Jean Steen, Paul Potter, van Ostade et cent autres peignaient leurs merveilleuses toiles, et les Elzévirs multipliaient sous leurs presses les livres historiques, les pièces de théâtre et les chansons de Hooft, le riche châtelain de Muyden, les drames et les farces de Coster et de Bredero, surtout les œuvres innombrables de Vondel et de Cats.

Mais ensuite notre siècle de Louis XIV exerça une fâcheuse influence sur la littérature néerlandaise. Au lieu de rester sur le terrain national et religieux, de suivre la voie ouverte par Vondel, elle s'évertua à nous imiter. Ce ne fut plus qu'un écho et un reflet. Dans cette foule d'écrivains sans originalité, mais non toujours sans talent, nous nous bornerons à citer Langendyck, imitateur de Molière, dont les pièces offrent un tableau assez fidèle de la société de son temps.

La littérature hollandaise ne se releva qu'avec Bilderdyck (1756-1831), vaste intelligence, esprit encyclopédique, qui s'appliqua avec une égale supériorité à toutes les branches des connaissances humaines, dans les sciences, les arts et les lettres. Bilderdyck a laissé plus de cent cinquante volumes, monument immense d'un talent parfois monotone et confus, mais toujours élevé. Ce n'est pas un poëte d'inspiration et de premier mouvement comme Vondel; il est de ceux qui dominent toujours leur sujet et le mûrissent par une réflexion puissante. La philosophie et même la science s'unissent à la poésie la plus haute dans ses grandes compositions du *Monde des esprits*, de *la Maladie des savants*, surtout dans son épopée de la *Destruction du monde primitif*, et son style, à la fois aisé et savant, élégant, souple et correct, excite particulièrement l'admiration de ses compatriotes. Ce qui contribua encore à accroître l'influence et le succès de Bilderdyck, ce fut la tendance religieuse de sa Muse, dont il fit l'interprète de la plus sévère orthodoxie protestante.

Toutefois le genre des ouvrages de Bilderdyck en fait surtout le poëte de la classe lettrée; mais la gloire de Tollens est allée jusqu'à la popularité.

Il est mort en 1856 à Riswyck, où il s'était retiré dans les dernières années de sa vie. Grâce au bienveillant accueil de la commission, il me fut permis d'assister de près à la cérémonie, qui fut d'une simplicité patriarcale. Les commissaires, avec leur large fleur jaune à la boutonnière, introduisaient les invités. L'ordre était maintenu sans peine par une douzaine de carabiniers de la justice, quelque chose comme les gendarmes du pays, en grand costume, c'est-à-dire avec le pantalon noir, la giberne au milieu du dos, la courte épée, le chapeau à bords relevés, orné d'un plumet, la redingote noire à rangées de boutons blancs convergeant vers la couture, à cols et parements bleus, au large brandebourg de même couleur serpentant sur la poitrine et orné d'un gland qui retombe sur l'épaule gauche. La cérémonie s'ouvrit par un chant en l'honneur de Tollens, suivi d'un chaleureux discours. Vers la fin de cette harangue, à un signal donné, la toile qui cachait la vue du monument tomba et tous les fronts se découvrirent, pendant que l'orateur saluait d'une apostrophe éloquente la mémoire du poëte. Ce monument, dû au ciseau de M. Lacomblé, est en pierre. Il représente la Muse de la poésie qui, dans une attitude affaissée par la douleur, tient d'une main sa lyre brisée, et de l'autre dépose une couronne d'immortelles sur la tombe de Tollens.

Après un nouveau chant [1] exécuté, comme le

1. Ces deux chants avaient pour auteur M. van den Bergh,

premier, par trois sociétés chorales réunies, deux protestantes et l'autre catholique, la foule se dispersa ; puis les membres de la commission se réunirent à un banquet dans la salle d'école, toute enguirlandée de feuillages, tandis que les jeunes élèves, rangés dans le fond, entonnaient de leurs voix enfantines le chant patriotique de Tollens : « Ceux dans les veines de qui coule le vrai sang néerlandais, » bientôt répété en chœur par l'assemblée entière.

Tous les alentours de Riswyck sont peuplés de maisons de campagne blanches et rouges avec des contrevents verts, coquettement noyées sous de transparents massifs de verdure — et de jardins odorants dont la grille ouverte vous invite à parcourir les sentiers discrets, recouverts de sable blanc où la dent du râteau a dessiné régulièrement ses empreintes. Sur les grilles, suivant la coutume de la villégiature hollandaise, se lisent en lettres d'or des inscriptions pleines d'une sentimentale emphase, que le voyageur ne trouve nullement exagérée : ce ne sont partout que *Beau*

---

un des poëtes remarqués parmi les successeurs de Tollens. M. van den Bergh est droguiste, comme Tollens était marchand de couleurs. Je ne connais de lui que les deux chants dont je viens de parler : c'est honnête, mais la force et l'originalité y manquent, comme à l'élégant monument de M. Lacomblé. — Tollens a une autre statue colossale, de M. Strackée, dans le parc de Rotterdam.

séjour, *Belle vue*, *Doux plaisir* et *Délicieux repos*. Ou encore : *La paix est dans mon jardin;* — *Heureux et tranquille*, etc. La grille est le livre ouvert à tout venant où chaque propriétaire déploie ses facultés poétiques, et fait assaut d'imagination avec ses voisins.

Il en est de la campagne hollandaise comme de l'éloquence de certains orateurs parlementaires : cela est plat, sans une ondulation, sans un pli, sans un accident de terrain, et pourtant cela n'est pas laid du tout, tant chaque détail y est verdoyant et fleurissant, plein de prospérité et d'aisance ! On y trouve à chaque pas la variété dans l'unité, ce qui, dit-on, est le but suprême de l'art. Les ruisseaux, les bois, les moissons diaprées de maisons rouges et blanches, les prés semés de gras moutons et de taureaux ruminants, souvent accroupis dans cette pose flegmatique et mélancolique qui semble particulière au taureau hollandais, comme s'il participait au caractère généralement attribué à la nation, et que Paul Potter a si bien rendue dans ses tableaux, tout cela et bien d'autres choses y renouvellent incessamment le plaisir des yeux. La route elle-même contribue à charmer le regard, avec sa large chaussée centrale entretenue aussi soigneusement qu'un parquet et, de chaque côté, ses deux sentiers étagés que séparent des bandes de gazons et des rangées d'arbres, bordées du ruisseau paresseux qui dort à leurs pieds. Seulement, de loin en loin, pour vous rappeler aux réalités de la vie, une barrière coupe le chemin, une petite maison flanque la barrière, et, par le guichet, passe une main où il faut déposer un *cent* pour avoir le droit de continuer son voyage.

V

Delft. — Guillaume le Taciturne et Balthazar Gérard.

Enfin, malgré Borée, je suis arrivé tout entier à Delft, y compris mon gibus. Toujours dans les rues des canaux, le long desquels, à défaut de gros navires, descendent des barques chargées de légumes, avec un conducteur qui crie sa marchandise et s'arrête à la porte des clients, ni plus ni moins que s'il conduisait une petite charrette; toujours des maisons en briques rouges, mais cette fois avec un véritable abus de bariolures blanches qui crèvent les yeux délicats; çà et là de petites voitures traînées par des chiens et même par des chèvres. J'ai visité une maison d'orphelins et un hospice de vieillards, deux de ces institutions de bienfaisance que les diaconesses des diverses communions protestantes ont fondées, avec les seules ressources de la charité privée, dans toutes les villes hollandaises. A Delft, comme à La Haye, comme à Amsterdam, comme à Utrecht, comme partout, ces établissements sont désignés à la curiosité publique par de naïves statues, d'un caractère tout spécial, qui en surmontent la principale entrée. — L'intérieur est fort propre, c'est tout ce que j'en puis dire. J'ai vu aussi, sur une vaste place isolée du reste de la ville par un cercle de canaux qui en font une île véritable, l'église neuve avec sa haute tour, à travers laquelle passent les cloches de son magnifique carillon, — et avec son mausolée de Guillaume le Taciturne, qui est, à proprement parler, le seul monument sculptural de tous les Pays-Bas.

Ce mausolée, de marbre blanc et noir, fut achevé, en 1621, par Arth. Quellyn et H. de Keyser. Quand on arrive en face, on voit d'abord une première statue de Guillaume, assis sur le haut de trois degrés, dont le second est occupé par un casque de bronze à la visière soulevée. La jambe gauche étendue, l'autre un peu repliée, la tête nue, en fraise et en baudrier avec son épée, il tient de la main droite son bâton de commandement appuyé sur ses genoux. Sous une espèce de dais, surmonté d'obélisques, d'emblèmes allégoriques, de petits génies, et soutenu à chaque angle par des colonnes accouplées, repose une autre statue de Guillaume en marbre blanc, couché sur des coussins, et ayant à ses pieds le chien historique qui lui sauva la vie dans une surprise nocturne. Entre les colonnes, on a représenté en bronze la Liberté, la Prudence, la Religion et la Justice. Une Renommée, posée légèrement sur le pied gauche, sonnant de la trompette, et, de l'autre main qui retombe, tenant une seconde trompette relevée, s'élance et plane au-dessus du sarcophage en déployant ses ailes, dans un mouvement d'une justesse et d'une légèreté parfaites. La statue de Guillaume assis est d'un style sévère et majestueux. Quelques autres détails méritent aussi des éloges : l'ensemble est imposant, la décoration riche et grandiose, mais les fautes de goût et la lourde prétention ne manquent pas dans ce monument, qu'on eût fait plus beau en le faisant plus simple.

De là, je me dirigeai vers le Prinsenhof, cette ancienne demeure du Taciturne, théâtre de son assassinat, qui est restée aujourd'hui la *grande attraction* de Delft, comme diraient les Anglais, et, avec le mausolée de l'église neuve, la seule qui puisse décider le touriste à visiter cette petite ville, d'ailleurs assez maussade. Il est actuellement transformé en caserne, et c'est un soldat qui sert de cicerone, moyennant quelque monnaie déposée dans une tirelire appendue à la muraille. Le soldat ne tend pas la main, ce qui serait opposé à toutes les traditions de l'honneur militaire, mais il vous invite à déposer votre offrande dans la tirelire, et il vous la présente, au besoin, en vous épiant d'un œil hollandais : c'est tout dire en pareille matière.

On voit encore les trous faits au mur par les trois balles du pistolet de Balthazar Gérard, trous si grands et si arrondis, que je les soupçonne fort d'avoir été travaillés après coup pour le spectacle, ou tout au moins exploités par le couteau iconoclaste des Anglais, ces voyageurs fanatiques qui ont dépecé le Parthénon et déchiqueteraient Saint-Pierre de Rome pour l'emporter en morceaux.

Le Prinsenhof (cour du prince) est un vieux bâtiment solide et bourgeois, aux fenêtres cintrées, à la porte étroite, surmontée d'un curieux petit bas-relief de style réaliste. De la salle à manger du prince on a fait une salle de gymnastique, mais sans toucher aux deux grandes cheminées à colonnes de marbre qui se font vis-à-vis, et en respectant sa forme primitive. C'est au sortir de cette salle à manger que Guillaume a été frappé par l'assassin ; une inscription indique sur quelles marches du grand escalier il est tombé. Le soldat m'a montré le soupirail de la prison où Balthazar Gérard fut renfermé après son arrestation : on peut suivre encore aujourd'hui à la piste les traces de la fuite qu'il tenta après le meurtre, et l'on retrouve, derrière le Prinsenhof, les remparts qu'il escalada et le canal qu'il voulait franchir à la nage.

Je lis dans un bouquin, intitulé les *Délices des Pays-Bas* (Bruxelles, F. Foppens, 1697), un curieux récit de cet attentat, que je reproduis ici, parce qu'il contient plusieurs particularités peu connues :

« Il arriva, en mai 1684, un jeune homme de vingt-sept ans, qui donna comme en passant au prince une lettre, où il avoit mis son nom de François Guion [1]. Le prince, en la recevant, lui demanda d'où elle venoit. Il lui répondit qu'elle venoit de lui-même, et que c'étoit pour lui marquer qu'il avoit de grands secrets à lui découvrir... Le prince, qui étoit fort humain, fit venir Guion dans sa chambre, tandis qu'il étoit encore au lit. Guion a avoué que s'il eût eu alors une dague, ou un canif, il en auroit percé le prince d'Orange. Après avoir été quelque temps avec lui, il se retira. Il empruntoit quelquefois la Bible du portier du prince, et par là il fit connoissance avec quelques-uns de ses domestiques.

« Il pria qu'on voulût le soulager de quelque

---

[1]. C'était le pseudonyme qu'avait pris Balthazar Gérard en venant à Delft pour tuer Guillaume.

argent; le prince d'Orange lui fit donner douze écus, un dimanche huitième juillet. Le lendemain, il acheta un pistolet d'un soldat de la garde du prince René. Mais trouvant qu'il faisoit faute, il en acheta un couple d'un sergent du capitaine Claude Caulier, nommé Jean de la Forêt. Il l'éprouva trois fois, et il le trouva juste.

« Le dixième jour de juillet, il attendit que le prince d'Orange descendît pour aller dîner à la salette. Il lui demanda un passeport, mais d'une manière si déconcertée, que la princesse d'Orange s'en aperçut. Elle demanda à son époux ce ce que vouloit cet homme de mauvaise mine. Le prince lui répondit qu'il demandoit un passeport, et qu'il le lui feroit dépêcher. Pendant que le prince dîna, l'assassin se promena aux environs de l'écurie, derrière l'hôtel, tirant aux remparts de la ville.

« Le dîner achevé, le prince sortit de la salle. Le meurtrier étoit derrière un pilier de la galerie; un des pans de son manteau lui pendoit en bas de l'épaule. Il avait sous l'esselle les deux pistolets qu'il avoit achetez du sergent la Forêt. Il avoit en sa main droite un papier, comme si c'eût été un passeport à faire signer.

« Comme le prince d'Orange passoit, et qu'il avoit le pied sur le premier degré de l'escalier, l'assassin s'avança, et il tira si adroitement l'un de ses pistolets, que personne ne put dire d'où venoit le coup. Le prince en fut percé d'outre en outre, du côté gauche au droit, au travers de l'estomac et des parties nobles.

« En se sentant touché, il dit : « Mon Dieu, aiez pitié de mon âme ! je suis fort blessé ! aiez pitié de mon âme, et de ce pauvre peuple. » Ayant proféré ces paroles, il commença à chanceler. Son écuyer le retint, et il reposa sur les degrés de l'escalier. La comtesse de Swartzembourg, sa sœur, lui demanda en allemand s'il ne recommandoit pas son âme à Jésus-Christ son Sauveur. Le prince lui répondit, pareillement en allemand : Oui. Et ce fut la dernière de ses paroles. On le porta en la salette où il avoit dîné, et il y rendit aussitôt son esprit.

« Le meurtrier essaya de s'échapper par les écuries, dont il avoit auparavant étudié les avenues. Il alloit enjamber la muraille pour se jeter de haut en bas dans le fossé, mais il fut pris par un laquais et par un hallebardier. Quelques autres y survinrent, et ils l'emmenèrent à la cour. Il témoigna dans l'abord de la perplexité, mais ensuite il fit le résolu. On lui donna à entendre qu'il avoit manqué son coup ; l'assassin en témoigna du regret et il maudit sa faute. Il fut mené à la maison du concierge de la cour, où le magistrat de Delft vint l'examiner.

« Il confessa que son vrai nom étoit Balthasar Gérard, et qu'il étoit de Villefranche en Bourgogne ; qu'il y avoit six ans qu'il méditoit ce coup, et même que la première pensée lui en étoit venue à la pacification de Gand.

« Le quatorzième juillet 1584 on lui prononça sa sentence, pour en subir l'exécution le lendemain. Quoiqu'il eût les pieds à demi rôtis sur la torture, il marchoit intrépidement au lieu du supplice entre deux bourreaux. Il avoit les cheveux, la barbe et tous les poils rasez, parce que n'ayant jamais crié sur la question, on s'imaginoit qu'il avoit quelque sort. Étant lié au poteau sur l'échafaud, il regarda d'un œil constant le gaufrier et les tenailles qu'on embrasoit pour le faire souffrir ; il regarda sans s'émouvoir le charnier blanc, où il devoit être taillé en quatre quartiers, les couteaux et la cognée qui devoient être les instruments de son supplice. Comme les deux bourreaux rompoient sur une petite enclume le pistolet meurtrier, le criminel ne put s'empêcher de sourire en voyant que le marteau, s'étant démanché, avoit rasé l'oreille d'un des bourreaux. Ayant eu la main longtemps dans le gaufrier ardant, il la leva comme pour la montrer. Le criminel essaya de se lever de son charnier, et il fallut le commandement du magistrat pour faire revenir les bourreaux à leur exécution. Les plus horribles tourmens ne furent pas capables de lui arracher la moindre frime. Et cependant, selon la sentence, on lui pressa la main meurtrière entre deux fers étincelans ; il fut tenaillé en huit endroits de son corps ; il fut coupé en quatre quartiers, tout vif, en commençant par le bas du ventre ; on lui arracha le cœur et on le lui jeta au visage, sa tête fut fichée sur la tour de l'Escoutille, et ses quartiers furent pendus aux boulevards de la ville. »

Ces détails sont horribles, et pourtant ils sont bien abrégés et bien adoucis. Parmi les innombrables apologies publiées alors en faveur de l'assassin, et qui exaltent son courage à l'égal de celui d'un martyr, il y en a une, imprimée à Paris, qui entre dans des révélations tout autrement circonstanciées. Les seuls préludes du supplice ont de quoi faire frissonner les natures les plus intrépides. Suivant le pamphlétaire, Balthazar Gérard fut d'abord fouetté cinq fois très-rudement ; puis on lui oignit le corps de miel et on fit venir un bouc pour le lécher, afin que l'âpreté de sa langue emportât, avec le miel, la peau déchirée. Ensuite, après l'avoir soumis à la plus cruelle question, on le plaça, pieds et mains liés, dans un van où on le secouait sans cesse pour l'empêcher de dormir. Après quoi on le guinda en l'air, ayant un poids de cent cinquante livres attaché à l'orteil; on lui chaussa des souliers de cuir tout cru, imbibé d'huile et, « ainsi tout rompu et déchiré de coups, le font approcher tout nu d'un grand feu, où, après lui avoir brûlé d'un flambeau le dessous des aisselles, le vêtissent d'une chemise trempée dans l'eau ardente, qu'ils allument sur son corps, lui piquent de poignantes aiguilles dans l'entre-deux des ongles et lui mettent profondément des clous dedans. »

Ceci n'est que le début, la *bagatelle de la porte*. Quant au supplice proprement dit, la description en est tellement hideuse qu'il est absolument impossible de la reproduire ici. Il est très-probable que plusieurs de ces épouvantables raffinements de cruautés sont des exagérations de pamphlétaire; mais l'ensemble est certain et les bourreaux ont trouvé moyen d'attirer sur l'assassin lui-même la pitié due à la victime seule. La constance du misérable au milieu des tortures fut si extraordinaire que les Hollandais le crurent possédé du diable, et les Espagnols inspiré de Dieu.

Pauvre prince, qui vécut toujours entouré de périls et d'embûches, de proscripteurs et de meurtriers, qui ne cessa pas une minute, depuis son âge viril, d'avoir à combattre pour ses domaines, sa vie, sa famille, sa patrie, dont l'existence publique fut toujours déchirée par les troubles, les agitations, les luttes de toute sorte, et qui ne fut même pas toujours respecté par ses soldats et par son peuple!

Ce fut à la nouvelle de cette mort qu'éclata dans toute sa force l'amour que lui portaient ses concitoyens. Les effroyables tourments qu'on fit endurer au meurtrier s'expliquent par l'exaspération populaire. La douleur et la consternation des Pays-Bas ne pourraient mieux se comparer qu'à celles dont la Judée fut émue à la chute de Judas Machabée, et ses funérailles furent célébrées avec une pompe extraordinaire.

C'est qu'en dehors de ses grandes qualités publiques, le prince d'Orange avait des qualités privées qui lui attiraient l'affection générale. Héros doux et sage, humain et généreux, il était encore civil, affable, accessible à tous. Il parcourait les rues, suivi seulement de trois ou quatre domestiques, la tête toujours découverte, et permettant à tout le monde de l'approcher. Si, chemin faisant, dit un de ses biographes, il entendait du bruit dans quelque maison, par exemple l'éclat d'une dispute conjugale, il entrait, écoutait les deux parties et les exhortait à la concorde avec une patience et une bonté incroyables. Le bourgeois lui proposait alors de goûter de sa bière, et, après avoir bu le premier à sa santé suivant la mode du pays, essuyait avec sa main l'écume de la boisson sur le vase et le passait au prince qui buvait à son tour.

« Vous vous familiarisez trop avec des gens de peu, lui disaient ses courtisans.

— Il est si facile, répondait-il, avec un coup de chapeau et une petite honnêteté, de s'acquérir un partisan dévoué pour la vie. »

Ce héros de Plutarque, qui offre tant de rapports avec Coligny, son beau-père, eût été vraiment digne de toutes les admirations de l'histoire, si les sombres passions du sectaire n'avaient terni et voilé plus d'une fois en lui les grandes qualités de l'homme et du politique. Sa devise le peint : un plongeon voltigeant sur le haut des vagues, avec ces mots : *Sævis tranquillus in undis,* — tranquille au milieu des flots irrités.

On ne nous en voudra pas de cette digression un peu longue, que nous ne pouvions refuser aux souvenirs réveillés en nous et en nos lecteurs par les *reliques* de la ville de Delft. Nous ne devions pas moins au grand nom qui domine toute l'histoire hollandaise, au fondateur des Provinces-Unies.

L'excursion, commencée au Prinsenhof et à l'église neuve de Delft, doit s'achever au musée de la Haye, où l'on conserve la balle extraite de la blessure de Guillaume, l'habit qu'il portait ce jour-là, en particulier son pourpoint de cuir brûlé par la poudre et troué par le coup de feu, la grosse montre qui remplissait sa poche et la copie de la sentence de mort de Gérard. Aussi bien, puisque nous avons tout vu à Delft, nous pouvons revenir à la Haye.

VI

La Haye. — Le Bois et la Maison du Bois. — Le cabinet de curiosités et les musées.

Le lendemain matin, au moment où je mets la tête à la fenêtre de mon hôtel, après une longue nuit qui a quelque peu empiété sur le jour, je vois avec satisfaction un astre, que je croyais décidément inconnu à la Hollande, monter à l'horizon. Il est neuf heures et un soleil splendide inonde les rues de la ville. Mon Hollandais aurait-il eu raison contre les *Guides*? Je m'habille à la hâte, et après un déjeuner confortable à la mode hollandaise, je me précipite au dehors.

La Haye est le Versailles de la Hollande. Elle a je ne sais quel air de cour et d'aristocratie. C'est la ville la plus cosmopolite et surtout la plus française des Pays-Bas. Comme le Versailles d'avant la révolution, elle est résidence royale;

comme Versailles encore, elle est née du caprice d'un souverain, qui s'était épris de son rendez-vous de chasse. Mais c'est un Versailles moins grandiose, moins solennel, plus vivant et plus gai que le nôtre. La Haye n'a jamais porté la grande perruque à triple marteau du siècle de Louis XIV. C'est encore plus la capitale intellectuelle que la capitale politique du pays. A la Haye, tout se réunit pour enchanter l'étranger qui passe : elle ressemble à une villa gracieuse et coquette parmi les grandes cités commerçantes de la Hollande.

Mais puisqu'il est entendu que ce récit de voyage n'est qu'une vue à vol d'oiseau, où, sans avoir d'ailes, il faut que je coure aussi vite que si j'en avais, passant beaucoup de choses, abrégeant tout et n'approfondissant rien, je vous préviens que je vais franchir la Haye en deux ou trois bonds, précisément parce que, si j'avais l'imprudence d'y mettre pied à terre, je ne m'en pourrais plus arracher. Je ne vous parlerai donc ni du Binnenhof avec sa grande salle gothique, seul reste du vieux palais des anciens comtes de Hollande, qu'on a eu le bon esprit de ne point gratter, malgré l'épidémie de propreté qui règne en ce pays ; avec ses vastes bâtiments où siégent les administrations, les ministères et les deux Chambres; ni du Buitenhof, qui serait une bien belle place, sans la laide statue de Guillaume dont elle est affligée ; ni de la prison historique du Gevangenpoort, dont les murs noirs, les étroites fenêtres, la voûte sombre percée d'une petite porte, sont empreints de tant de couleur locale ; ni de la place du Plein, où s'élève une deuxième statue de Guillaume, et où s'ouvre un café comme il y en a dans toutes les grandes villes hollandaises, qui s'intitulent *Cafés français*, parce qu'ils reçoivent l'*Indépendance belge;* ni de l'Hôtel-de-Ville, qui a de curieux tableaux et une étroite façade exécutée dans le style architectural espagnol, à coup sûr l'un des plus singuliers styles du monde ; ni du Palais royal, édifice de conception assez bizarre, mi-palais, mi-prison, auquel les âmes mélancoliques doivent trouver une certaine poésie en le regardant au clair de lune, et que précède une troisième statue de Guillaume ; ni des quelques douzaines d'autres palais que renferme la ville, ni de ceci, ni de cela, ni de bien d'autres choses. Mais je vais faire de la synthèse et de l'éclectisme, comme un philosophe de l'école de M. Cousin.

La physionomie matérielle et morale de la Haye diffère sensiblement de celle de Rotterdam. J'ai dit que c'est une ville charmante et je ne m'en dédis pas ; je prétends même aggraver mon dire. Cependant il faut reconnaître qu'elle n'a rien de saisissant au premier abord. Elle est moins animée, moins bruyante ; les canaux y sont un peu plus rares, et disparaissent même à mesure qu'on se rapproche des beaux quartiers, du faubourg Saint-Germain de la ville. Le dieu Mercure n'a pas étendu sur elle son caducée fécondant. Je sais même des commis-voyageurs en vins qui la trouvent bien triste, et ne s'en cachent pas. Et puis les maisons n'y ont point cet aspect bizarre et curieux, que les combinaisons de briques et les mélanges de couleurs donnent aux autres villes hollandaises. A la Haye, la propreté est réelle, mais avec des allures simples et modestes, sans rien de cet éclat criard qui saute tout d'abord aux yeux.

Les charmes de la Haye ne se révèlent que par degrés et à qui a plus ou moins pénétré dans son intimité. C'est surtout lorsque vous montez vers le nord, en vous rapprochant du Parc de Guillaume ou du Bois, qu'ils se dévoilent de plus en plus. A peine, par exemple, êtes-vous sorti du Buitenhof par la voûte du Gevangenpoort, que vous débouchez sur la magnifique promenade de Vijverberg. Là, à vingt pas de l'endroit où fut dressé l'échafaud de van Olden Barneveld, à dix pas du lieu où les frères de Witt tombèrent massacrés par cette bête féroce qu'on appelle la populace, à deux pas des pierres noires [1], disposées en forme de triangle, qui indiquent sur le pavé le lieu où Adélaïde de Poelgeest, maîtresse d'Albert, comte de Hollande, fut déchirée toute vive au milieu d'une émeute, vous dominez une vaste pièce d'eau où nagent en paix les cygnes, et dont un îlot verdoyant forme le centre. A partir de là, ce n'est plus que larges rues, vastes places, avenues superbes avec leurs grands arbres verts, riches maisons, monuments et palais qui se tiennent et se succèdent sur une ligne ininterrompue. En suivant le Voorhout, cette magnifique allée dont nos Champs-Elysées pourraient être jaloux et qui vous dépose à la porte du bois par un chemin délicieux, saupoudré d'un sable gris et fin, au milieu duquel étincelle la poussière des coquillages pulvérisés, vous passez devant les plus beaux hôtels de la ville, devant les palais du prince Henri et du prince Frédéric, le Théâtre-Royal, l'Académie de dessin et de musique, plusieurs églises, que sais-je encore ?

Je ne connais pas de promenade au monde, ou, pour rester dans les limites de ma compétence, je n'ai pas encore vu de promenade qui

1. La plupart des *Guides* et des *Voyages* que j'ai lus disent *blanches*; je les ai vues noires, ou du moins de couleur sombre et foncée. Serait-ce l'imagination qui aurait influé sur les yeux ?

puisse soutenir la comparaison avec le Bois de la Haye. Des sentiers mystérieux qui serpentent sous les frais ombrages, de la mousse à profusion, des ruisseaux transparents et tranquilles qui murmurent de toutes parts leur douce chanson à votre oreille, des étangs où se mirent les oiseaux jaseurs et où les saules pleureurs baignent mélancoliquement leurs branches échevelées, de grands parcs où les daims et les biches, debout sur leurs jarrets d'acier, vous regardent le nez au vent, ou folâtrent en se roulant sur l'herbe ; des réduits délicieux qui vous attirent et vous égarent sans cesse dans leurs ombreuses profondeurs vers la lisière, où, parmi les touffes d'arbres et les massifs de verdure, vous voyez se détacher comme un point lumineux quelque maisonnette blanche avec son perron plongeant dans la rivière, et le pont agreste qui la relie au bois ; partout des fleurs, des pelouses, des merles qui sifflent, des fauvettes qui chantent, et, malgré le bruit des oiseaux en fête et des visiteurs, je ne sais quelle paix profonde et quel mystérieux silence planant sur cette immense promenade et vous pénétrant peu à peu!... Si le bois de la Haye produit cet effet le 22 octobre, — par un soleil splendide, il est vrai, — jugez de ce que ce doit être en mai, quand la nature se réveille et s'épanouit.

J'allais, j'allais toujours, saisi d'une sorte d'ivresse, répétant à mi-voix des exclamations inarticulées. Les promeneurs regardaient avec stupéfaction cet homme qui semblait pris de vertige et les croisait, le regard fixe et perdu, en se murmurant à lui-même je ne sais quelles paroles dans une langue étrangère. Notre bois de Boulogne, en son irréprochable toilette d'homme du monde, ferait triste mine, à mon avis, devant le sauvage bois de la Haye. Ici, ce n'est pas l'art qu'on admire, c'est la nature, et, s'il y a de l'art, il a mis tous ses soins à se cacher. Eussiez-vous la goutte aux deux jambes, je vous défie bien de vous arracher du Bois de la Haye avant d'être allé jusqu'au bout.

Une fois là, d'ailleurs, l'art vous attend pour vous reposer un peu, si vous en avez besoin, de ce régal de nature pris à forte dose. Il faut visiter la *Maison du Bois*, qui sert, pendant l'été, de résidence à la reine. La principale curiosité de ce palais, élevé par la princesse Amélie de Solms à la mémoire du stathouder Frédéric-Henri, son époux, est une vaste salle octogone, couverte, du haut en bas, par les plus célèbres artistes hollandais et flamands, de peintures destinées à éterniser les exploits du prince. Ce mausolée original, plus fastueux que touchant, plus bizarre que vraiment beau, fatigue par l'entassement des peintures, par la profusion des couleurs accumulées. Honthorst y a représenté dans une manière pâle et roide, en réservant tout son talent pour les étoffes, la princesse Amélie, entourée de ses quatre filles. Van Tulden s'y est multiplié; on y voit de lui des compositions diverses, dont on peut dire ce que Martial écrivait de ses vers :

Sunt bona, sunt quædam mediocria, sunt mala plura.

Parmi les médiocres, nommons une scène de prisonniers, sur laquelle ma mémoire n'est plus très-précise, et parmi les bonnes, qu'on attribue obstinément à Rubens, des Cyclopes forgeant des armes, et Vénus les suspendant à un trophée. Vous trouverez de la puissance et de la largeur dans le premier tableau, beaucoup de grâce et de charme dans le second, dans tous deux une facilité séduisante et un riche coloris. Je citerai encore une Conquête allégorique, avec des détails magnifiques, d'un pinceau opulent et vigoureux. Il y a là surtout un splendide taureau blanc, plus beau que celui qui enleva Europe. Van Everdingen a peint la Naissance du prince; de Grebber, son Apothéose; de Bray, des Cortéges triomphaux; Lieven, des Muses, sans caractère et sans modelé; Zoutma, une Offrande à la Paix. — Tout cela est de valeur fort inégale, et vous laisse parfaitement froid.

Sur cet écrasant fouillis de couleurs entassées

éclatent, dans leur pompe extravagante et superbe, deux vastes *machines* allégoriques, symboliques et mythologiques de Jordaëns : *le Triomphe du prince Frédéric-Henri*, d'une richesse, d'une splendeur, d'une énergie de pinceau qui n'ont d'égale que la confusion de cette grande fresque, et *le Temps anéantissant la Calomnie*, qui excitera l'admiration des amis de l'art exubérant et charnu, par l'éclat des couleurs, la vigueur des formes, la superbe musculature et l'accoutrement pittoresque du Temps, vieillard membré fortement, habillé d'une draperie bleue qu'un cordon retient sur son épaule droite, et qui, une espèce de bâton à la main, semblable à un vieux berger chassant le loup, précipite la Calomnie dans l'abîme.

On visite encore la salle à manger, la salle de billard et la salle chinoise. Les deux premières sont décorées de peintures et de grisailles, dont quelques-unes, surtout le portrait du gouverneur de la Frise, par Van Dyck, et des enfants de Charles Ier, par Netscher, exciteraient plus d'attention et plus d'intérêt, si le mausolée n'avait déjà donné au visiteur une indigestion de peinture. La dernière est décorée de tentures en soie brodée, représentant des fleurs et des oiseaux dont le plumage naturel a été mêlé avec beaucoup d'art au tissu de la broderie. Tout l'ameublement a été fabriqué en Chine ou au Japon. Il paraît que cela est d'un prix inestimable ; on me l'a dit et je le crois, car je suis un barbare en fait de chinoiseries.

Je suis sorti de là avec un grand mal de tête, après avoir donné au concierge un florin : c'est un prix fait en Hollande. Cela valait bien un florin, sans doute ; mais franchement, je préfère le Bois, où l'on ne m'a rien demandé. La peinture est une belle chose, quand elle est belle ; mais, quand elle est mauvaise, ou, ce qui est pire, médiocre, c'est la chose du monde la plus fatigante, avec la mauvaise musique et les mauvais vers.

Et maintenant qu'est-ce que cet illustre prince Frédéric-Henri, en l'honneur duquel a été élevé ce mausolée splendide ? C'était l'époux de la princesse Amélie de Solms. Il fut stathouder de 1625 à 1647. — Mais après ? — Je n'en sais rien. — Et vous ?

Je suis revenu à la Haye. Qu'y ai-je vu encore ? Des cigognes perchées sur une patte ou errant en liberté dans le marché aux poissons, et nourries aux frais de la ville, parce que cet animal figure dans ses armoiries. Des *sergents de ville* à l'air placide, circulant gravement par la rue, la canne sous le bras, et ayant l'air, avec leurs favoris, leurs longues redingotes noires et leurs cocardes aux chapeaux, de laquais de bonne maison. Des laitières portant leur marchandise dans des seaux suspendus par une double corde à un bâton emboîtant le cou et reposant sur les épaules. J'ai vu aussi les musées.

Les deux grands musées publics de la Hâye — la galerie de tableaux et le cabinet de curiosités, — occupent le rez-de-chaussée et le premier étage d'un assez vaste hôtel isolé, bâti en 1640 par le prince Maurice, dont il porte le nom.

Le cabinet de curiosités serait une fortune pour un industriel comme Barnum. Jamais on n'a réuni plus grand nombre d'objets bizarres et pittoresques, — curiosités de la nature, curiosités de l'art, curiosités de l'histoire, curiosités de tous les genres et de tous les degrés. Nous retrouvons encore ici la Chine et le Japon. On sait que, jusqu'en 1854, la Hollande avait été le seul peuple admis dans ce dernier pays; aussi la collection japonaise de la Haye est-elle la plus riche qu'il y ait au monde. Vous y verrez des cartes de visite chinoises, la figure en pied du Grand-Lama, tous les instruments de métiers, tous les jeux, la vaisselle, les costumes, les livres et mappemondes, les jonques, les meubles, les masques et les diverses parties de l'appareil théâtral, les tableaux et statues, les instruments de musique, les armes, les cuirasses et quatre cents autres objets non moins curieux de ces deux pays. Vous y verrez des monstres fantastiques faits de pièces et de morceaux, où les Japonais ont adapté les unes aux autres les parties les plus épouvantables des animaux les plus hideux de la création, de façon à en former un tout qui laisse bien loin derrière lui les griffons fabuleux, les martichores et les chimères, les bêtes grotesques et terribles créées par Callot dans la *Tentation de saint Antoine*, et toutes les visions du cauchemar. On vous y montrera le couteau avec lequel les druides faisaient des incisions dans les arbres, un étui à tabac fabriqué avec la patte d'un jeune élan, un coq fait d'une perle et de pierres précieuses montées en or, des cuillers de cuir, une dent d'éléphant dans laquelle se trouve une balle, une série de tabatières à formes biscornues, l'*Oraison dominicale* en français, anglais et hollandais, écrite sur trois morceaux de papier, dont chacun est plus petit qu'un sou, un objet singulier produit par du foin brûlé, un chef-d'œuvre de papier découpé figurant la nuit de Noël, des tableaux de paille et des tours de force artistiques en cheveux.

C'est là la partie puérile de ce cabinet, destiné à l'ébahissement des militaires non gradés et des bonnes d'enfants : elle est, il faut le dire, beaucoup trop considérable dans un musée si intéressant d'ailleurs.

On y voyait aussi jadis des sirènes, que les récents conservateurs ont jugé à propos de faire disparaître ; c'est dommage : cette curiosité en valait bien une autre, et j'aurais été charmé, pour ma part, de faire connaissance avec ces séduisantes et rares créatures.

La partie historique est très-variée : c'est ainsi qu'on y trouve un collier de coquilles de limaçons ayant appartenu à Bonsoë, roi des nègres, sur la côte de Guinée; un baudrier faisant partie de l'habit de cérémonie du sultan de Djocjo-Karta, et le poignard d'or de Son Altesse le Sœsœchœnan de Soura-Karta, côte à côte avec le modèle de la machine infernale de Fieschi et du couteau dont se servit Ankaerstrom pour assassiner Gustave III; côte à côte aussi avec le mousqueton, le sabre et la cuirasse de l'amiral Tromp, un fauteuil de la prison d'Olden-Barneveldt, et l'habillement complet du Taciturne le jour de son assassinat par Balthasar Gérard. On n'a même pas oublié les lunettes d'argent du capitaine corsaire Guillaume Credo, et le pot à lait dont se servait le général Chassé pendant le siége d'Anvers. Ces Hollaudais sont d'une conscience... !

Mais on ne me pardonnerait pas de négliger le morceau capital du musée. Le voici, tel que l'indique le catalogue, sous le numéro 721 : « Grande caisse en écaille, à marqueterie d'argent, confectionnée par M. Brandt à Amsterdam, d'après les ordres du czar Pierre-le-Grand ; l'intérieur représente une maison opulente d'Amsterdam, au commencement du dix-huitième siècle, avec tous ses meubles. On y a travaillé vingt-cinq ans, et elle a coûté 30, 000 florins. » Il paraît que le czar eut la petitesse de se récrier sur la somme qu'on lui demandait de ce joujou, qui est un chef-d'œuvre de patience et d'adresse. Brandt, blessé dans son amour-propre, se conduisit en cette circonstance avec la fierté d'un artiste : il garda son ouvrage et en fit cadeau au musée de la Haye.

Toutes ces babioles solennelles mettent en relief une des faces du génie national : elles représentent, au fond, le même côté de l'art que les minutieuses et microscopiques toiles de Gérard Dow et de van Tol, peintes, comme le dit M. Maxime Du Camp, avec des cils d'enfants nouveau-nés. C'est par une concession au goût du pays qu'on les a entassées en si grand nombre dans ce cabinet. Ce sont autant de révélations anticipées des puériles merveilles de Broëk, ce village de Nuremberg dont nous palerons plus loin.

On se dédommagera en montant bien vite au premier étage, dans le musée des tableaux. Il y a là merveilles sur merveilles : cinq Rembrandt de la première manière, et, en particulier, la *Leçon d'anatomie*, tant admirée; le fameux *Taureau* de Paul Potter, des Metzu, des Terburg, des

Fr. Miéris, des van Ostade, triés parmi la plus fine fleur du panier; deux admirables toiles de Berghem, un des plus précieux Gérard Dow qui existe, des Both d'Italie, des Van de Velde, des Wouwermans et des Steen comptant parmi les chefs-d'œuvre de ces peintres, qui ont tant fait de chefs-d'œuvre. En tout, deux cent quatre-vingt-sept numéros seulement, et il n'y en a guère plus de soixante à soixante-dix pour l'école hollandaise; mais tout cela se déguste et se savoure goutte à goutte.

Ensuite, si vous n'êtes pas rassasié de peintures et las d'admirer ces inépuisables musées, dirigez-vous vers la collection du baron Steengracht, une des plus belles et des plus complètes du pays. Laissez de côté les modernes, et braquez vos yeux et votre esprit sur les Rembrandt, les Cuyp, les Durart, les Pieter de Hooghe, les Palamedes, les van der Neer, les Swanevelt, les van der Helst, les Potter, les Brauwer, les Maas, les Berghem, les van Ostade, les Miéris, les Netscher, les Hobbéma, les Denner, les Honthorst, les Metzu, les Steen, les Ruysdaël, les Wouwermans, les Poelemburg, etc., etc., qui remplissent cette incomparable galerie. J'en passe, et des meilleurs. L'haleine m'a manqué pour continuer l'énumération jusqu'au bout. Cent tableaux, qu'il faudrait reprendre et décrire un à un. Pour un florin, tout profane peut contempler cela et avoir par-dessus le marché les explications, commentaires et aperçus du domestique en habit noir qui l'accompagne. Ce domestique est un personnage distingué, qui a de beaux cheveux frisés, des gants, les manières d'un gentleman, et qui sait assez de français pour s'associer à vos exclamations de ravissement vis-à-vis des plus friands morceaux.

VII

Scheveningue. — Le chapitre des chapeaux.

Après une telle orgie de peinture, on éprouve le besoin d'aller respirer un peu l'air frais et regarder la vraie nature du bon Dieu. Heureusement, vous n'avez à la Haye que l'embarras du choix. La ville a surtout à ses portes deux promenades superbes, qui sont comme les royales avenues de cette capitale : celle du Bois et celle de Scheveningue. Le lendemain de ma visite aux musées, j'allais demander un peu de rafraîchissement à celle-ci, que je n'avais pas encore vue. Elle conduit, par une avenue charmante, à un village de pêcheurs établi sur les bords de la mer, et qu'on peut regarder comme un des faubourgs de la ville. Il n'est pas plus permis à un étranger de venir à la Haye sans aller voir Scheveningue qu'à un provincial d'aller à Paris sans visiter le bois de Boulogne. Une demi-lieue seulement sépare la ville du village, et, je le répéte, la route est délicieuse, avec de ravissantes maisons de campagne semées tout le long du chemin, qui vous regardent à travers les arbres en vous faisant les yeux doux. Pardonnez-moi l'abondance et la monotonie de mes qualificatifs, et n'ayez pas peur que je recommence ma description de tout à l'heure.

Une de ces maisons de campagne a été l'habitation du vieux poëte Cats, et on la montre aux étrangers comme une curiosité, presque comme une relique. Le père Cats (1577-1660), comme l'appellent familièrement ses compatriotes, est le plus populaire de tous les écrivains hollandais. Il a laissé des fables sentencieuses, des moralités, des allégories, des poëmes sur tous les âges, toutes les conditions, toutes les circonstances de la vie, des odes d'un lyrisme modéré, des idylles, des quatrains, où toujours il se préoccupe avant tout de l'enseignement, où il s'adresse à l'âme aussi bien qu'à l'esprit. Ce sont ces qualités de candeur, d'honnêteté et de sagesse, qui, par leur rapport intime avec le génie hollandais, ont rendu ce poëte didactique et moral si particulièrement cher à ses compatriotes. Aujourd'hui encore on le lit en famille, autour du foyer, et le père l'explique à ses fils avec une sorte de culte. Mais Cats est un excellent homme et un écrivain estimable sans rien avoir de ce feu sacré qui fait les grands poëtes.

La route s'avance à travers les dunes, masquées par les arbres. Bientôt la rencontre de plus en plus fréquente des villageoises, dans le costume singulier qu'elles ont conservé, des porteuses de poissons qui se rendent à la Haye, leur panier sur la tête, la hotte au dos, conduisant leur cargaison dans des charrettes traînées par des chiens, vous annonce que vous approchez de Scheveningue. Le détail le plus caractéristique de ce costume est l'espèce de casque d'argent, quelquefois d'or, échancré par derrière, qu'elles portent dessous leur bonnet et qui leur entoure la tête. Les paysannes en robe d'indienne, les petites filles même ont toutes cet ornement, qui représente souvent une bonne partie des richesses de la famille et qui fait partie essentielle et inaliénable de chaque trousseau féminin. Il est vrai que, surtout en Hollande, tout ce qui luit n'est pas or; mais cet axiome n'est pas applicable aux casques des habitants de Scheveningue. C'est tout au plus s'il est permis aux cuisinières de descendre jusqu'au vermeil. Cette coiffure se complète par deux plaques de même métal, deux boucliers en miniature, qui s'arrondissent en avant des oreilles, et que surmontent de grosses épingles d'or fichées verticalement dans la chevelure.

Et puisque l'occasion s'en présente, c'est ici le moment de donner, à propos de la Hollande, un supplément à ce fameux chapitre des chapeaux écrit par Hippocrate, au dire de Sganarelle. Les *chapeaux* des Hollandaises, et j'entends ce mot dans le sens le plus large, méritent bien les honneurs d'une étude spéciale. A Dordrecht et à Rotterdam, j'ai rencontré quelques femmes portant sur la tempe une sorte de spirale en or, tout à fait semblable de forme aux *élastiques* que les tapissiers mettent dans les canapés. Cet étrange bijou devient très-rare, et je ne l'ai vu qu'à cinq ou six vieilles, proprettes comme des fées d'opéra-comique, et qui semblaient sortir d'une boîte. Passé Rotterdam, il disparaît. Dans la Frise, le casque des paysannes, au lieu de serrer simplement l'occiput et de laisser le sommet à découvert, cache souvent toute la tête, et les boucliers sont compliqués encore par une large bande d'or ciselée qui traverse le front. Rien de curieux à voir comme ces belles paysannes frisonnes avec la riche armure qu'elles portent si vaillamment, et ce n'est certes pas un mince éloge de la probité hollandaise qu'elles puissent circuler ainsi sans crainte et sans accidents. Chez nous, où, selon la légende, il s'est rencontré un voleur pour assassiner l'invalide au nez d'argent, jugez des périls qu'auraient à courir toutes ces filles à la tête d'or. Les paysannes de la Hollande septentrionale ont encore trouvé moyen d'ajouter un dernier trait au tableau, en arborant, au-dessus de leurs boucliers, des ornements de fort mauvais goût en cheveux enroulés et tressés. Une tête ainsi parée ressemble à une châsse, et elle inspire un certain effroi mêlé de respect.

Du bonnet je n'ai rien à dire, sinon que j'ai vu à Amsterdam des femmes du peuple et des servantes en bonnets à longues barbes roides, se rejoignant sous le menton, qui les faisaient ressembler à des religieuses. Quant au chapeau proprement dit, c'est autre chose : chez les paysannes, il varie suivant les circonstances et les localités; sa laideur seule ne varie pas. Quoi de plus disgracieux, par exemple, que ces chapeaux de paille à grands bords, tombant sur les côtés et relevés par derrière, que portent les marchandes de légumes et de poissons? Les femmes à Zaandam ont également de grands chapeaux de paille assez semblables à ceux des paysannes françaises, mais se redressant brusquement sur le devant, comme un cheval qui se cabre, et bordées d'une étoffe bariolée, sur une largeur de deux ou trois pouces. Pour les petites filles, c'est souvent une simple bande de paille enroulée, tantôt rejetée sur le chignon, tantôt plongeant dans la direction du nez et engouffrant toute la tête, comme un bonnet de vieille, sans en laisser passer le plus petit morceau. Ajoutez à ce joli début des robes dont les tailles remontent jusqu'aux aisselles, et qui donnent à l'enfance même un air engoncé et vieillot, vous aurez une idée du résultat. C'est surtout en s'enfonçant dans le nord de la Hollande qu'on retrouve à chaque pas ces lourds costumes féminins, devenus classiques par les tableaux des maîtres hollandais, Brekelenkamp, Bega, Ostade, et leur compère, le flamand D. Téniers.

Mais n'oublions pas que nous allions à Scheveningue. Pour arriver à la mer, on traverse une belle et large rue, peuplée de magasins assez riches. La plage est magnifique, toute semée d'un sable argenté très-fin, tantôt entassé et dur comme un roc, tantôt si mou que vous y enfoncez jusqu'à la cheville. Une multitude de grands bateaux y sont échoués, semblables de loin à des cadavres de cachalots laissés à sec par le reflux de la vague. Çà et là, une végétation singulière fait sourdre à travers le sable de grandes touffes d'herbes rigides où l'on se prend les pieds, et ce n'est pas sans de notables efforts que le visiteur qui s'est hasardé un peu loin sur les dunes parvient à regagner le village en escaladant ces collines, qui fuient sous les pieds et les envasent à chaque pas. Les hauteurs sont couronnées de vastes maisons et d'auberges parmi lesquelles brille le grand hôtel des Bains, précédé d'une immense terrasse, du haut de laquelle un Anglais excentrique, armé d'une longue vue, me regardait, avec une curiosité flegmatique et persévérante, lutter contre les continuels éboulements des dunes et les inextricables enlacements des végétaux marins. Il espérait sans doute me voir à la fin disparaître ensablé, mais j'étais bien résolu à ne lui point donner cette satisfaction.

La mer a successivement envahi et rongé une moitié de Scheveningue. Le 1er novembre 1570, — cette date est restée dans les annales de la Hollande, qui pourtant en a tant d'autres pareilles, — elle submergea, dans une effroyable tempête, une grande partie des habitations. L'église, qui était, il y a trois cents ans, au milieu du village, se trouve maintenant tout au bout, presque baignée par les flots.

Le jour de ma visite, c'était un dimanche : j'avais assisté le matin à la messe dans la chapelle catholique du Binnenhof; je voulus assister, l'après-midi, aux *vêpres* dans l'église protestante de Scheveningue. De l'office et de l'église je n'ai retenu que l'effet produit par cette fourmilière de femmes casquées et bardées, dont le soleil tirait des reflets aveuglants; on eût dit, à ne voir que ces têtes, une assemblée de pompiers qui auraient mis des bonnets de femmes. On conserve dans le chœur le crâne d'une baleine de dix-neuf mètres de long, qui fut jetée sur le rivage en 1617. Ce n'est pas la seule visiteuse de ce genre que Scheveningue ait reçue. On lit dans la *Chronologie septenaire* de Palma Cayet, à la date de 1598 :

« Au commencement de cette année, se vint échouer entre Scheveling et Catvik, en Hollande, une grande baleine que les paysans avec cordes et câbles attirèrent jusque sur le sable. Ce poisson avoit environ soixante-dix pieds de longueur, quinze pieds depuis les yeux jusques au bout du mufle, quatre pieds en arrière des yeux. Il avoit un aileron dur, la mâchoire d'en bas assez étroite pour la grandeur de la bête, et étoit de sept pieds, en laquelle y avoit quarante-deux dents blanches comme ivoire, qui se venoient enter au palais en autant de trous bien durs. Le bout de la queue étoit de quatorze pieds de long. On ne sut mesurer sa grosseur, à cause qu'il étoit bien avant ensablé... Certains esprits curieux en voulurent pronostiquer quelque chose, mais tels de semblables monstres se voient aucunes fois en ces côtes maritimes sans autre effet. »

J'avais cru d'abord que cette baleine était celle dont on conserve le crâne, mais les dates ne concordent pas, et le monstre décrit par Palma Cayet était plus colossal encore que l'autre.

Voici le principal souvenir historique de Scheveningue. En 1630, Charles II, exilé, s'y embarqua pour aller se faire battre à Worcester ; ce fut de là encore qu'il partit, dix ans plus tard, mais cette fois pour rentrer en triomphateur dans sa capitale. C'est aussi du petit port de Scheveningue que le stathouder s'échappa furtivement sur une barque, avec le prince héréditaire son fils, pour s'enfuir en Angleterre. Les pêcheurs du lieu ignorent parfaitement ces grands exemples des vicissitudes de la fortune ; ils n'en ont jamais entendu parler, et la plage de Scheveningue n'en a gardé nulle trace. Mais ils connaissent à fond la légende de la baleine, et ils sont fiers de la carcasse de ce pauvre monstre, qui est comme leur palladium.

Quand les touristes ont traversé la grande rue pour arriver à la plage, ils croient avoir vu le village, et le trouvent naturellement fort joli. Or, ce n'est pas là Scheveningue ; ce n'en est que l'enveloppe. Le vrai Scheveningue se cache derrière cette belle rue, hantée par les baigneurs élégants de la saison des eaux, et se cache si bien qu'il faut le chercher pour le découvrir. Voici, par exemple, de petites portes basses qui s'ouvrent entre les maisons à droite et à gauche ; vous les prendriez pour des entrées particulières. Non, c'est par là qu'on pénètre dans les ruelles qui communiquent au Scheveningue des pêcheurs. Le village véritable est curieux, principalement parce qu'il est sale, ce qui est un phénomène en Hollande; mais cette saleté hollandaise serait de la propreté en France. Les cahutes des pêcheurs, composées d'un rez-de-chaussée, auquel s'adjoint assez souvent un étage supérieur encadré dans une devanture triangulaire, ont des fenêtres grandes comme la main, des portes vitrées, et de petites cours où l'on aperçoit des loques qui sèchent parmi des flaques d'eau marécageuse. Une multitude de rues étroites longent les maisons, s'enchevêtrant les unes dans les autres, prenant des allures de sentiers privés, et tout à coup, lorsqu'elles vous ont conduit bien loin, finissent traîtreusement en culs-de-sac et vous forcent de retourner en arrière.

VIII

Leyde. — L'Hôtel-de-Ville. — L'Université. — Le musée indien. — Le Prophète.

Le lendemain je suis parti pour Leyde, la ville de la fameuse université, la ville où les musées scientifiques, zoologiques, minéralogiques, géologiques, anatomiques, physiques, numismatiques et botaniques se comptent par douzaines; où il faudrait un mois rien que pour parcourir les cabinets, bibliothèques et collections d'antiquités ouverts aux étudiants qui, rebutés sans doute par la longueur et la difficulté de la tâche, préfèrent hanter assidûment les *sociétés*, non moins nombreuses que les musées à Leyde.

L'Hôtel-de-Ville est un monument fort vanté par les anciens *Guides*. Avec sa façade aussi plate qu'une galette de pain sans levain, ambitieusement hérissée de lions rouges debout, qui tiennent des écussons dans leurs griffes débonnaires, de hideuses statues d'enfants appuyés sur des sabliers et des têtes de morts, de colonnes maigres, de frontons extravagants, de lourds campaniles, d'obélisques pointus reposant sur des boules, il ressemble à une vaste couverture en carton gaufré, comme celles qui font la joie des enfants de l'école primaire, le jour de la distribution des prix. M. Esquiros l'appelle un « édifice magistral ». Je ne puis l'appeler qu'un édifice bizarre, et le spécimen le plus étonnant de toutes les aberrations où l'amour exagéré du pittoresque peut entraîner le goût humain en général et le goût hollandais en particulier.

On pénètre dans ce monument par un escalier de vingt à vingt-cinq marches, et on trouve à l'intérieur quelques tableaux curieux : d'abord une *Charité*, de Ferdinand Bol, peinture claire, d'une jolie couleur, mais dont le style n'est pas très-élevé ; des portraits de capitaines, par Vorschwen, belles têtes, expressives et vivantes, dans une gamme de coloris d'un éclat solide ; un *Scipion l'Africain* de Jean Liéven, qui a de la vigueur et quelque sentiment pittoresque ; un triptyque de Lucas de Leyde, **le Jugement dernier**, composition d'un ton faible et mou, sans variété et presque sans expression ; un retable de son maître, Cornelis Engelbrechsen, dont le centre représente le crucifiement, le panneau de droite le serpent d'airain, et celui de gauche le sacrifice d'Abraham. Cet ouvrage offre un double intérêt de curiosité; d'abord c'est la seule composition authentique du vieux maître; puis c'est un spécimen, tout autrement remarquable que celui de Lucas de Leyde, de l'ancienne peinture hollandaise. Il y a sans doute encore bien de la sècheresse et de la dureté dans ce style, bien de la roideur dans les attitudes; mais les têtes sont fines et délicates, surtout celles de la Vierge et des saintes femmes, et les costumes sont traités avec beaucoup de soin.

Les autres toiles de l'Hôtel-de-Ville se rapportent au siége terrible que Leyde eut à soutenir contre les Espagnols en 1574, et qui est l'un des souvenirs les plus sinistres et les plus glorieux à la fois de l'histoire néerlandaise. Govaërt Flink a tracé le portrait de l'héroïque bourgmestre van der Werf, qui répondit aux habitants éprouvés par la famine et réduits à se nourrir des feuilles des arbres et de l'herbe des rues, après avoir mangé les chevaux, les chiens et les rats, jusqu'au dernier : « Tuez-moi et partagez-vous mon corps, mais Leyde ne se rendra pas tant que je serai en vie. » Un tableau académique de van Brée représente cet épisode, dans un style de convention que ne corrige pas suffisamment l'agrément du coloris. *La délivrance de Leyde* a été peinte par van Veen d'une manière assez expressive et vigoureuse. L'artiste a curieusement rendu l'ivresse du peuple et le tumulte joyeux de la foule : tous ces spectres mordent avidement dans des fruits, montrent les pains qu'ils vont dévorer à belles dents et s'embrassent les uns les autres. Pour cette fois, la Hollande a failli s'élever à la peinture historique, et le cas en valait la peine ; cependant elle est restée à mi-chemin.

Les *Guides* assurent que l'Hôtel-de-Ville conserve encore, parmi d'autres objets curieux, la table qui servait d'établi au fameux tailleur Jean Bockold, qui devint le chef des anabaptistes ; je n'ai pu parvenir à la voir, et tous les employés de l'Hôtel-de-Ville m'ont protesté que les *Guides* se trompaient. Faut-il croire que, sur ce point comme sur bien d'autres, ils se sont réciproquement copiés ? La chose serait grave, et je ne prononce pas. J'ai vu du moins, dans une rue latérale, la maison qu'habita jadis le tailleur de Leyde, ce fameux *Prophète* dont Meyerbeer a ressuscité la gloire. Elle est désignée aux passants par une paire de ciseaux sculptée en relief sur la façade.

Les souvenirs historiques ne manquent pas à Leyde. Ceux que nous venons d'indiquer n'en forment que la plus faible partie. Sa vieille Université, qui compta parmi ses professeurs Boërhaave,

Mérula, Vossius, Juste-Lipse, Gronovius, Meursius, Heinsius, Joseph Scaliger et Saumaise, subsiste dans toute la fidélité, sinon dans tout l'éclat de ses traditions; elle est encore fréquentée par environ six cents étudiants. Leyde occupe aussi l'un des premiers rangs dans les annales de la typographie. C'est là que s'établirent d'abord les Elzévier, qui sont restés les plus populaires parmi les illustres imprimeurs du temps passé. On ne voit plus trace aujourd'hui de leur imprimerie, qui a été détruite en 1807 avec tout le quartier du Rapenburg, l'un des plus beaux de la ville, par l'épouvantable explosion d'un bateau chargé de 30 mille livres de poudre, amarré dans le canal.

Mais j'avoue que, au milieu de tous ces souvenirs, c'était toujours celui du tailleur de Leyde qui dominait et absorbait en moi tous les autres. Parmi les fous monstrueux qui apparaissent de temps à autre comme de tristes météores sur le fond obscur de l'histoire, je ne sais pas une figure plus inquiétante, mieux faite pour obséder l'imagination, plus remplie enfin de je ne sais quel horrible et irritant attrait que celle de ce prophète satrape, de ce Sardanapale pontife, trompeur et dupe, imposteur et convaincu, féroce, insensé, fanatique, dont la vie hideuse fut couronnée d'une mort légendaire qui semble un sauvage épisode extrait des *Niebulungen*. Il y a du Néron et de l'Héliogabale dans ce jeune homme, qui avait étudié son futur rôle de prince parmi les comédiens ambulants, qui s'était formé un sérail de soixante femmes et ne se montrait jamais en public qu'à cheval, une couronne d'or sur la tête, une épée nue dans une main, le Nouveau Testament dans l'autre, et précédé d'une troupe de jeunes garçons, beaux comme le jour, formant des danses devant lui ; dans ce terrible et mystique roi de Sion, qui faisait poignarder sur-le-champ ses fidèles trop lents à l'adorer au passage, qui trancha de sa propre main, sur la place publique, avec le glaive sacré, la tête de la plus aimée de ses femmes, pour avoir laissé échapper une parole de décourageusement pendant les horreurs du siége de Munster, et conduisit le cadavre à la sépulture en dansant, au bruit des chœurs de la foule qui chantait le *Gloria in excelsis*. Pris enfin par trahison, après s'être défendu comme un tigre, le saltimbanque reparut en lui sous le roi-pontife. « Tu te plains de tout ce que le siége de Munster t'a coûté ? dit-il à l'évêque. Enferme-moi dans une cage de fer et me fais promener de ville en ville, en demandant un florin pour me montrer : tu deviendras ainsi plus riche que tu ne l'as jamais été. » Condamné à mort, il fut lentement tenaillé avec des pinces de fer rouge par deux bourreaux; puis le ventre ouvert, tout le corps déchiré, un poignard planté à travers le cœur, on le hissa dans une cage jusqu'au sommet de l'église Saint-Laurent, où les oiseaux de proie vinrent dévorer ses restes.

Les amateurs de curiosités et de monstruosités ne devront pas manquer de faire une visite au musée Siebold et au musée indien. Le premier est comme un abrégé du Japon, renfermé tout entier en quelques salles, et, après le cabinet de la Haye, il achève de révéler au voyageur ce pays longtemps impénétrable à l'Europe. Les ivoires et les bronzes d'art y abondent : « Rien n'est plus fantastique et en même temps d'un goût plus précieux, dit M. Maxime Du Camp dans son excursion *En Hollande*, que ces flambeaux de bronze, formés de cigognes debout sur une tortue, contournant leur cou démesuré pour couper du bec une fleur de roseau. Des yaks au galop portant un paysan ahuri; des vases gravés comme des pierres fines; des gardes de poignard ouvragées comme par un Benvenuto Cellini, à boutons de jade; des bijoux, véritables merveilles d'art en bronze noir relevé d'ornements d'or, sont précieusement couchés dans des boîtes vitrées... A côté de ces fantaisies violentes, ce peuple sait, quand il le veut, imiter la nature jusqu'à l'illusion : les vieux ivoires figurent, pour la plupart, des animaux pris sur le fait et dans l'exercice de leurs habitudes les plus familières. Ce sont des coqs, des tigres, des buffles, des lapins blancs; c'est étudié plume à plume, poil à poil; c'est étourdissant de vérité, d'exactitude; c'est comme une seconde création refaite par l'homme. »

Le musée indien réunit la plus magnifique collection de divinités de l'Inde, grand module. Le dieu Ganésa, surtout, s'y montre en une multitude d'exemplaires, avec sa tête d'éléphant, coiffée d'une espèce de mitre orientale; ses quatre mains, dont l'une supporte sa trompe gigantesque, tandis qu'une autre tient une espèce de chapelet, et la troisième brandit une hache. Le dieu Ganésa est accroupi sur lui-même, les jambes écartées et les talons réunis. Le plus beau, le plus gros et le mieux conservé de tous ces dieux est environné d'un cercle de crânes.

Au centre de la salle, un grand taureau en pierre volcanique d'un gris noir, comme presque toute la collection, regarde mélancoliquement devant lui de ses yeux ronds et vagues. Entre ses deux oreilles pointent de larges et courtes cornes; autour du cou s'arrondit un collier de grosses pierres rondes, et une espèce de houppe ou de bosse forme une proéminence entre la nuque et la naissance du dos. Sa queue relevée s'enroule sur le flanc droit. C'est le sacré taureau

Nandi, qui a l'honneur de servir de monture ordinaire à Siva, la troisième personne de la Trimourti indienne. Le taureau Nandi est flanqué de divinités informes et colossales, parmi lesquelles on remarque une statue aux larges oreilles, aux yeux ronds et charnus, au rictus élargi, trapue, contrefaite, effroyable, et serrant sur sa poitrine et sur son ventre une bande qui tombe à ses pieds. Je regrette que l'imperfection de mes connaissances sur le fait de la mythologie indoue ne me permette pas de donner à ce monstre le nom qu'il mérite de porter.

Viennent ensuite Brahma, avec ses trois têtes, tenant l'œuf du monde dans ses deux mains réunies vers le milieu du corps; Siva, représenté dans ses divers avatars, ici paisible et doux, là monté sur un loup furieux, entouré de têtes de morts à ses pieds et autour de son cou, pressant, d'une main, un crâne sur sa poitrine, et des trois autres tenant des instruments de guerre, le visage empreint d'une joie féroce et d'une cruauté triomphante; Lakhmi, la douce déesse, accroupie sur des coussins, les mains jointes sur la poitrine; au poing, des bracelets formés de trois cordes entrelacées; sur la tête, une mitre enrichie d'ornements. Elle est plongée dans un recueillement paisible, la bonne épouse du terrible Siva; et le rude artiste qui a taillé tout ce cénacle de dieux monstrueux dans la pierre a trouvé pour elle un dessin plus pur et une grâce qu'on ne lui eût pas soupçonnée. Ici la féroce Parvati, déesse de la vengeance, avec ses huit bras armés, danse sur le corps du géant Dourgo : plus loin Goudma, le Bouddha des Siamois, est accroupi, les jambes croisées, les mains pendantes et roides, baissant vers la terre son visage aux lèvres calmes et relevées par les coins, aux grands yeux fendus en amande, aux paupières baissées. Ailleurs encore, ce sont les gardiens du temple, grands, gros, informes, barbus et de larges anneaux pendus à leurs longues oreilles, se tenant debout, l'air pensif ou plutôt stupide, la main gauche appuyée sur un fût de colonne, la droite tenant une épée.

Nous nous bornerons à cette courte promenade à travers les musées de Leyde, qui forment à eux seuls toute une ville. Il faudrait être plus compétent que nous pour s'étendre sur les vastes collections scientifiques qu'ils renferment. Là est la dernière grandeur de Leyde, aujourd'hui bien déchue de son état passé. Elle n'a plus que trente-six mille habitants ; elle en a eu plus du double. Ses canaux sont silencieux et déserts comme ses rues, parmi lesquelles les seules qui offrent un intérêt quelconque, à des points de vue divers, sont la rue des Pauvres et la Breede-Straat ou Grande-Rue. A peine si de loin en loin on y voit passer un bateau et si on y entend rouler une voiture. La présence même des étudiants ne peut détruire cette tristesse invétérée de la ville, qui semble porter le deuil de son activité et de sa splendeur passées.

Je suis descendu dans un hôtel au pied du vieux burg, espèce de donjon féodal à l'enceinte circulaire, percé de trente-six embrasures, construit au sommet d'une colline d'une cinquantaine de pieds de hauteur, la seule peut-être qu'on puisse trouver en Hollande, la seule au moins que j'aie vue. La construction primitive de ce burg a été attribuée un peu légèrement aux Romains par les gens qui voient les Romains partout : il est plus sûr de remplacer les Romains par les Saxons. Quoi qu'il en soit, son architecture démontre au moins qu'il faut le regarder comme antérieur au XIIe siècle, ce qui est une antiquité déjà bien respectable : « Sa forme ronde, dit M. Esquiros dans *la Néerlande et la Vie néerlandaise*, l'épaisseur de ses murs, sa position sur une colline qui dominait le cours du Rhin, tout contribuait *dans les âges de barbarie* (style du XVIIIe siècle) à personnifier en lui le sombre génie de la Force. Ce vieux château a été le noyau de la ville. L'histoire a enregistré les troubles et les séditions que souleva plus d'une fois parmi les bourgeois de Leyde la terrible domination des anciens burgraves. Leur nid d'aigle n'est plus maintenant qu'un des ornements de la ville. »

On pénètre vers ce château historique, et en même temps vers mon hôtel, par une porte monumentale, surmontée d'un magnifique lion rouge debout sur son arrière-train, et s'escrimant d'un air tout à fait martial avec une grande épée qu'il tient de la main, je veux dire de la patte droite. Autour de ce lion symbolique s'étale une longue inscription en tête de laquelle se détachent les mots : *Pugno pro patria*. C'est sans doute la vue de toutes ces belles choses que mon hôte a voulu me faire payer, en me présentant une note tout à fait léonine, que j'ai acquittée avec une résignation angélique, car le touriste, comme le vieux soldat, doit souffrir et se taire, sans murmurer.

IX

Katwyk-aan-zee et les écluses du Rhin. — La lutte de la Hollande contre la mer. — Souvenirs du roi Louis. — Cruelle aventure du voyageur.

Le voyageur qui s'arrête à Leyde ne peut se dispenser d'aller voir, au village de Katwyk, les fameuses écluses du Rhin, l'un des plus durables souvenirs légués à la Hollande par le gouvernement du roi Louis Bonaparte, qui en a laissé bien d'autres dans le pays. Après plus d'un demi-siècle écoulé, la Hollande, je m'en suis aperçu maintes fois, n'a pas encore tout à fait oublié le règne de cet étranger, qui était parvenu, à force de bonne volonté et de dévouement aux intérêts de sa nouvelle patrie, à se faire presque pardonner de s'être imposé par le droit du plus fort à un peuple qui ne le connaissait pas. On a publié récemment, d'après les originaux conservés aux

Archives, toutes les lettres échangées de 1806 à 1810 entre Louis et son frère, qui avaient été, et pour cause, les unes omises, les autres mutilées dans la publication officielle de la *Correspondance de Napoléon I*ᵉʳ. Lisez-les, et vous comprendrez l'espèce de bienveillance avec laquelle les vieux Hollandais parlent encore du plus doux des Bonaparte.

On sort de cette lecture avec un sentiment d'estime raisonnée, sinon de sympathie, pour ce roi faible et d'un génie médiocre, mais d'intentions droites, foncièrement honnête, qui avait pris son titre au sérieux et s'efforça d'accomplir avec conscience les devoirs qu'il lui imposait. On en sort aussi avec un sentiment de compassion profonde pour les déboires et les avanies de tout genre dont son terrible frère lui fit payer un honneur révocable à sa volonté, et qu'il menaçait d'autant plus volontiers de lui reprendre, que Louis avait la faiblesse de tenir à ce lambeau d'un pouvoir disputé et avili. Il y avait eu tout d'abord un grand malentendu entre eux : Louis avait reçu la Hollande dans l'intention de se vouer au bien du pays et d'être un roi véritablement national, bien que d'origine étrangère ; Napoléon, au contraire, ne la lui avait donnée que pour l'administrer en vassal, comme une préfecture française, uniquement d'après la volonté du maître, et suivant la *grande manière* impériale. Il ne pouvait souffrir les représentations du pauvre roitelet contre des mesures impitoyables qui ruinaient son royaume pour enrichir l'empire. Celui-ci se croyait souverain, il n'était qu'un gouverneur de province.

Jamais, il faut bien le dire, chez un parvenu de la Régence ou du Directoire, palefrenier ne fut traité avec un plus insolent mépris. La dureté de l'empereur envers son frère dépasse toutes les bornes. Pendant quatre ans il l'abreuva des reproches les plus amers et des plus cruelles insultes, et le malheureux Louis, rudoyé, humilié, traité enfin en ennemi, finit par être réduit à abdiquer et à s'évader secrètement de son royaume comme d'une prison.

Il y a deux lieues de Leyde à Katwyk. Le temps était superbe. Un soleil d'Italie brillait sur une campagne printanière, quoique nous fussions en Hollande et en automne. Je pris ma canne, et je m'engageai bravement sur la route.

J'ai déjà parlé de l'attrait particulier des riches campagnes hollandaises et n'ai pas à y revenir, sinon pour dire que la ville de Leyde est située dans le district de Rhinlande, considéré comme le jardin du pays. Il est peu de routes qui égalent celle de Katwyk, plantée d'arbres, vigoureusement gazonnée, pleine de maisons de plaisance, de jardins et de cafés aux pelouses verdoyantes, aux bosquets mystérieux, d'où sort, au milieu d'un cliquetis de verres, la voix joyeuse des étudiants en rupture de ban. Vous voyez, sur votre droite, une rivière languissante, qui roule, en dormant, ses flots épuisés. C'est le Rhin, le vieux Rhin, comme on l'appelle, qui se traîne à pas lents vers la mer. Quand on l'a vu à Kehl ou à Cologne, avant de le rencontrer à Leyde, il vous produit l'impression désolante d'un homme que vous avez quitté dans la fleur et la force de l'âge, et que vous retrouvez tout à coup infirme et caduc.

D'innombrables briqueteries parsemées sur les côtés de la route, et quantité de poissonniers, avec leurs seaux pendus aux deux côtés de la cangue qui repose sur leurs épaules en leur enserrant le cou, signalent l'approche de Katwyk. Le jour commençait à tomber. Je pressai le pas pour arriver à temps et pouvoir contempler les écluses au dernier rayon du soleil. A peine entré dans le village, j'interrogeai les paysans; pas un ne comprenait un mot. J'eus beau frapper à vingt portes, multiplier les gestes, accentuer ma question par une pantomime expressive, où je m'efforçais d'imiter avec mes bras le mouvement de l'eau qui tombe, je ne pus parvenir à me faire comprendre. En vain je prêtais l'oreille aux bruits lointains de l'horizon : ni le mugissement de la mer, ni celui des écluses n'arrivait jusqu'à moi. Le Rhin avait disparu. Je ne pouvais, dans l'obscurité naissante, chercher à rejoindre le fleuve au hasard, à travers les prairies, pour me hasarder à en suivre le cours jusqu'au bout, peut-être en me condamnant à des détours ou à des obstacles sans nombre, et en risquant de m'égarer, tout au moins en m'exposant à patauger d'une façon dangereuse dans les marécages dont fourmille la campagne hollandaise. L'inquiétude commençait à descendre sur moi avec les brouillards de la nuit. A la fin un éclair me traversa la mémoire : je me souvins qu'il y a deux Katwyk, — Katwyk sur le Rhin et Katwyk sur mer, — et aidé par une carte que je portais dans ma poche, et par certains poteaux couverts de pancartes explicatives que je découvris dans l'ombre, je parvins à faire comprendre à un paysan plus fûté que les autres, que je désirais me rendre à Katwyk sur mer. Le paysan sourit d'un air de compassion, me prit par le coude, me fit traverser quelques champs et deux ou trois barrières, tourner l'église, revenir sur mes pas, franchir un fossé ; puis, tendant la main devant lui, il dit gravement : « *Katwyk-aan-Zee, mynheer*, » me salua, et disparut, comme le Rhin.

Je ne puis trop recommander aux touristes qui

visitent la Hollande, ou tout autre pays d'ailleurs, de se munir d'un vocabulaire, ne fût-ce que pour leurs excursions dans les villages, souvent plus curieux que les villes, s'ils veulent éviter les déboires auxquels je me suis vu exposé faute de cette précaution élémentaire. Je sais bien qu'ils pourraient prendre un *cicerone*, mais je suppose que, comme moi, ils ont horreur d'un tel compagnon de voyage, et qu'ils aimeront mieux s'exposer aux chances les plus désagréables que de se soumettre à cette servitude. Un mot suffit pour se faire entendre, et ils le trouveront toujours dans le dictionnaire. Malgré ses analogies avec l'allemand, la connaissance du hollandais est très-peu répandue. Puis, nous autres Français, nous sommes si *personnels*, et tellement gâtés par la diffusion de notre langue dans tous les coins de l'univers, que nous en devenons fort paresseux. Un Anglais, un Hollandais, un Espagnol ne viennent pas chez nous sans essayer de baragouiner le français ; ils le parlent mal, mais ils font de leur mieux pour le parler, et, grâce à la complaisante agilité d'esprit avec laquelle nous nous associons à leurs efforts, nous parvenons à les comprendre. Un Français s'embarque intrépidement dans une excursion en Hollande ou en Espagne sans savoir un mot de la langue du pays, sans même s'en préoccuper un moment :

il lui semble tout naturel d'interroger dans son propre langage le premier passant de la rue, et il s'en faut de peu qu'il ne trouve ridicules ceux qui ne le comprennent pas. Cette espèce de fatuité nationale trouve à la fois son excuse et son encouragement dans les faits.

Tant que je ne sortis point des villes, mon ignorance ne me causa nul embarras. On parle français dans la plupart des hôtels : presque toutes les personnes de la classe moyenne, et quiconque a reçu ce qu'on appelle de l'éducation, connaissent assez notre langue pour se faire entendre, et s'en servent parfois très-purement. Vous pouvez, dans la rue, avoir recours à peu près sans crainte à tout passant dont le costume indique autre chose qu'un homme du peuple ou un petit commerçant. En cas de besoin, adressez-vous aux enfants : on leur apprend le français dans les écoles. Vous avez bien quelques idiotismes à redouter : la plupart des indigènes s'obstineront, par exemple, à dire *douze heures* au lieu de *midi* ; à prononcer : « en n'Hollande, » et à commencer toutes leurs réponses à vos demandes par l'interjection *oh!* ou *ho!* dans laquelle ils mettent un monde de nuances : nuance de compassion pour vous qui ne parlez pas le hollandais, la langue d'Adam et Eve dans le paradis terrestre, comme l'a prouvé un de leurs savants ;

nuance d'inquiétude et de crainte de ne pas vous avoir entendu, ou nuance de satisfaction de vous comprendre et d'empressement de vous obliger. Comme ils sont très-polis [1], ils ne vous adressent pas non plus la parole sans assaisonner leurs phrases de quelques *s'il vous plaît*, accommodés à toute sauce. Le *s'il vous plaît* est pour eux ce qu'est le *savez-vous* pour les Belges, une monomanie, un tic nerveux. Mais dans les villages, ou dans les régions les plus reculées du pays, on conçoit aisément qu'il n'en est plus de même, et l'on s'expose, en ignorant la langue, à des tribulations dont celles que j'éprouvai à Katwyk vont donner une idée véridique.

Je me mis donc à enjamber la nouvelle route qui s'allongeait à l'horizon dans une perspective peu rassurante. Les paysans rentraient de toutes parts après le travail journalier; je croisais à cha-

---

1. Les plus polis du monde, et aussi les plus minutieux. Par exemple, c'est une très-grave affaire là-bas, entre gens qui se respectent, fussent-ils amis intimes, que la question de l'enveloppe et du cachet pour les lettres. La cire seule est admise, bien entendu. J'ai reçu à Rotterdam une lettre que m'écrivait le commis d'un négociant, connu pour sa belle collection de tableaux; elle portait sur l'adresse, en hollandais : *Au très-honorable et noblement né M. V. Fournel*. Je fus flatté d'abord, puis un peu moins, lorsque je lus à la signature : *Pour les très-honorables et noblement nés K..... et C*[ie], etc.; moins encore quand j'appris que c'était un usage universel.

que pas des villageoises à la forte encolure, portant cette coiffure bizarre, composée d'un casque d'argent et de plaques du même métal, que j'avais déjà vue à Scheveningue ; et les poissonniers défilaient par centaines, me saluant au passage d'un sonore *goeden morgen*. La nuit était entièrement venue. Je ne tardai pas à apercevoir sur ma gauche comme de grandes dunes de sable, qui me révélèrent le voisinage de l'océan. Néanmoins ce ne fut qu'au bout de trois quarts d'heure de marche que j'entrai dans le village. Je le traversai d'outre en outre, et j'arrivai sur les bords de la mer du Nord.

Devant moi s'étendait une vaste plage, et au delà la mer plate et morne, roulant sur elle-même avec un gémissement monotone et lugubre ; le rivage était encombré de pêcheurs, causant en groupes animés, entourés de leurs familles ou retournant chez eux, d'un pas lent et lourd, en fumant leurs pipes. Mon arrivée fit sensation. Je m'acheminai droit à un groupe et renouvelai mes questions ; un silence étonné m'accueillit, et je surpris quelques sourires sur la lèvre narquoise des gamins. Je recommençai, en appuyant ; tous se mirent à me répondre en parlant à la fois, se regardant les uns les autres, puis me regardant moi-même et secouant la tête. J'articulai vigoureusement : *Rhin*, *écluses*, en commentant ce dernier mot par une mimique désespérée, pleine de soubresauts extravagants où je cherchais à imiter des deux bras tantôt une eau torrentueuse qui tombe à pic, tantôt le rebondissement moelleux d'un courant qui glisse de surface courbe en surface courbe, le tout accompagné d'un bruit sourd de la bouche qui, dans ma pensée, représentait à merveille le mugissement du fleuve. Les gamins éclatèrent franchement de rire en parodiant mes gestes avec un cynisme qui me navra, tandis que les pêcheurs se regardaient de plus en plus, répétant d'un air hébété : *Rhin, écluses...* Après dix minutes d'efforts qui m'avaient mis tout en nage, je renonçai à entamer ces rudes cervelles, et, complétement désabusé des idées fausses que j'avais puisées à l'Opéra, et jadis aux Funambules, sur la puissance de la pantomime, je cherchai de l'œil un café, une auberge, un lieu public quelconque où j'eusse plus de chance de me faire entendre à loisir, tout en restaurant mon corps fatigué. Les portes étaient closes et toutes les fenêtres sombres. Pas une lumière ne brillait autour de moi, — et la mer du Nord mugissait à mes pieds! Un instant, le vertige me monta à la tête ; je me crus transporté en plein Groënland, sur une terre sauvage, au milieu de barbares, étrangers à une langue civilisée, et il me sembla qu'un ours blanc allait m'apparaître, perché sur un glaçon. Les pêcheurs m'entouraient toujours avec des airs affables qui ne me rassuraient point. A chaque minute ils étaient rejoints par de nouveaux survenants, à qui je les entendais répéter à mi-voix : *Rhin... écluses...?* et qui, comme eux, secouaient la tête pour toute réponse.

Enfin j'aperçus, à ma gauche, la silhouette d'une église. Une idée me vint : puisqu'il y avait une église, il devait y avoir un prêtre ou un pasteur, et ce pasteur devait savoir le latin. J'étais sauvé. Je m'acheminai rapidement vers l'église, à travers les monticules de sable, où j'enfonçais jusqu'au-dessus de la cheville, et je tournai autour jusqu'à ce que j'eusse rencontré la porte ; elle était fermée, et je la remuai de toutes mes forces à plusieurs reprises, sans que l'écho même répondît à mes tentatives. J'essayai de deviner, parmi les maisons voisines, quelle pouvait être celle qui abritait le pasteur : pas une seule n'avait un signe particulier qui la désignât à mon attention. A la première dont je m'approchai, un chien se prit à aboyer avec tant de violence qu'il me parut à la fois dangereux et inutile d'insister : ce ne pouvait être évidemment le seuil du pasteur qu'un dogue se chargeait de défendre avec tant d'acharnement. La deuxième était hermétiquement close. A la troisième une fenêtre s'ouvrit, et une femme effrayée apparut, m'interpellant vivement.

J'essayai de m'expliquer, montrant d'une main le temple, de l'autre le ciel, mais sa frayeur lui avait fait perdre la tête. Un moment elle parut près d'appeler au secours, et comme je me rapprochais pour mieux me faire entendre, elle ferma vivement la fenêtre en poussant un petit cri d'angoisse dont le souvenir restera éternellement dans ma mémoire. Désespéré, je retournai vers la porte de l'église, et la secouai de nouveau, bien résolu à rester là jusqu'à ce qu'on eût compris mon désir.

En ce moment d'angoisse, la Providence voulut enfin me montrer qu'il n'a pas été écrit vainement : cherchez et vous trouverez, frappez et l'on vous ouvrira. Elle m'envoya le secours désiré dans la personne de l'un des pêcheurs de la plage, qui, m'ayant vu m'acheminer vers le temple, m'avait suivi machinalement de loin, comme s'il eût pressenti mon projet. Il s'approcha de moi, escorté lui-même d'un cercle de gamins, avides de voir ce qui allait se passer.

— Ho ! dit-il avec l'intonation particulière aux Hollandais.

— Le pasteur ! répondis-je, en mettant toute mon âme dans ma voix.

Le pêcheur réfléchit, comme s'il cherchait à

ramasser laborieusement quelque souvenir lointain d'un mot français jadis entendu.

— Prédicant? dit-il enfin, avec l'effort victorieux d'un homme qui vient de percer un mur.

Un *ia, ia,* vigoureusement accentué, fut ma réponse, et je m'élançai vers lui, comme eût pu faire un prisonnier dont il aurait descellé les barreaux. Il se mit à marcher devant moi ; je le suivis, et les gamins se vissèrent à mon épine dorsale, « grands yeux ouverts, bouche béante. »

Le *prédicant* demeurait à l'autre bout du village. Il fallut marcher un bon quart d'heure, au milieu de ce cortége, avant de trouver sa maison. Sa femme vint nous ouvrir, et mon guide commença à parlementer avec elle. Il parla longuement, me regardant de temps à autre de façon à me montrer qu'il entrait, au sujet de ma personne, dans toutes sortes d'explications intimes. J'aurais voulu savoir ce qu'il disait. La femme du prédicant répondait avec vivacité, en me regardant aussi. J'avais pris mon chapeau à la main et j'attendais tête nue, et les yeux à demi baissés, comme il sied à un suppliant. La femme plongea dans l'intérieur de la maison, et mon guide me fit un signe de protection bienveillante, qui voulait dire : « Espérez! » Elle revint au bout de quelques minutes, et recommença ses questions. Je dois rendre à mon guide cette justice que le brave homme avait l'air de plaider chaudement ma cause. Cependant je sentais le doute et l'angoisse m'étreindre le cœur, et d'une voix timide, étranglée, pleine de prière, j'articulai doucement :

« Mynheer *prédicant,* s'il vous plaît ! »

La femme me toisa encore des pieds à la tête, apostropha de nouveau mon guide, puis disparut une seconde fois. Je n'osais plus lever les yeux ; je restais dans l'attitude d'un coupable qui attend la rentrée du tribunal, délibérant sur sa condamnation. Enfin, elle revint et fit un signe. Je me précipitai dans la maison comme dans une ville conquise, marchant au pas de charge, et croyant entendre résonner à mes yeux les accents du tambour et de la trompette qui sonnaient la victoire.

A mon entrée dans une grande pièce au fond du corridor, un homme d'âge mûr, de physionomie bonne et honnête, se leva et me saluant :

« Bonjour, monsieur, me dit-il.

— Ah ! enfin, m'écriai-je, dans l'excès d'une joie qui me fit oublier la politesse, voici donc quelqu'un qui parle français ! »

Mon interlocuteur hésita, parut réfléchir avec concentration, puis ramassant toutes ses forces :

« Moi, dit-il, comprends pas ce que vô dites. »

Je retombai du haut de mes rêves. Le *prédicant*

ne savait guère que ces deux mots de français qui m'avaient inspiré un si trompeur espoir. Il avait bien jadis appris notre langue; mais transplanté depuis plus de vingt ans, loin des universités, au milieu d'une population de pêcheurs, il avait eu le loisir d'en oublier l'usage.

« Sine dubio, repris-je alors, loqueris latinè, domne?

— Aliquantulum, fit-il avec une modestie convaincue qui me glaça de crainte. Et aussitôt : You speak english?

— Little, little, dis-je en secouant mélancoliquement la tête.

— Ho! fit l'excellent homme en me prenant les deux mains. Eh bien, *mynheer*..., oui..., *I am sorry for it*, mais *dummodo nos invicem intelligamus, satis est*, n'est-ce pas ? »

Alors commença entre nous la conversation la plus incroyable, la plus bariolée, la plus extravagante, mêlée de latin, d'anglais, d'italien, de grec, de hollandais et de français, une conversation à faire monter la sueur au front, et qui compte dans mes souvenirs, avec l'ascension du *Ballon d'Alsace*, parmi les plus rudes travaux que j'aie jamais accomplis. Le pasteur ne m'avait pas trompé : il était bien rouillé sur le latin; j'ose dire même, — puisse-t-il me pardonner cette révélation qui l'affligera peut-être ! — qu'il se livrait à d'intolérables solécismes ; et tout cela, joint à sa prononciation hollandaise, rendait l'échange de nos idées fort pénible dans cet idiome sur lequel j'avais tant compté. Nous causâmes pourtant, nous causâmes longtemps même, par je ne sais quel tour de force et de souplesse, dont la pensée me remplit encore d'une admiration mélangée d'effroi. Nous causâmes d'abord théologie, en quoi nous ne fûmes pas d'accord ; puis arts, puis voyages, puis un peu de philosophie même, s'il m'en souvient bien. De temps à autre, madame, qui ne semblait pas encore parfaitement rassurée, passait la tête par la porte entr'ouverte, ou entrait sous un prétexte quelconque; je ne lui en veux pas, et j'aime à croire, au contraire, que toute bonne femme, en un cas semblable, veillerait avec la même défiance sur son mari.

Après une demi-heure environ de cet exercice que mes forces n'auraient pu supporter plus longtemps, car déjà j'étais tout en nage, je pris la liberté de rappeler au pasteur le but de mon excursion et mon désir de voir les fameuses écluses. Il mit sa casquette, me tendit un cigare, et nous partîmes. Ce fut donc au clair de la lune et dans une demi-obscurité, qui, en voilant les détails, donnait à la masse quelque chose de plus imposant et je ne sais quoi de mystérieusement solennel, que je contemplai ce chef-d'œuvre de l'architecture hydraulique, — qui est en Hollande l'architecture nationale.

Autrefois le vieux Rhin se perdait misérablement dans les sables : on l'a resserré en un canal étroit pour le porter jusqu'à la mer. Ce canal est traversé par trois écluses gigantesques, où de solides armatures de cuivre relient les blocs de pierre soutenus et fortifiés par les formidables poutres qui font la base de ces grandes forteresses. Voici la première : elle a six arches, des portes inexpugnables, et elle obéit docilement au mécanisme qui la met en jeu. La seconde et la troisième lui succèdent à quelque distance. Ces écluses remplissent un double rôle : elles peuvent, aux jours d'inondation, déverser le trop-plein de la Hollande dans la mer, et pendant les grandes marées, quand celle-ci menace de tout envahir, elles s'opposent à sa marche et lui barrent le chemin. Dans les circonstances périlleuses, on mêle à propos la douceur à la force pour combattre les flots, et l'on achète le salut par quelques concessions. Si la tempête mugit à tout briser et qu'il faille aux vagues un semblant de pâture, les Hollandais agissent comme ces sages monarques qui, dans les révolutions, vont au-devant des réformes et octroient quelque chose au peuple au lieu de se faire briser par lui en voulant le heurter de front. Ils ouvrent les portes de l'écluse la plus rapprochée du bord : les flots passent tumultueux et courent en avant ; mais là, lorsque déjà leur fougue s'est ralentie, ils rencontrent la deuxième, qui les broie en une poussière impuissante. Les écluses de Katwyk sont le rempart de la Hollande. Il y aurait bien d'autres choses à en dire, si j'étais apte à traiter un pareil sujet, mais je n'ose m'y hasarder, de peur de commettre quelque hérésie qui ferait sourire un ingénieur des ponts et chaussées, — et peut-être est-ce fait déjà.

La Hollande se trouve, par rapport à la mer, comme on l'a dit, dans la situation d'une ville perpétuellement en état de siége. Ce pays, qui, suivant l'expression d'un poète anglais, est à fond de cale de l'univers, et que le duc d'Albe, qui avait ses raisons pour ne pas l'aimer, accusait d'être le plus près possible de l'enfer, ne subsiste qu'à la condition de se défendre sans cesse contre un ennemi toujours aux aguets, et de se reconquérir toutes les fois qu'il s'est laissé vaincre ou surprendre. Les fleuves même qui le traversent, et qui coulent, pour ainsi dire, sur sa tête, lui sont une menace et un péril éternels : le Rhin, la Meuse et l'Escaut l'ont souvent recouvert d'inondations désastreuses, parmi lesquelles celle de 1855 conservera une place à part. A peine si les vestiges de cet effroyable déluge, qui a recommencé en

1861 dans de moindres proportions, sont aujourd'hui complétement effacés. Mais les dangers des fleuves ne sont presque rien à côté de ceux de la mer, et elle serait longue à dresser la liste funèbre des ravages accomplis par celle-ci, en guise de représailles, sur ce sol qu'on lui a ravi et qu'elle tentera éternellement de reprendre. Il est certain que la forme de la Hollande a été, non-seulement circonscrite, mais profondément modifiée par l'action de la mer. En 1277, trente-trois villages étaient engloutis d'un coup, et n'ont plus reparu. En 1421, trente-cinq autres périssaient sans retour. Les sinistres chroniques de ce genre abondent dans son histoire. Ici, il y avait jadis une ville populeuse, maintenant c'est un golfe ; là l'Océan a séparé une portion de terre du continent et en a fait une île. A Katwyk même, la mer avait rongé quatre-vingts maisons en quinze ans, et elle recouvre aujourd'hui les fondations d'une forteresse élevée par les Romains à l'embouchure du Rhin, et qu'elle a balayée par ses empiétements progressifs. Mais le plus curieux et le plus significatif témoignage de ces invasions de la mer, c'est la formation, dans le courant du XIIIe siècle, du vaste golfe du Zuiderzée, par l'anéantissement de toute une région.

« C'est un pays qui tire cinquante pieds d'eau, s'écrie le poète anglais Butler, dans une invective assez bourrue. Les hommes y errent comme dans la prison de la nature, et dès que la mer se soulève et envahit une province, elle la change en lac. Les habitants sont toujours à la pompe, et ne peuvent être en sûreté qu'au prix de la puanteur dont ils s'environnent. Ils vivent comme s'ils étaient échoués, et quand ils meurent, on les jette par-dessus le bord. Entassés dans leurs bateaux, comme des essaims de rats, ils ne subsistent qu'en grignotant la substance des nations où ils se transportent. Ils se nourrissent des autres poissons, comme des cannibales, et servent ainsi leurs cousins germains sur leurs tables. Enfin c'est une contrée qui est à l'ancre et amarrée ; on n'y est point à terre, on y est à bord. »

Voilà de la plaisanterie anglaise, sentant le rosbif et le spleen. J'en suis fâché pour Butler ; mais là où il n'a vu qu'un sujet de plaisanteries médiocres et de brutales boutades, un homme de sens doit voir un grand sujet d'admiration.

Si la Hollande cessait une minute de se tenir sur la défensive, elle serait perdue. Pour se garer, elle élève des digues, elle dresse partout des barrières artificielles, elle renforce les barrières naturelles en semant dans les dunes une espèce particulière de roseaux qui, par leurs racines, relient en un bloc solide cette masse mouvante de sables, en soutenant par des maçonneries, des remparts en cailloutages ou en poutres entrecroisées les côtes affaiblies et minées par l'action des flots ; enfin elle complète par des écluses, comme celles de Katwyk, ce savant système de défense contre les eaux.

Quand j'eus bien regardé sous toutes ses faces le chef-d'œuvre de l'ingénieur Bruerungs, nous nous en revînmes. Il s'agissait maintenant de retourner à Leyde, perspective peu rassurante. Une nouvelle promenade pédestre de deux lieues ne souriait nullement au touriste harassé de fatigue, et d'autre part je ne pouvais guère songer à coucher à Katwyck, qui a toute la mine de ne point posséder d'auberge. Je demandai donc à mon guide où je pourrais me procurer un *vehiculum ;* il réfléchit longtemps sur ce mot qui l'intriguait, et finit par me répondre en m'offrant un *currum* en échange du *vehiculum* qu'il n'osait me promettre. J'acceptai l'*échange*, comme on peut croire, et cinq minutes après, deux paysans, mandés par sa femme pour conférer sur cette grave affaire, entraient dans le salon la pipe à la bouche, la casquette verrouillée sur la tête, en distribuant au pasteur de grosses et cordiales poignées de mains. La conversation s'engagea entre le *prédicant* et ses paroissiens. Mon ignorance me forçait de rester neutre dans cette grave discussion, où mes intérêts étaient débattus. Le prédicant exposa la situation. L'un des paroissiens, celui que sa mine révélait pour le plus important des deux, ôta de ses lèvres sa pipe éteinte, dont il savourait le jus en silence, lança dans la cheminée un jet circulaire de salive noirâtre, qui me parut accuser la présence subsidiaire d'une chique, répondit quelques mots et ressaisit sa pipe.

« Hi quidem habent currum, fit le pasteur en se tournant vers moi, sed non habent equos. (Ils ont bien une voiture, mais ils n'ont pas de chevaux.) »

Je ne pus m'empêcher de rire, malgré ma vive contrariété. Mais à ce rire incongru, celui qui avait déjà parlé lança un nouveau jet de salive plus copieux que le premier, et, d'un air majestueusement indigné, reprit la parole, tandis que son compagnon appuyait chacune de ses phrases d'un geste et d'un signe de tête. Le pasteur m'apprit qu'ils s'offraient à me tenir lieu des chevaux absents, en me traînant jusqu'à Leyde dans une charrette à bras; mais je n'osai accepter cette proposition héroïque, malgré l'insistance des braves gens, qui assuraient qu'à eux deux ils m'enlèveraient comme une plume, et, après avoir pris congé de mon excellent hôte, je me remis stoïquement en route.

Jusqu'à Katwyk sur le Rhin, tout alla bien : même en le faisant exprès, on n'eût pu s'égarer.

Mais là il me fut impossible de retrouver les sentiers que j'avais pris en venant. Il fallut frapper aux vitres à travers lesquelles j'apercevais de la lumière, et demander *Leyden* à une demi-douzaine d'habitants, qui avaient grand'peine à me comprendre, quoique je m'étudiasse à prononcer ce nom dans le plus pur accent hollandais. Tous me répondirent par des explications détaillées que j'écoutai patiemment, sans y rien entendre ; seulement je remarquai dans quelle direction ils étendaient le doigt, et j'en conclus, avec sagacité, que c'était par là que je devais me mettre en route.

Après avoir marché une demi-heure encore, je commençai à m'étonner de ne pas mieux reconnaître le chemin que j'avais suivi quelques heures auparavant. Celui-là était plus étroit et plus nu. Bientôt je distinguai, dans l'ombre, le Rhin, qui coulait sur ma droite : il était donc évident que je ne revenais pas par le même chemin, car j'aurais dû l'avoir sur ma gauche. L'angoisse me prit, puis je réfléchis aussitôt qu'il existait probablement plusieurs voies de communication de Leyde à Katwyk, et qu'on m'avait sans doute indiqué la plus courte. Au moment où je me rassurais par cette réflexion, j'arrivai à un endroit où la route se divisait en trois embranchements, qui me donnèrent fort à penser sur le péril des chemins de traverse pour les étrangers. Après avoir attendu quelque temps si la Providence compatissante enverrait un passant à mon aide, je pris au hasard un des embranchements.

On entendait, dans les marais voisins, le coassement mystérieux des grenouilles. De temps à autre, le Rhin reparaissait, coulant doucement dans l'ombre avec une sorte de petit clapotement lugubre. La lune curieuse semblait me regarder d'un air moqueur. Enfin un bruit de voix lointaines arriva jusqu'à mon oreille. J'appelai, comme un naufragé échoué en pleine mer, et en même temps je courus à travers champs dans la direction des voix. C'étaient trois paysans qui revenaient de leurs travaux, et qui, d'abord effarouchés de ma brusque apparition, finirent cependant par comprendre ma demande, et par étendre la main dans une direction nouvelle, où je m'élançai aussitôt.

Un quart d'heure après, j'avais perdu toute trace de route : il ne restait plus devant mes yeux que des sentiers à peine visibles, s'allongeant le long des haies et des fossés. Un véritable désespoir s'empara de moi. Je songeai à retourner en arrière jusqu'à Katwyk sur le Rhin, mais il m'eût été impossible de me retrouver. Je m'assis sur un talus, bien résolu à passer la nuit là, plutôt que de battre les champs jusqu'à l'aurore. Un froid brouillard me pénétrait jusqu'aux os. La lune, qui me suivait depuis Katwyk, s'était arrêtée avec moi, et me regardait en face avec plus d'impertinence que jamais. Combien de temps restai-je ainsi ? Je n'en sais rien. Ce que je sais bien, c'est que, si ce ne fut une heure, ce fut du moins un moment qui me dura une heure. Ce que je sais aussi, c'est que, tout à coup, sans qu'aucun bruit me l'eût annoncé, et comme s'il fût sorti de terre, un vieillard passa devant moi. Je me redressai, à la façon de ces diables qu'un ressort fait partir du fond d'une boîte. L'homme eut peur, il voulut fuir ; je le prévins :

« Leyden, Leyden, mynheer, » criai-je. Et il faut croire que ma voix avait des inflexions bien navrantes, car l'homme sembla pris de compassion. Il poussa un *Ho*, qui était tout un poème, en m'examinant avec intérêt, et, me prenant par la main, me fit revenir sur mes pas. Je le suivis longtemps ainsi par les détours les plus compliqués, heureux et honteux à la fois de tant d'obligeance. J'essayais de m'y opposer par des observations timides, auxquelles le brave homme ne répondait que par des *Ho !* de plus en plus accentués, en jetant sur moi des regards de commisération profonde. Enfin nous arrivâmes à un pont, jeté sur un canal, qui rejoignait une route plus large et mieux entretenue. Là, mon guide me lâcha la main, fit un mouvement brusque, tira de sa poche un couteau qu'il ouvrit, et tandis que je le contemplais d'un regard stupéfait, où peut-être même se mêlait quelque vague frayeur, s'accroupit et se mit à dessiner sur le sol un dessin bizarre. Il traça d'abord une ligne droite, puis une ligne perpendiculaire à gauche, en levant trois doigts, puis une autre ligne oblique, en levant un doigt; après quoi, il frappa sur le garde-fou du pont, et recommença une série de lignes nouvelles. Je compris que je devais d'abord marcher devant moi, prendre ensuite la troisième route à gauche, puis la première oblique, jusqu'à ce que je rencontrasse un pont, et à partir de ce pont, continuer suivant l'itinéraire tracé par le couteau. Je tirai de mon portefeuille un morceau de papier blanc, copiai soigneusement au crayon, à la clarté de la lune qui me regardait toujours, la figure inscrite sur le sol, et, l'esprit soulagé, pris congé de mon *cicerone* avec un grand merci. J'avais à peine fait quelques pas que je m'aperçus qu'il courait après moi. Je l'avoue à ma honte, il me vint à l'esprit qu'il allait me demander la gratification que je n'avais osé lui offrir, car avec sa redingote et son chapeau noirs il avait tout à fait la mine de quelque bourgmestre ou de quelque magister de village. Mais je me trompais, grâce à Dieu, car dès qu'il m'eut rejoint, il me saisit les deux mains dans les siennes, et, les secouant avec force, se mit à répéter d'une voix attendrie :

« Frensch ! Frensch !... Ho !... Frensch ! »

Je vis bien qu'il brûlait d'envie de m'embrasser. Une fausse honte me retint, et je me contentai de secouer ses deux bonnes mains à mon tour, en répétant sur un ton approprié à la circonstance :

« Ia, Ia, Frensch, Nederlansch... Frensch ! »

Puis il partit en m'envoyant des baisers.

Ce vieillard était sans doute quelque contemporain du roi Louis.

Enfin, que vous dirai-je ? je suivis les routes indiquées, je rencontrai le pont, ensuite je m'égarai encore. Ces angoisses et ces courses durèrent quatre grandes heures, grâce aux chemins de traverse qu'on m'avait fait prendre. J'étais exténué, j'avais les pieds en sang ; le brouillard glaçait la sueur sur mon corps ; je rêvais, en marchant, à moitié endormi, et la lune curieuse me regardait toujours. Parmi les rares passants que j'interrogeais, les uns ne comprenaient pas, à cause de ma prononciation française, le nom de la ville que je leur demandais ; les autres me répondaient en me traitant de *milord*, soit par naïveté, soit par une plaisanterie bien fade, mais suffisante, après tout, pour des riverains de la mer du Nord. Enfin, à cinq minutes de la ville, encore cachée dans le brouillard et la nuit, je rencontrai une bonne âme qui voulut absolument me conduire jusque-là, et qui, au moment où je la remerciais avec effusion, me tendit la main, en disant :

« Florin, mynheer, si vô plaît. »

Il était près de deux heures du matin, quand je rentrai à mon auberge, jurant bien, mais un peu tard, de ne plus m'embarquer sans guide ou sans dictionnaire dans les villages hollandais.

X

Harlem, son bois, ses orgues et ses tulipes. — La bourse des oignons. — Un pseudo-Gutenberg hollandais. — — Dessèchement du lac de Harlem et d'une portion du golfe de l'Y.

Leyde, bien déchue de son ancienne splendeur, est une ville triste, malgré la présence de ses joyeux étudiants; Harlem est une ville riante et gaie, malgré l'absence de ses champs de jacinthes sur lesquels a soufflé l'automne, et quoiqu'on n'y trouve plus de ces fameuses tulipes dont les oignons se vendaient jusqu'à 13,000 florins. Il lui reste encore de belles et larges rues plantées d'arbres, des canaux aux bords verdoyants, dont le principal fait le tour de son enceinte, escorté sur chaque rive de deux chemins gazonnés, où l'on a moins envie de marcher que de s'asseoir; un quartier, exclusivement peuplé d'horticulteurs, où les plantes grimpent pour se montrer par-dessus les murs des jardins fermés, et où, par la fenêtre des maisons rechampies de blanc sur fond pourpre, à travers les écrans coloriés et les stores d'un bleu tendre, on voit les alertes jeunes filles ranger les bouquets et les pots de fleurs sur les étagères ; des promenades ombreuses, touffues, pittoresques, serpentant le long des flots tranquilles de la Spaarne, et surtout un bois, miniature exquise de celui de la Haye, avec de vastes pelouses et une magnifique allée d'ormes. Mais, presque à l'entrée de ce bois, un piége est tendu au touriste imprudent : il verra, sur sa droite, faisant face à une énorme pelouse entourée d'une ceinture de grands hêtres, une sorte de pavillon monumental qui a la mine tout à fait engageante. Cette jolie maison de plaisance, bâtie jadis par le riche banquier Hope d'Amsterdam, qui y avait réuni une célèbre collection de tableaux, appartient aujourd'hui à l'État. Elle a une grande cour d'honneur, que décore un groupe du Laocoon, en plomb, et on y monte par un double perron demi-circulaire, à rampe adoucie. Qu'il ne s'y laisse pas prendre ; qu'il n'entre pas. A peine la porte franchie, le guet-apens se démasque, et l'on se trouve en plein musée de *maîtres* contemporains, devant une bonne centaine de toiles grandes et petites, dont les trois quarts sont franchement détestables, et dont le reste, sauf deux ou trois exceptions, ne dépasse pas les bornes d'une médiocrité navrante. Je soulage ma conscience, en écrivant sur le fronton du pavillon de Harlem, au risque de chagriner le concierge : « On n'entre pas ici. »

Sur la grande place sont accumulés tous les monuments de la ville. Au centre s'élève la statue de Laurent Coster, le Gutenberg hollandais, dont je me garderai bien de discuter les titres, car une inscription placée sur le socle appelle toutes les foudres du ciel sur l'impie qui oserait lui contester la gloire d'avoir inventé l'imprimerie. On lui a élevé aussi un monument dans le bois, à l'endroit où, dit-on, il fut mis par le hasard sur la voie de sa découverte, et tous les siècles on célèbre en son honneur un jubilé, dont le quatrième a eu lieu en 1823. Entre l'hôtel de ville, qui renferme d'admirables tableaux municipaux de Frans Hals, et la cathédrale, se voit l'ancienne boucherie, toute décorée de têtes de bœufs et de moutons, toute zébrée de bariolures blanches, toute hérissée de petits ornements pointus, et conçue dans un mode architectural qui fait penser à la Chine. Mais la cathédrale, avec sa tour magnifique, est un monument d'un beau style et d'une réelle grandeur. Le jour de ma visite, il y avait pour les étrangers une séance d'audition de ces fameuses orgues, chef-d'œuvre de Christian

Müller, qui, après plus de cent trente ans, ont conservé une réputation européenne.

On connaît l'histoire de la belle Paule, à qui les magistrats de la ville avaient ordonné de se montrer au peuple, à des époques fixes : il en est à peu près de même des orgues de Harlem, qui doivent, une fois par semaine, jouer libéralement pendant une heure pour qui veut les entendre. Mais — je ne sais si la faute en est à la mollesse du jeu de l'organiste, pour qui cette exhibition périodique doit avoir un médiocre attrait — ce colossal instrument, haut de 30 mètres, fort de 60 voix et de 5,000 tuyaux, et qui a dû certainement être une merveille unique lors de son apparition, m'a paru aujourd'hui quelque peu en arrière de sa renommée. Christian Müller a été pour le moins égalé souvent de nos jours. Quand vous voudrez entendre les orgues de Harlem, allez à Saint-Eustache.

Peut-être l'organiste se réserve-t-il de déployer tous ses moyens pour les touristes du haut style qui lui font toucher son instrument à huis-clos, à raison de 12 florins la séance. On parle d'un morceau militaire, avec effet de trompette, de tambour et de canon, puis d'une pastorale avec intervention de tempête, qui ont l'inaliénable vertu de transporter d'enthousiasme ces auditeurs privilégiés. Pour moi la pastorale m'a paru fade et la tempête un peu flasque. Je ne m'en prends pas à l'organiste; je m'en prends encore moins à l'orgue. Un instrument de cinq mille tuyaux, dont les plus grands atteignent l'extrême limite de trente-deux pieds de longueur et de soixante pouces de diamètre, consacré par une admiration ininterrompue, surtout par celle d'artistes tels que Haëndel et Mozart, doit mériter sa réputation. Je ne m'en prendrai, si l'on veut, qu'à la disposition peu favorable où je me trouvais ce jour-là, ou même à l'insuffisance de mes notions musicales. Ce n'est, d'ailleurs, pas la faute de l'orgue de Harlem si, tandis qu'il reste forcément stationnaire, l'art a eu tout le temps de marcher autour de lui et de rattraper ce géant qui avait pris une si formidable avance.

Les orgues de Christian Müller et l'invention de l'imprimerie, voilà deux des principaux titres de gloire dont s'enorgueillit Harlem. Ajoutez-y que c'est peut-être la ville de Hollande qui a donné le jour au plus grand nombre de peintres illustres : Ruysdaël et van der Helst sont à la tête de cette liste, qui compte encore des noms tels que ceux d'Adrien Brauwer, Bega, Wouwermans et Berghem. Mais, quelle que soit l'importance de ces titres, ils n'en ont pas effacé d'autres, pourtant d'apparence beaucoup plus modeste. C'est à ses jardins que Harlem doit surtout sa renommée ; la poésie et le parfum de son nom lui viennent des champs de jacinthes, d'œillets, de tulipes et de roses, au milieu desquels elle se cache dans la belle saison, comme une nymphe à demi ensevelie sous une pluie de fleurs. L'Europe entière paye son tribut aux inépuisables pépinières de Harlem. Toutefois, je l'ai dit, son commerce de tulipes n'est plus qu'une ombre de ce qu'il était autrefois. Le XVIIe siècle en fut l'âge d'or. L'amour et le culte des espèces rares de la tulipe y fut porté jusqu'à la frénésie. On payait un oignon de l'*Amiral-Liefkenshock* quatre mille quatre cents ; de l'*Amiral d'Enkhuyzen*, cinq mille deux cents, et du *Semper-Augustus*, treize mille florins. Telle espèce relativement commune ne valait que le prix d'une maison, telle autre valait douze ou quinze arpents de terre.

On raconte à ce propos un certain nombre de légendes semi-fantastiques, dont la plus jolie est la suivante : « Un matelot, qui était allé voir son armateur, attendait dans la salle à manger qu'on pût le recevoir. L'attente se prolongeait, et il avait faim. Voyant des oignons dans un vase placé sur une planche, il voulut du moins se dédommager en déjeunant : il tire donc un morceau de pain de sa poche et prend un oignon, qu'il coupe en deux d'un coup de dent ; il le trouve mauvais, le jette, en prend un autre qu'il jette encore, et recommence onze fois de suite, envoyant au diable un armateur qui avait des oignons si amers dans sa salle à manger. En ce moment l'armateur entra, d'un coup d'œil il vit le désastre, et chassa à coups de pied le rustre, dont le déjeuner lui coûtait trente mille florins. Le matelot avait déchiqueté du bout des dents, sans même daigner les manger, onze oignons des espèces les plus chères et les plus rares, onze perles uniques. » Qu'on parle encore des dîners de Lucullus !

Cette manie atteignit des proportions extravagantes, incroyables ; il y eut une vraie bourse de tulipes : la spéculation et l'agiotage s'en emparèrent, et ce commerce devint quelque chose d'analogue à ce que l'on a vu, lors du système de Law, dans la rue Quincampoix, à Paris. Les oignons représentaient les billets du Mississipi ; on les négociait avec *primes*, on les vendait sans les avoir, on pariait dans les cours, on payait des reports et des différences ; on s'enrichissait en un clin d'œil, ou on se ruinait de même. Mais il restait de vrais amateurs faisant de l'art pour l'art, prêts à échanger leur maison, leur voiture et leurs champs contre un oignon précieux et longtemps convoité ; prêts à arroser de leur sang la tulipe noire ou la tulipe d'or, et se relevant la nuit pour l'aller contempler avec amour. C'est assurément à ces fanatiques horticulteurs de Harlem que pensait La Bruyère quand il écrivait, dans son chapitre de *la Mode,* ces lignes délicieuses :

« Le fleuriste a un jardin dans un faubourg ; il y court au lever du soleil, et il en revient à son coucher. Vous le voyez planté, et qui a pris racine au milieu des tulipes, et devant la *Solitaire.* Il ouvre de grands yeux, il frotte ses mains, il se baisse, il la voit de plus près, il ne l'a jamais vue plus belle, il a le cœur épanoui de joie ; il la quitte pour l'*Orientale;* de là il va à la *Veuve,* il passe au *Drap-d'Or,* de celle-ci à l'*Agate,* d'où il revient enfin à la *Solitaire,* où il se fixe, où il se lasse, où il s'assied, où il oublie de dîner : aussi est-elle nuancée, bordée, huilée, à pièces emportées ; elle a un beau vase ou un beau calice ; il la contemple, il l'admire. Dieu et la nature sont en tout cela ce qu'il n'admire point ; il ne va pas plus loin que l'oignon de sa tulipe, qu'il ne livrerait pas pour mille écus... Cet homme raisonnable, qui a une âme, qui a un culte et une religion, revient chez soi fatigué, affamé, mais fort content de sa journée : il a vu des tulipes. »

Maintenant, il ne nous reste plus à visiter à Harlem que le quartier des pauvres, c'est-à-dire une grande rue composée de petites et vieilles maisons léguées à la ville en 1617, pour y loger gratuitement les malheureux. Il sort de cet humble quartier un parfum qui vaut bien celui des jardins : la bonne odeur de la charité s'en élève et monte jusqu'à l'âme.

Je n'ai pu faire, et je le regrette, une excursion que j'avais méditée sur l'emplacement de l'ancien lac de Harlem, desséché aujourd'hui et recouvert de pâturages, de moissons, d'arbres et de villages. C'est vraiment un conte de fées que cette histoire, mais un de ces contes de fées comme on en rencontre presque à chaque pas en Hollande, ce pays où le sol lui-même n'existe que par une sorte de prodige continu. Le lac de Harlem s'était formé peu à peu : cela avait commencé par quelques petites flaques d'eau, qui s'étaient successivement accrues, avaient mangé d'abord un village, puis un autre, puis un autre encore. A force de s'étendre, ces flaques d'eau étaient devenues des étangs ; à force de rétrécir l'espace qui les séparait, ces étangs s'étaient fondus en un seul ; à force de creuser et de croître, ce lac s'était transformé en mer. Les vaisseaux du plus fort tonnage naviguaient sur la mer de Harlem, qui avait vu des naufrages et des batailles navales ; elle avait 12 lieues de tour, et elle s'agrandissait toujours. On avait beau la cercler de digues et la mettre sous triples clés, en un jour d'orage elle crevait la digue ou sautait par-dessus le mur. Un jour elle s'était élancée d'un bond jusqu'à la porte d'Amsterdam; un autre jour elle eût englouti la moitié des Pays-Bas. C'était la terreur de la Hollande. Il fallait en finir. On calcula qu'il n'en coûterait pas plus pour dessécher cette mer et la vider dans le golfe de l'Y, qu'il n'en coûtait chaque année pour l'entretien des digues qui gardaient si mal leur prisonnière. Trois énormes machines à vapeur pompèrent le lac jusqu'à la dernière goutte, en trente-neuf mois. Au bout de ce temps, 18,000 hectares de terre avaient été repris à la mer, et tout cela est aujourd'hui verdoyant, fleurissant, plein de chansons d'oiseaux, de mugissements de bœufs et de cris de paysans. N'est-ce pas merveilleux?

J'aurais voulu visiter ce sol reconquis, et la Leeghwater, la plus puissante des trois machines à vapeur, espèce de monstrueux polype aux onze bras armés de pompes, qui sucent et aspirent les eaux. Il a fallu laisser à demeure ces machines pour maintenir la dessiccation du terrain hydropique, qui se remplit toujours et qu'on vide sans cesse. La difficulté des moyens de transport m'arrêta. Mais quelques années auparavant j'avais pu étudier sur les lieux et dans ses résultats une opération tout à fait analogue, quoique exécutée dans des proportions bien moindres. Qu'on me permette d'anticiper un peu, en faveur de la logique, sur la chronologie de mon récit.

Nous avons dit que le Zuiderzée a été formé par une invasion de la mer. Il a été plus d'une fois question de dessécher en entier ce vaste golfe. Cette idée gigantesque a persisté au fond de bien des esprits, quoique la majorité des Hollandais eux-mêmes, accoutumés aux entreprises impossibles, la traitassent de chimérique. Le succès obtenu à Harlem lui a donné une nouvelle force et il est fort probable qu'on la réalisera un jour, quand on aura trouvé un moyen aussi pratique et aussi simple que possible d'isoler le Zuiderzée de la mer du Nord afin de pouvoir agir sur une masse d'eau limitée. Il s'agit donc de donner au golfe le rivage qui lui manque de ce côté, de créer à la fois une barrière et un point d'appui pour les travaux. On y arrivera [1].

Cette tâche effrayante est même déjà commencée. Un simple particulier, un vieillard de

---

[1]. L'idée vient de prendre corps et de se formuler en un projet minutieusement étudié dans toutes ses dépenses probables et tous ses moyens d'exécution. D'après le plan auquel on paraît devoir s'arrêter, une digue puissante, de sable et de terre glaise, protégée par des fascines que couronnera un revêtement de pierre, s'élevant de 5 mètres au-dessus du niveau d'Amsterdam, s'étendra sur une longueur de 41 kilomètres, reliant la pointe d'Enkhuisen à la côte d'Over Yssel, vers Kampen. On a calculé qu'il ne faudra

soixante-dix ans, aidé de son fils, était parvenu en 1860 avec ses seules ressources personnelles, à dessécher toute la portion du golfe de l'Y qui s'appelle, ou qui s'appelait le Buiksloterham, c'est-à-dire l'échancrure qui était du côté de Buiksloot. J'ai visité, en compagnie de M. Beukman, l'entrepreneur de ce travail, fort modeste sans doute, relativement au desséchement du lac de Harlem, mais énorme en lui-même, la campagne de 220 hectares, alors couverte de fruits et de moissons, qui, dix années auparavant, était un des recoins du Zuiderzée. La machine reste en permanence sur le terrain. Au besoin, elle pompe l'humidité qui s'y est infiltrée à nouveau, et la rejette dans un canal qui la conduit au golfe. Je l'ai vue : elle est de physionomie fort débonnaire et ne paye pas d'apparence.

Le sol ainsi gagné est gras et excellent, porte toutes sortes de produits, du blé, de l'orge, de l'avoine, les légumes les plus variés, de la mou-

---

pas plus de trois ans pour épuiser les eaux, qui ne dépassent nulle part la profondeur de cinq mètres et sont souvent loin de l'atteindre, pas plus de quinze ou seize pour arriver au desséchement total et à la conquête d'une nouvelle province de 195,000 hectares. Les frais n'ont été évalués qu'à 250 millions, ce qui est peu pour un résultat pareil. Ajoutons que la Hollande vient d'achever sans bruit le grand canal qui met Amsterdam en communication directe avec la mer du Nord.

tarde brune, etc., etc., et ne peut être détruit par le colza. En enfonçant sa canne dans le sol, on la retire enduite comme d'un savon liquide. Avant le dessèchement, la ville avait fait transporter chaque année, pendant quarante ans, dans ce coin de l'Y, sur lequel le flux et le reflux étaient sans action, le résultat du curage des canaux dans lesquels se déversent toutes les immondices d'Amsterdam. Ç'a été là un excellent engrais, qui a donné une vertu toute spéciale au terrain. On a tiré parti de tout. Il n'est pas jusqu'aux pierres revenant à la surface du sol, lors de la culture, qui n'aient été utilisées largement : les petites ont servi à l'empierrement de la digue, et les grosses à bâtir les maisons des fermes et des propriétaires.

M. Beukman père a aussi créé une île dans l'Y. Le père et le fils n'en étaient pas plus fiers pour cela. Ils ne se considéraient nullement, et leurs compatriotes ne les considéraient pas davantage, comme de grands hommes. Ce sont seulement des hommes d'initiative, des entrepreneurs hardis et heureux, qui ont fait une bonne opération, en appliquant sur une plus large échelle ce que le dernier propriétaire, pour ainsi dire, est obligé de faire à chaque instant lui-même sur toute la face de la Hollande. Non-seulement on force l'Océan de renoncer à ce qu'il a usurpé, mais on fait parfois des incursions jusque sur les domaines qu'il possède de temps immémorial, et pendant que la vapeur exécute ces effrayantes entreprises, les petits polders sont incessamment desséchés et vidés à l'aide des moulins à vent. Voilà les conquêtes pacifiques de la Hollande; c'est par là qu'elle reste maîtresse de la mer, comme au temps de ses Tromp et de ses Ruyter. Tel est le solide et persévérant génie de ce peuple, qui a su se créer une patrie en la retirant du fond de l'eau, et qui sait chaque jour encore, sans rien prendre à ses voisins, sans étendre ses frontières et tout en demeurant chez lui, reculer ses bornes et s'agrandir, pour suffire à l'incessant accroissement de sa population.

XI

Amsterdam. — Les quais, les ponts, les canaux et le golfe. — Le Dam et son trio de monuments. — Le Palais royal, les églises et les maisons d'orphelins. — Le Kalverstraat et le Boter-Markt.

Il faudrait un mois pour voir Amsterdam, et tout un volume pour en parler avec quelque détail. J'y suis resté dix jours, courant du matin au soir, et j'ai dû renoncer à en connaître autre chose que la surface. Nulle ville n'est plus mortelle au piéton qu'Amsterdam. Elle a 300,000 habitants, mais chaque famille possédant généralement sa maison à elle seule, au lieu de s'entasser dans une fraction d'étage, comme à Paris, ces 300,000 habitants équivalent bien, pour l'étendue qu'ils occupent, à une population d'un million. En outre, la multitude des canaux dont elle est sillonnée en tous sens vous force à des détours qui doublent la longueur du chemin, malgré les trois cents ponts jetés sur ces canaux. Par là même aussi, les chances d'erreur se multiplient à chaque pas pour qui ne connaît point la ville à fond : un pont pris pour un autre vous jette dans une direction opposée à votre but ; vous croyez réparer la bévue en faisant un détour qui l'aggrave encore, et vous arrivez innocemment à l'autre extrémité de la ville.

Les rues et les quais sont d'une extrême longueur. La plus belle rue d'Amsterdam, le Kalverstraat, n'en finit pas. Certains quais, comme le Heerengracht, ont près d'une lieue d'étendue. Les maisons peuvent à peu près rivaliser d'élévation avec celles de Paris : il est rare qu'elles aient moins de trois ou quatre étages, et celles qui en ont cinq ou six sont assez communes. D'ailleurs, le rez-de-chaussée, avec le perron qui l'exhausse, peut parfaitement passer pour un premier étage, et c'en est un en réalité, car au-dessous s'étendent, souvent de plain-pied avec la rue, des appartements qui tantôt servent de boutiques aux fruitières et aux marchands de comestibles, tantôt sont habités par le maître ou ses domestiques. Dans beaucoup de maisons on entre toujours par une porte pratiquée à côté du perron, ou sous le perron même, quand il est assez élevé : bien plus, il y a là une espèce de nuance aristocratique à laquelle on reconnaît les plus riches bourgeois d'Amsterdam, dont la porte principale, objet de décoration et de luxe plutôt que d'utilité domestique, reste hermétiquement close, lors même qu'un étranger, peu au courant des usages, s'obstine à en ébranler la sonnette, et ne s'ouvre que dans les circonstances les plus solennelles.

Le système de numérotage des maisons est assez compliqué : il se compose d'abord d'une lettre de l'alphabet qui indique le quartier, puis du chiffre. Il faut tenir compte de ces deux éléments combinés, si l'on ne veut se trouver entraîné encore à des inductions risquées et à de désastreux voyages de découverte à travers les rues de la ville. En outre, les numéros ne se suivent pas d'une manière régulière et sans interruption ; souvent ils s'arrêtent au beau milieu d'un quai pour reprendre de l'autre côté. Je me rappelle avoir fait deux lieues en tous sens, un soir, sur le Heerengracht, à la recherche du numéro 163, dérouté à chaque instant par ces interruptions soudaines qui brisaient la série des chiffres pour la faire recommencer sur un autre point. Heureusement les habitants de chaque maison ont l'excellente habitude de faire inscrire leur nom à la porte, près du bouton de sonnette : c'est placer le remède à côté du mal [1].

(1) En 1875, du reste, on a fait une dépense de

Après Venise, Amsterdam est la ville du monde où il y a le plus d'eau. Outre ses canaux, dont quelques-uns sont très-larges, et qui, presque tous, disparaissent en partie sous une fourmilière de grands bateaux accumulés, elle est arrosée par la rivière de l'Amstel, qui lui donne son nom, et le golfe de l'Y, autour duquel la ville s'arrondit en éventail. L'Amstel est, si l'on veut, le *Canal Grande* de la Venise hollandaise, et l'immense pont du Hooge-Sluis, le seul de la ville qui ait quelque ambition monumentale, en est le Rialto. De ce pont, reposant sur 35 arches et long de près de 700 pieds, la vue est superbe : la ville entière s'étend devant vous, avec sa forêt de mâts qui semblent émerger du milieu des toits, avec ses maisons éclatantes, que dominent à l'horizon le dôme du Palais-Royal, les tours des temples, et, en particulier, les hautes flèches de la Vieille Église et de l'Église occidentale. Du côté opposé, sous les arches du pont, s'avance assez loin dans la rivière un grand jardin potager d'une fécondité luxuriante, qui produit un singulier effet avec sa verdure tranchant vigoureusement sur les flots qui la baignent et ses légumes poussant au milieu de l'eau. A l'une de ses extrémités, ce

---

15.000 florins pour appliquer à la ville d'Amsterdam le système de numérotage des grandes villes de la Belgique.

pont, curiosité de la nature aussi bien que de l'art, aboutit et se fond peu à peu en une belle promenade, puis s'abaisse sur la gauche vers des pelouses ombragées et fleurissantes, — fraîches oasis au milieu de cette grande ville qui ressemble à une machine à vapeur toujours en mouvement; délicieux réduit de gazon et de mousse, que baigne l'Amstel de son flot caressant, et où se cache une maison coquette ensevelie sous les saules.

Je renonce à décrire la vue du golfe, mais je suis resté bien des heures, tantôt me promenant sur la jetée, parmi cette ruche en travail de portefaix et de matelots, tantôt accoudé sur l'une des passerelles qui conduisent aux embarcadères des bateaux à vapeur, tantôt assis dans une barque qui me transportait sur la rive opposée, regardant au loin un navire, la voile tendue, s'enfoncer lentement vers la pleine mer, ou lutter contre vents et marées pour entrer au port. Quelquefois le bâtiment est si éloigné qu'il semble immobile, et que sa voile gonflée, pareille à l'aile blanche d'un oiseau, apparaît à peine comme un point intermédiaire qui relie l'eau verte au ciel bleu. Le soir, ce sont partout des yeux de flammes qui grandissent en s'approchant et dansent à la surface des flots. Ou bien encore, couché à l'arrière de la barque, vous voyez tout à coup s'avancer sur vous, silencieux et sombre, quelque gros bateau qu'on dirait poussé par des fantômes, et qui passe, avec une sorte de clapotement lugubre, en vous faisant chavirer à demi.

Ai-je besoin de dire qu'Amsterdam est bâtie sur pilotis ? Si on la retournait, la tête en bas et les pieds en l'air, on verrait s'élever à la place de la ville une jolie forêt. La maigre promenade du Plantage, qui m'a bien l'air d'être construite de la même manière, aurait tout à gagner à une pareille substitution. Cette disposition a donné matière à une foule de plaisanteries traditionnelles. Érasme disait que les habitants d'Amsterdam, comme les corneilles, habitaient sur le haut des arbres. Un autre trouvait qu'Amsterdam et Venise sont deux villes boiteuses, qui ont des jambes de bois. Je donne ces facéties pour ce qu'elles valent. La Bourse a pris 35,000 pilotis à elle seule. C'est un honnête temple grec d'ordre ionique, à façade ornée de colonnes, comme il sied à toute Bourse bien née, qui s'élève sur le Dam, c'est-à-dire sur la place centrale, le cœur d'où partent et où viennent aboutir toutes les artères de la cité. Dans une ville comme Amsterdam, la Bourse ne pouvait être ailleurs. Elle avoisine l'*Eglise neuve*, qui mérite à peu près son titre comme notre Pont-Neuf, le plus vieux des ponts parisiens. L'*Eglise neuve*, qui date des premières années du XVIe siècle, est un bel édifice gothique d'un style hardi et élancé, où les guides signalent à l'admiration du voyageur une chaire en bois sculpté d'un curieux travail, et le bizarre et prétentieux mausolée de l'amiral Ruyter. Sur une autre face du Dam s'élève l'ancien Hôtel de ville, actuellement le Palais royal, devant lequel se dresse la colonne de la Concorde, bâtie par les soins des médaillés militaires, en mémoire de la lutte qu'ils avaient soutenue vingt-cinq ans auparavant contre la Belgique, ou plutôt — car il n'y aurait pas dans ce souvenir belliqueux de quoi justifier suffisamment le nom pacifique de cette colonne, — en mémoire de l'unanimité qui se produisit durant cette guerre dans l'expression du sentiment national. Tout cela forme un amalgame assez singulier, mais qui pourtant ne manque pas de logique, et qui représente assez bien, au point central de la cité, les intérêts et les besoins divers d'une capitale, zélée protestante non moins qu'intrépide agioteuse.

Il est peut-être peu de capitales au monde qui aient, toutes proportions gardées, plus de monuments qu'Amsterdam, mais il n'en est certainement pas dont les monuments aient moins d'importance architecturale. Les portes du côté de la terre, les écluses du côté de l'eau, les trois cent cinquante ponts, les hospices, maisons de retraite, orphelinats, églises et temples, seraient aussi longs à énumérer que les vaisseaux des Grecs dans l'*Iliade*. S'associer pour créer, c'est un trait du caractère national : on s'associe, là pour élever des établissements de charité et de bienfaisance, ici pour ouvrir des musées et des jardins publics. En Hollande, dans beaucoup de cafés qui mettent des salles spéciales à leur disposition, sont établies des *sociétés*, financières, artistiques et littéraires. Les Hollandais font leurs affaires eux-mêmes, toutes les fois qu'ils peuvent se passer de cet être abstrait et envahissant qu'on appelle l'État. Quant aux églises, ce qui les multiplie, c'est le nombre infini des sectes, morcelées en ramifications et en subdivisions imperceptibles, dont chacune a son lieu de réunion. Il existe des temples pour les mennonites, les anglicans, les remontrants, les réformés wallons, les presbytériens, les luthériens, les calvinistes, les grecs et les arméniens, d'autres encore, — ce qui, avec les synagogues, les églises jansénistes et surtout les églises catholiques, plus nombreuses qu'on ne pense, constitue un total imposant. Là dedans peu de monuments remarquables. Les édifices gothiques sont tous au pouvoir du prêche, et l'on y voit pour tout ornement des becs de gaz et des tombes mythologiques où des génies bouffis font la culbute au-dessus de quelque amiral couché sur un lit de drapeaux, et où des têtes d'anges, sans corps et sans bras, soufflent de toutes leurs forces dans de petites trompettes d'un sou, qui leur sortent des lèvres de la façon la plus drôle du monde.

Parmi les monuments religieux, je citerai seulement, outre l'Église neuve, la Vieille Église, qui remonte au delà du XIVe siècle, — avec sa haute tour et ses beaux vitraux peints; l'église catholique de Moïse et Aaron, bâtiment moderne, dont la façade est assez imposante, et où j'ai entendu, aux offices du dimanche, de la musique sacrée exécutée à l'aide d'un orchestre complet; enfin la synagogue des juifs portugais, qui forment la partie la plus riche de la population juive d'Amsterdam. Sauf le luxe de chandeliers, le rideau du sanctuaire et, sous le vestibule, la piscine où chacun se lave les mains en entrant, l'intérieur ressemble à une salle d'école primaire. Je m'y glissai subrepticement en compagnie de quelques juifs déguenillés, qui me regardèrent de travers en me voyant passer devant la piscine sans purifier mes mains. Dans l'assistance, encore peu nombreuse, mais qui se grossissait de minute en minute, les uns restaient assis sur les bancs qui s'étendent en tous sens, les autres se promenaient la casquette sur la tête, lisant dans leurs livres de prières, sous les yeux d'un vieux rabbin en longue robe noire, en culotte courte, et coiffé d'un tricorne, qu'on eût pris pour le *magister* de l'endroit.

Malgré la corruption qui a envahi les bas-fonds de la population d'Amsterdam, la capitale de la Hollande est une ville religieuse. Le commerce n'y a pas dévoré la croyance. On y pratique le dimanche avec presque autant de ferveur qu'à Londres, mais avec une ferveur moins puritaine. Ce jour-là, un très-grand nombre de boutiques se ferment, et les rues débordent d'une multitude de promeneurs dans leurs plus beaux atours. C'est là fête de la famille. La ménagère tire de l'armoire sa plus fraîche robe, peigne, lave, habille avec soin ses gros *babys* joufflus, et va, au bras de son mari, chercher un peu d'air au Plantage, ou se montrer au Jardin zoologique. On a conservé à Amsterdam la naïve et salutaire habitude de l'*endimanchement*. Aux heures des offices, vous verriez les fidèles s'acheminer par troupes vers les temples. Les rues en sont parfois obstruées. Entrez à la Zuiderkerk, à la Westerkerk, à l'Oudekerk, chacun a son livre de chant ouvert devant soi, et depuis le riche banquier assis à son banc devant une sorte de missel in-quarto aux lourds fermoirs de cuivre, jusqu'au pauvre diable debout contre le mur avec son bouquin crasseux à la main, tous font leur partie à pleine voix dans les cantiques qui accompagnent le prêche. Les nombreuses églises catholiques sont également remplies par une foule empressée, dont le recueillement pieux, compliqué de toute la gravité hollandaise, pourrait servir d'exemple à Paris. Loin de souffrir et de se relâcher à son contact continuel avec le protestantisme, la ferveur des catholiques de Hollande, je l'ai remarqué souvent, semble s'y retremper, et y puiser sans cesse de nouveaux aliments de vigilance et de force.

Les institutions charitables ne sont guère moins nombreuses que les temples et les églises; c'est là un des bons côtés de la Hollande, où la charité privée joue un rôle actif et prévoyant, mais qui, je dois le dire, ne m'a pas toujours paru éclairé. On rencontre souvent par les rues de jeunes garçons étrangement accoutrés, avec un habit rouge d'un côté, noir de l'autre, et coiffés d'une casquette reproduisant dans son pourtour cette bizarre association de couleurs, qu'un étranger pourrait croire calquée sur le costume de l'Arlequin classique, mais qui est empruntée aux armes de la ville. Ces enfants sont des orphelins de la classe bourgeoise, élevés dans un bel et riche établissement du Kalverstraat. En imposant aux orphelins ce costume, on a voulu les mettre plus spécialement sous la protection de la cité, et indiquer, pour ainsi dire, qu'ils sont par excellence les petits bourgeois d'Amsterdam. Je suis allé visiter l'établissement : c'était un dimanche, jour de congé. Au sortir de là, je me vis enveloppé d'un tourbillon de jeunes orphelins, qui se mirent à m'escorter avec obstination en bredouillant je ne sais quelles harangues, où je finis par distinguer, grâce aux gestes significatifs qui convergeaient unanimement vers les alentours de mes poches, qu'ils me demandaient chacun cinq cents, — peut-être pour acheter du tabac, comme je crus le comprendre à une autre partie de leur mimique expressive. Ils m'accompagnèrent ainsi plus de dix minutes, et je ne pus m'en défaire qu'en accédant à leur demande. Notez que ces enfants, à part la bizarrerie de leur costume, sont proprement et même confortablement mis ; qu'ils appartiennent tous, comme je l'ai dit, à la classe bourgeoise, — ceux de la classe pauvre, par une autre innovation de la charité protestante, étant élevés ailleurs, — et qu'ils ne sont reçus qu'après avoir donné la preuve que leurs parents étaient citoyens d'Amsterdam. J'attribuais d'abord ce penchant de mendicité précoce à l'espèce de livrée qu'ils portent, dont je ne connaissais pas encore l'origine; mais on m'assure que j'aurais tort de tirer des conclusions générales d'un fait tout exceptionnel, et que les jeunes orphelins prouvent presque toujours, par leur conduite dans les rues, qu'ils sentent le respect dû aux couleurs de la ville.

Le Palais-Royal, œuvre du célèbre architecte J. Van Campen, fut célébré lors de sa construction, en 1650, comme la huitième merveille du monde, et passe encore pour le plus beau, sans comparaison, que possède la Hollande. Peut-être n'est-ce pas un grand éloge à en faire, et, par malheur, on ne peut guère lui en adresser de plus grand. C'est un édifice régulièrement construit et d'une masse assez imposante, mais lourd, froid, monotone, et qui n'est pas sans quelque ressemblance avec une caserne. Il est possible que les hommes du métier y trouvent de quoi admirer, et ils y apprécient surtout, dit-on, la belle proportion entre le bâtiment et le dôme; mais pour les profanes, simples gens de goût, cette vue ne peut que les confirmer dans la conviction du peu d'aptitude du génie hollandais à l'architecture.

La façade a sept petites entrées, par allusion aux sept provinces unies et par respect pour l'égalité républicaine. On y cherche vainement une porte principale. Il paraît que cette lacune est due à la prudence des officiers municipaux, qui n'ont pas voulu ouvrir un trop libre accès à l'irruption de la multitude, en cas de soulèvement populaire. La mesure peut être excellente au point de vue politique, mais il n'en est pas de même au point de vue architectural, surtout depuis qu'on a fait un Palais royal d'un édifice bâti pour être un hôtel de ville. Aussi les habitants d'Amsterdam, comparant ce Palais à la Bourse, dont le vide intérieur forme un singulier contraste avec la pompe classique de son péristyle, appellent-ils le premier une maison sans porte, et la seconde une porte sans maison.

Toutefois la grandeur de certaines salles, la richesse et l'ampleur de la décoration, sans parler des magnificences de l'ameublement, rachètent un peu cet aspect massif et morne du Palais royal. Il faut le visiter pour les remarquables échantillons qu'il renferme de l'art flamand et de l'art hollandais. Et d'abord il est tapissé du haut en bas d'emblèmes, de trophées, de statues, de bas-reliefs en marbre, le tout exécuté, soit de la main du vieux Quellyn, soit sous sa direction, et qui donnent la plus haute idée de son talent abondant et vigoureux. Je citerai surtout trois bas-reliefs, presque en ronde bosse, représentant au centre le *Jugement de Salomon ;* à gauche, Brutus condamnant ses enfants ; à droite Séleucus, roi de Locres, s'arrachant un œil pour en sauver un à son fils, condamné, en vertu d'une loi rendue par lui-même, à les perdre tous deux; puis un Atlas nerveux, qui supporte un énorme globe constellé. On trouve çà et là des allégories curieuses, où le solennel s'accouple de façon bizarre au trivial, par exemple celle qui surmonte la salle où l'on jugeait jadis les banqueroutiers, — car le Palais royal actuel, je l'ai déjà dit, n'est autre que l'ancien hôtel de ville, — et qui représente dans sa partie haute la chute d'Icare, dans sa partie basse une fourmilière de rats s'échappant précipitamment d'un coffre ouvert. Puis ce sont partout, principalement aux plafonds et au-dessus des cheminées, de grands tableaux décoratifs de Van Helt Stockade, Govaert Flinck, Ferdinand Bol, et bien d'autres. Dans l'une des salles, J. de Wit a exécuté des grisailles d'un relief incroyable, les plus prodigieux *trompe-l'œil* que j'aie jamais vus : quatre sujets bibliques, soulignés par des bandes de petits anges entrelacés. L'illusion est absolument complète. Même prévenu d'avance, ou averti par le sourire des guides, qui apprécient fort cette sorte d'objets d'art, il faut s'approcher jusqu'à ce qu'on se trouve littéralement au-dessous pour se résigner à croire que c'est avec les seules ressources de l'ombre et de la lumière qu'on a pu produire un si surprenant effet d'optique. J'avais déjà admiré, dans la maison du Bois, à la Haye, de magnifiques exemples de l'habileté spéciale de J. de Wit dans ce genre. Les ouvrages du Palais royal laissent bien loin derrière eux, comme illusion, les grisailles exécutées par Van Brée au revers du maître-autel de la cathédrale d'Anvers, et que l'on signale aux visiteurs comme une rare merveille.

L'hôtel de ville actuel possède aussi un grand nombre de peintures remarquables, surtout de ces peintures *municipales*, si je puis ainsi dire, où les maîtres hollandais ont excellé. Vous y verrez, entre autres toiles que je passe, pour ne point mettre trop de catalogues dans ce livre, une vigoureuse scène militaire de P. Moreelse, une vue de l'ancien hôtel de ville (le Palais actuel) par Lingelbach, où l'artiste a jeté sur le premier plan une multitude de figurines de quelques pouces de haut, traitées avec une verve, un esprit, un caractère étonnants; un Jacob Backer, qui se recommande par une certaine ampleur de pratique et par l'aisance du faire, mais que gâte l'abus des tons rouges; un Frans Hals magnifique; un G. Flinck, vigoureux et saisissant, où l'artiste a obtenu un grand effet en concentrant la lumière sur la physionomie de ses personnages et en rejetant tout le reste dans l'ombre, à la façon de son maître Rembrandt; puis plusieurs B. Van der Helst, dont un surtout est hors ligne. Mais la perle de cette collection, c'est le tableau de Ferdinand Bol, retiré depuis quelques années du *Leprosenhuis*, où il était mieux à sa place par la nature de son sujet. Il représente un enfant lépreux qu'on amène aux directeurs de la maison.

La peinture, ordinairement trop peu serrée de F. Bol, s'est raffermie ici : elle garde son aisance et sa clarté, mais en y joignant un naturel, une vérité, une vie qui font de cette toile un morceau de premier ordre. Les carnations sont excellentes, et, quoique le mot puisse sembler singulièrement choisi en pareille matière, l'enfant est *charmant* d'embarras, de naïveté et de misère.

Du Palais royal, il n'y a qu'un pas jusqu'au Kalverstraat, qui est la rue Vivienne d'Amsterdam, et même beaucoup mieux que cela. Assez étroite, longue à n'en pas finir, peuplée de belles boutiques, pleine de commerce, de mouvement et de vie, la rue Kalverstraat, comme nos boulevards, n'est pas déserte avant une heure du matin. En la suivant jusqu'au bout, on arrive à la place du Boter-Markt (marché au beurre) où se dresse une statue de Rembrandt, en bronze, mise en couleur, cirée, vernie, lustrée. Quand j'arrivai pour la première fois sur cette place, c'était le soir ; je tombai dans un cercle qui entourait un couple de chanteurs ambulants, montés sur des tabourets, entre quatre chandelles. La femme était jeune, mais jaune ; sa physionomie, fatiguée comme sa voix, montrait néanmoins, comme elle aussi, un reste de fraîcheur et de grâce sous son accablement précoce. Tout en chantant, elle pinçait une guitare suspendue à son cou. L'homme était un gros garçon vigoureux, à l'air jovial et insolent, et évidemment fort satisfait de lui. Dès les premiers mots, je m'aperçus qu'ils chantaient une sorte de chanson burlesque où les Français étaient raillés de la belle façon. Cette chanson trouvait près de l'auditoire la même faveur qu'obtiennent chez nous les facéties à la mode sur nos voisins les Anglais.

Le public riait fort; les cochers arrêtaient leurs voitures en passant, et, du haut de leurs siéges, s'associaient à la bonne humeur générale. Heureux d'un tel succès, les deux artistes redoublaient de verve : la guitare de la chanteuse avait des tons saccadés et bizarres, où l'on devinait une ironie mordante, et sa voix usée éclatait en vibrations langoureuses. Quant à son compagnon, en homme sûr de lui et de son public, il se taisait de temps à autre, pour reprendre tout à coup aux endroits à effet, et les souligner d'un organe strident et d'un geste accentué. Il était superbe à voir avec son feutre gris sur l'oreille, ses hochements de tête, ses clignements d'yeux, ses claquements de lèvres, et cet imperturbable aplomb d'un artiste qui se sent compris et admiré. Cette scène, éclairée d'un reflet rougeâtre par la lueur vacillante des chandelles, se passait derrière la statue de Rembrandt. Si Rembrandt se fût retourné, il aurait pris ses pinceaux; mais il ne se retourna pas.

XII

Amsterdam (suite). — Le jardin zoologique. — Les théâtres. — Les crieurs de nuit. — Les traîneaux. — Le quartier des Juifs. — Les musées publics et les collections particulières.

L'une des grandes curiosités d'Amsterdam, qu'il ne faut pas négliger d'aller voir, c'est le jardin zoologique fondé et administré, suivant la constante tradition hollandaise, par une compagnie particulière. Même pour qui connaît à fond notre Jardin des Plantes, le jardin zoologique d'Amsterdam a encore son attrait et son intérêt. Moins vaste et moins complet dans son ensemble, il est aménagé avec plus de goût, avec plus de coquetterie. Les collections du Muséum ne peuvent soutenir la moindre comparaison avec les nôtres; il n'a pas de cours publics et son organisation scientifique laisse à désirer. C'est plutôt un lieu de curiosité et d'agrément, une promenade admirable, où les produits les plus intéressants des différents règnes animaux sont disposés de façon à instruire en récréant la vue. Il est situé à l'une des extrémités de la ville. Les étrangers payent 75 cents, c'est-à-dire un peu plus d'un franc cinquante centimes d'entrée. Parmi les habitants de la ville, les membres seuls de la société sont admis.

Les visiteurs défilent d'abord entre une double haie de perroquets piaillards. Tous les aras, tous les cacatoës et toutes les perruches de la création semblent s'être donné là rendez-vous. Bigarrés des couleurs les plus éclatantes, blancs, roses, violets, rouges comme le feu, noirs comme la nuit, bleus comme l'azur du ciel, ces animaux fantastiques, qu'on croirait peinturlurés à outrance par la main du Titien ou d'Eugène Delacroix, se tiennent gravement sur leurs perchoirs, enchaînés par la patte, et de là, roulant les yeux et battant des ailes, ils crient tout le jour en leur patois des injures à ceux qui passent devant eux. C'est le plus rauque, le plus effroyable, le plus infernal charivari de notes criardes et discordantes que puisse ouïr une oreille humaine.

Le jardin est plaisant à l'œil; il charme tout d'abord. Il a des allées mystérieuses, des massifs touffus, de vertes pelouses et de gracieux labyrinthes. Un canal aux rives semées de fleurs le coupe en deux parties à peu près égales. Sur la droite s'élève un grand café monumental, à colonnade de marbre, qui a beaucoup plus d'apparence que l'Hôtel de ville. A Amsterdam, où les cafés sont généralement si mesquins et n'offrent aucune des richesses décoratives par lesquelles se recommandent un grand nombre des nôtres, c'est une merveille que cet édifice aux vastes proportions, ou plutôt ce palais qui, dans la belle saison, se change souvent en salle de concert. Aussi le jardin zoologique est-il un des rendez-vous favoris de la bonne compagnie, qui vient à la fois s'y distraire et s'y montrer, et, s'il faut le comparer à l'un de nos établissements parisiens, ce n'est décidément pas au Jardin des Plantes, mais bien plutôt au Jardin d'acclimatation, quoiqu'il ne se propose pas le même but spécial.

Le plus grand ordre, le plus grand soin, président aux moindres détails; là, comme partout ailleurs, on retrouve en son lustre la propreté hollandaise, célèbre dans le monde entier. Les animaux sont distribués dans des parcs, des bassins, des cages grillées et vitrées. Dans une longue galerie vous pourrez vous promener entre deux rangées de serpents, triés avec amour parmi les espèces les plus monstrueuses et les plus redoutables, du python au boa constrictor. Mis sous cloche comme des végétaux, ces hideux et charmants reptiles passent leur vie dans une perpétuelle somnolence, dédaigneux de tous ces yeux effrayés qui les regardent, et ruminant comme en rêve la nostalgie des grands déserts d'Afrique. A côté, voici un jeune crocodile qu'on prendrait pour un lézard de belle taille et qu'un enfant mettrait dans son sein. Plus loin, c'est une des principales richesses du jardin zoologique d'Amsterdam, — un exemplaire rarissime de la grande salamandre, cet animal quasi fabuleux, cette flamme vivante, dont les cabalistes du moyen âge avaient fait le génie même du feu.

Au détour d'une allée, je débouche sur le bord d'un tout petit bassin où des phoques nagent avec une activité fiévreuse, sans prendre une seconde de repos, se livrant à toutes sortes de mouvements coquets et de gentillesses folâtres, tournant l'un autour de l'autre et virant sur eux-mêmes par un mouvement plein de souplesse et de grâce, ou s'étendant sur le dos et ramenant leurs nageoires, comme deux mains, sur leurs ventres d'une blancheur d'ivoire. On ne peut se figurer, sans l'avoir vu, le singulier effet produit par ces animaux dans leurs évolutions rapides. Ainsi devaient nager les nymphes des jardins d'Armide, et je comprends aujourd'hui les récits des voyageurs de bonne foi qui ont rencontré les sirènes.

Maintenant, si vous aimez les contrastes, poussez jusqu'au grand bassin qui sert d'asile à une couple d'énormes hippopotames. Ici, il ne peut plus être question des sirènes ; je ne sais néanmoins quel cœur endurci pourrait résister à la vue séduisante de ces braves animaux plongeant et s'ébattant avec un abandon langoureux, puis soulevant tout à coup, avec un bruit de canon qui éclate, leurs bonnes grosses têtes ruisselantes et hébétées, où clignotent deux petits yeux qui tremblent de bonheur.

Vous savez ce qu'est la distribution des viandes aux bêtes féroces, par quel concert de mugissements et de rugissements elles annoncent leur impatient appétit. Au jardin zoologique d'Amsterdam, le hasard me rendit témoin de cette distribution à toute une galerie de gigantesques oiseaux, dont je regrette de n'être pas assez naturaliste pour vous dire le nom. Quand le valet s'approcha de la première cage avec son panier, l'oiseau qui se tenait perché sur la cime d'une espèce de roc artificiel, s'élança en jetant un grand cri, auquel répondirent, de cage en cage, tous ses compagnons ; ensuite d'un coup d'aile, il remonta sur un rocher, en redescendit encore, et, se plantant devant le valet qui venait de déposer son panier à terre, il se mit à danser comme un fou, les ailes à demi déployées, le dos arrondi, la tête entre les jambes, déployant toutes les grâces d'un Vestris de barrière; puis soudain il devint grave, et attacha ses deux yeux sur l'homme avec une fixité prodigieuse, en poussant de sourds ronflements, entremêlés de clameurs aiguës. Il attrapa au vol le premier morceau, et, prenant son élan, fut se percher derechef sur le haut du roc pour le savourer à l'aise, avec des grimaces de béatitude, des balancements et des ondulations de jambes à mourir de rire. Cette scène bizarre se renouvela, en s'accentuant davantage, à chaque cage nouvelle. Plus la taille des oiseaux allait croissant, plus les danses devenaient effrénées. La quatrième cage renfermait deux hôtes à elle seule, et ce fut là que le spectacle atteignit son dernier paroxysme de gaieté folle; un ermite se fût déridé en voyant ces étranges bêtes se faire vis-à-vis, se croiser, revenir sur leurs pas, et se livrer en cadence à la chorégraphie la plus échevelée.

Je quittai le jardin comme un gourmet qui sort de l'Opéra après le ballet, et je me promenai jusqu'au soir par les étroites rues de la ville, au hasard et sans but, regardant passer les gens du peuple, les seuls à peu près qui aient gardé quelques vestiges du vieux costume national : servantes avec leurs bonnets à longues barbes roides qui se rejoignent sous le menton, Frisonnes avec le cercle d'or sur le front et le casque d'argent sur la tête ; m'arrêtant à la devanture des riches magasins dont la ville est pleine, et tout le long des innombrables canaux où glissait quelque bateau silencieux, ou écoutant de loin les concerts des *musicos* que m'apportait le vent, et les chansons des matelots sortant de ces ignobles tavernes dont Amsterdam est remplie.

Un des moments du jour dont on est le plus embarrassé en voyage, c'est la soirée. Pour peu surtout qu'on séjourne depuis quelque temps dans une ville, on n'en sait plus que faire. Les uns en profitent pour recueillir ou rédiger leurs notes; les autres la suppriment en se couchant de bonne heure, ce qui est plus simple et moins fatigant. Je passais toutes les miennes en longues promenades, entrecoupées de stations dans les cafés ou les théâtres.

Les cafés sont généralement tristes, sans luxe et sans vie, surtout à cause de l'abondance des *sociétés*, correspondant à nos cercles et casinos. Il y en a pour toutes les conditions, pour les arts, les lettres, les sciences, le commerce, etc. Les Hollandais donnent peu de soirées et ne vont pas dans le monde.

Amsterdam n'a qu'un grand théâtre national, construit en bois, jouant trois fois la semaine à l'époque de mon voyage, actuellement tous les jours, sauf le vendredi, et seulement en hiver.

Le ballet y est fort en faveur. Il a reçu depuis peu des améliorations importantes. Il est dirigé par un certain nombre d'écrivains distingués, qui ont pour président M. Henri-Jean Schimmel, riche banquier et excellent poète dramatique. La troupe de La Haye, subventionnée par le roi, y vient une fois la semaine, pendant l'hiver, chanter des opéras français. A Frascati, une bonne troupe hollandaise donne depuis quelques années des représentations quotidiennes. Quant aux théâtres de genre, ils sont assez nombreux, et il y en a plusieurs où l'on fume. Je suis entré dans le *Salon des Variétés,* dirigé par le célèbre comique Judels. Les places coûtent le même prix dans toute la salle. En échange de mes 60 *cents,* on me remit un petit carton bleu, qui me donnait droit à 30 *cents* de *consommation,* comme on dit dans la langue des estaminets. Je m'attendais à trouver une réunion fort mêlée et des acteurs exécrables; nullement. La salle était pleine, depuis le parterre jusqu'au second rang de loges, de messieurs parfaitement couverts, fumant tous comme des locomotives, et de dames en fraîches toilettes, impassibles et souriantes au milieu de cette atmosphère nationale. Les garçons circulent avec de grands plateaux, apportant à chaque spectateur le verre de bière, le punch ou la demi-tasse qu'il réclame. Et pendant ce temps, le jeune premier conte sa flamme à la grande coquette, et l'ingénue minaude à ce bon public, qui lui répond par des bouffées de tabac en plein visage, lancées avec une force de six cents fumeurs. Les Hollandais ne sont pas encore assez civilisés pour avoir adopté la claque; mais le cigare d'une main, le verre de l'autre, ils trouvent moyen d'applaudir eux-mêmes leurs acteurs favoris, qui m'ont paru valoir parfaitement ceux de nos scènes secondaires. Du reste, pas un désordre, pas une inconvenance, pas même de bruit dans ce théâtre, compliqué d'une tabagie et d'un café. C'est ce qui le distingue des quelques théâtricules parisiens, de catégorie suspecte, qui se sont, depuis quelques années, métamorphosés en fumoirs.

Parmi les usages particuliers à la ville d'Amsterdam, il en est encore un ou deux qu'il est bon de noter. Elle a conservé les crieurs de nuit, avec leurs bruyantes crécelles, qui réveillent régulièrement toutes les demi-heures les habitants de chaque rue, sous prétexte de les informer de l'heure qu'il est et du temps qu'il fait. Autrefois ils y joignaient l'injonction d'éteindre les lumières et de prendre garde au feu. Jugez comme il était charmant de s'entendre éveiller en sursaut, à minuit, par une voix de baryton, vous priant, sur un air connu, de souffler votre chandelle qui n'était pas allumée ! Je ne sais s'il est beaucoup plus agréable d'être arraché à ses rêves pour apprendre que minuit vient de sonner et qu'il neige. Contre un dormeur que ces détails intéressent, il y en a mille qu'ils agacent, et qui s'étonnent que la naïve institution des crieurs de nuit n'ait pas encore été tuée par les allumettes chimiques et les montres à répétition. Ces gens-là chantent leur petite chanson sur un air insinuant, qui rappelle beaucoup la mélopée des montreurs de lanternes magiques. Ils appartiennent à la police, cette corporation débonnaire, qui — en Hollande — rivalise d'urbanité avec la douane, et pousse si loin la crainte de faire de la peine aux honnêtes citoyens d'Amsterdam, que, dès qu'elle voit un rassemblement à gauche, elle s'empresse de s'éclipser à droite.

Une antique institution, qui n'a pas aussi bien résisté que celle des crieurs de nuit aux progrès de la civilisation, c'est celle des traîneaux, qui jadis remplissaient la ville, et qu'on a remplacés par les *vigilantes*. Pourtant j'en ai rencontré un, en vaguant par les rues. Figurez-vous un fiacre sans roues et traîné sur le ventre : c'est tout à fait cela. Un cheval d'un sang-froid magnifique, que guidait par la bride un domestique en livrée marchant à côté de lui, tirait cette singulière machine, où l'on voyait se pencher aux portières la tête d'une vénérable matrone. Il n'y a pas encore bien longtemps que presque tous les véhicules des rues d'Amsterdam étaient des traîneaux : la riche classe commerçante et bourgeoise n'avait pas d'autres équipages. On se figurait que les roues pouvaient causer un ébranlement funeste à la ville, bâtie sur pilotis. Mais c'était surtout par un esprit d'humilité puritaine que les règlements des bourgmestres défendaient l'emploi des voitures à roues, sinon pour se rendre de sa maison à l'une des portes de la ville. Les lois de police en réglaient le nombre, qui était très-limité. Il fallait que le conducteur, tout en dirigeant le cheval, appuyât d'une main sur la caisse, liée par des cordes au traîneau, pour en empêcher la chute. Dans les équipages bien ordonnés, un domestique remplissait sans cesse aux canaux de petits seaux pendus sur le devant, qui, en laissant couler leur eau sur le pavé, facilitaient le glissement du véhicule, et quelquefois encore ils couraient en avant étendre sur le sol un tapis imbibé d'huile. On voit que la conduite d'un traîneau exigeait alors autant de soin que celle d'un empire. Si jamais Amsterdam est engloutie par le Zuiderzée, les partisans du vieux système ne manqueront pas d'en accuser les voitures.

J'espère que le Zuiderzée n'engloutira jamais Amsterdam, mais il devrait bien, un beau jour, pousser une pointe jusqu'au quartier des Juifs, et purifier à fond ces étables d'Augias, qui ne seront jamais nettoyées que cette fois-là. Les vingt-cinq mille juifs d'Amsterdam ont été parqués dans une sorte de *ghetto,* dont la physionomie forme avec celle du reste de la ville un contraste que vous vous figurez aisément.

Les juifs de la classe populaire, s'ils ne sont pas occupés à la taille des diamants dans cet immense atelier qu'il faut voir comme une des curiosités d'Amsterdam, font le jour un commerce de bric-à-brac en plein vent. Quand, après avoir parcouru les rues de la capitale hollandaise, d'une propreté si scrupuleuse et quelquefois si coquette, avec leur pavé de briques soigneusement entretenues, leurs trottoirs incessamment lavés, leurs maisons aux devantures reluisantes et leurs bons bourgeois placides et corrects, vous débouchez dans le quartier des Juifs, tout vous avertit que vous venez d'entrer dans un autre monde. Jamais l'une de ces deux villes n'a pu influer sur l'autre, de si près qu'elles se touchent : l'Amsterdam protestante et catholique garde son éclatante propreté côte à côte avec l'Amsterdam juive, qui n'a jamais laissé entamer sa saleté immonde. De petites boutiques dressées le long des maisons forment le plus étrange bazar que puisse rêver l'imagination d'un réaliste : des loques immondes, de vieilles ferrailles, des comestibles douteux, des souliers sans semelle, des chapeaux sans fond, des habits graisseux, des meubles déhanchés, de la vaisselle ébréchée, tout un bric-à-brac répugnant s'étale sur des tables boiteuses, et de chaque baraque une tribu d'israélites en haillons, aux yeux éraillés, à la barbe moisie, à la voix criarde, interpelle les passants et remplit l'air d'un vacarme infernal. Le sol est jonché de trognons de choux, de légumes pourris, de pelures de pommes, de petits juifs grouillant et s'épouillant au soleil comme le mendiant de Murillo. On glisse à chaque pas dans des flaques d'eau marécageuse et verdâtre, où détrempent tranquillement des tas d'ordures mixtes, de pommes de terre avariées et de débris fétides. Une odeur nauséabonde de cuisine en plein air, des parfums de ragoûts sans nom et d'effroyables fritures vous prennent à la gorge et vous soulèvent le cœur. Pourtant ce ne sont point là encore, à beaucoup près, les émanations les plus écœurantes. Un amateur du pittoresque peut se complaire un quart d'heure au spectacle de cette juiverie; Rembrandt seul, peut-être, était capable d'y aller demeurer. Pour moi, c'est avec un soupir de satisfaction et de soulagement que j'ai quitté le ghetto d'Amsterdam pour rentrer dans une atmosphère plus pure.

Le quartier des Juifs est une lèpre sur la peau d'Amsterdam. Lorsqu'on l'a vu un jour de la semaine, il faut revenir le voir le jour du sabbat, dans sa toilette et dans sa splendeur. Les échoppes ont disparu, mais non les flaques d'eau croupissante et les trognons de pommes. Toutes les boutiques sont fermées et vous voyez fourmiller autour de vous, en redingotes noires ou en robes de couleurs éclatantes, comme les aiment ces filles de l'Orient qui se souviennent toujours de leur patrie, ces types si purs de tout mélange et si accentués, que Rembrandt, dont on aperçoit la maison à l'entrée de la grande rue du quartier, a si souvent transportés sur ses toiles.

Puisque le nom de Rembrandt vient de se rencontrer sous ma plume, c'est le cas de saisir la transition aux cheveux, pour vous conduire dans les deux musées d'Amsterdam et dans quelques collections particulières qui rivalisent avec les musées. Là encore nous ne ferons, pour ainsi dire, qu'entre-bâiller les portes et passer, après avoir jeté un coup d'œil.

Le musée d'Amsterdam n'avait que quatre cent quarante-trois tableaux, presque tous hollandais, lorsque je l'ai visité : il s'est récemment enrichi de la collection Dupper. C'est une grande maison (le *Trippenhuis*), découpée en une foule de petites pièces, dont chacune ne contient parfois que cinq ou six toiles, mal éclairées par le jour oblique des fenêtres. Mais ces toiles sont : la *Ronde de nuit* et les *Syndics,* de Rembrandt, le grand *Banquet*, de B. Van der Helst, — trois œuvres dont l'éclatante renommée nous dispense de parler plus au long, — d'autres *Doelenstuks,* fort curieux, de G. Flinck et de Karel Dujardin, le peintre de paysages et de petites scènes élégamment rustiques, qui a eu, lui aussi, à son heure, l'ambition de la peinture d'histoire et de la peinture sévère, et ne s'en est pas trop mal tiré; quelques-unes des plus fines et des plus gaies bamboches de J. Steen; la fameuse *Robe de satin*, de Terburg; la composition la plus renommée de Gérard Dow, après sa *Femme hydropique*, c'est-à-dire l'*École du soir*, où il s'est attaché à rendre, dans leurs moindres nuances, avec une étonnante justesse, les combats, les mélanges et les transitions de quatre ou cinq lumières qui éclairent la scène, et une autre toile du même : *un Seigneur et une Dame*, moins renommée, quoiqu'elle soit d'une touche infiniment plus ferme et plus large, d'une exécution solide et vivante. Enfin Paul Potter s'y montre, d'abord avec une colossale *Chasse aux ours*, qui est dans un triste état, et qui produit l'effet forcé et faux d'un mélodrame à grand spectacle ; puis avec son *Orphée*, joli et lumineux paysage, où les animaux, les brins d'herbes, les fleurs sont traités avec une perfection minutieuse et froide, et une autre toile qui n'a même pas de nom spécial, et qui est dans un ton juste et chaud, d'une vérité complète et d'un excellent dessin.

Le rez-de-chaussée renferme le riche cabinet des estampes.

Amsterdam possède un second musée public : le musée Van der Hoop, ainsi nommé du donateur, qui légua sa collection à sa ville natale. On l'a installé dans deux salles des bâtiments de l'Académie, en attendant sans doute que la construction d'un édifice digne de tant de chefs-d'œuvre permette de le réunir à l'autre. Le musée Van der Hoop n'a que cent quatre-vingt-dix-huit numéros, et il faut encore en retrancher un certain nombre de tableaux modernes et une quinzaine de flamands ou d'italiens; mais il abonde en œuvres précieuses et rares, parmi lesquelles nous citerons en première ligne la *Fiancée juive*, de Rembrandt, qui est inachevée, et qui permet, pour ainsi dire, d'étudier à nu la pratique et les procédés du maître. Les Steen, les A. Van Ostade, les Metzu, le P. de Hooghe, les Van Hoogstraten et les Wouwermans sont hors ligne. On y trouve de N. Maas une *Fileuse* d'une couleur superbe, vigoureuse, éclatante, d'une vérité et d'un style étonnants dans sa vulgarité, avec de délicieuses harmonies de tons; un paysage charmant de J. Both, avec une belle lumière dorée à la Claude Lorrain; un *Intérieur* de J. Van der Meer, de Delft, remarquable par une certaine rudesse caractéristique et je ne sais quelle étrangeté de facture habituelle au peintre, bien qu'il ait d'ordinaire la couleur moins mince et qu'il travaille plus grassement en pleine pâte; un curieux A. Van de Velde, un très-beau Hobbema, d'un ton vigoureux et vrai; et, parmi les Ruysdaël, dont l'éternelle cascade finit par lasser, une *Vue près d'un Moulin à Wyck*, qui est une merveille de vérité, de pittoresque et d'exécution.

Les collections particulières sont très-nombreuses et très-importantes à Amsterdam. On compte ou on comptait, au rang des principales, celles de M. Six Van Hillegom, de Mme la douairière Van-Loon, de Mmes Van de Poll et Hodson, de M. le baron Van-Brienen (ces deux derdières n'existent plus depuis quelques années), et enfin celle de feu M. Fodor, presque entièrement moderne, léguée par lui à la ville, ainsi qu'un local considérable, pour former un musée qui porte son nom. Je ne parlerai que de la première, la plus importante et la plus accessible de toutes, la seule aussi que j'aie pu voir à l'aise en prenant quelques notes. Elle appartient à un descendant de ce bourgmestre Six que Rembrandt, son ami, a immortalisé, surtout par la merveilleuse eau-forte qui le représente debout et lisant près d'une fenêtre, la figure inondée de lumière. On trouvera encore dans cette collection des portraits de famille de la main de Rembrandt, entre autres deux espèces de miniatures du bourgmestre et de sa femme, d'une facture simple, délicate et ferme, puis un grand et admirable portrait de M. Six, en manteau rouge sur pourpoint vert-gris, ganté, le chapeau sur la tête, dans le style ample et magistral des *Syndics*. Tous les petits maîtres y sont à foison et dans leurs exemplaires les plus précieux. On y voit aussi des Paul Potter, dont un de grande dimension, qui n'est guère plus heureux que *la Chasse à l'ours*, du Musée ; de magnifiques portraits, des paysages, des fleurs, des marines, un *Philosophe étudiant*, de Ph. Koning, dans une grande pièce voûtée et avec un effet de lumière à la façon de Rembrandt, petit chef-d'œuvre d'une finesse et d'une patience inouïes ; un Ph. Wouwermans, d'une liberté et d'une verve de composition étonnantes, qui montre le maître sous un aspect peu connu ; deux Van der Meer, de Delft, dont l'un est excellent ; bien d'autres merveilles encore, d'un ton exquis, d'une exécution lumineuse et délicate, savoureuses à voir et procurant à l'œil la sensation que produisent au palais les friandises savantes de nos pâtissiers à la mode.

En vérité, j'ai honte de parler ainsi de tant de fines et ravissantes toiles, sans même avoir le facile mérite d'en dresser un catalogue complet. Les décrire et les examiner ce serait l'affaire d'un ouvrage spécial. Consacrer au moins régulièrement quelques lignes aux principales, je l'eusse voulu faire, mais la multiplicité des collections de la Hollande ne me le permettait même pas. Une étude sommaire sur chacune d'elles, tout en restant insuffisante, eût été, en outre, fastidieuse et monotone par sa fréquente répétition. Le public qui s'intéresse aux tableaux est assez étendu aujourd'hui, mais celui qui s'intéresse à leur description technique et à leur appréciation est naturellement tout spécial et fort restreint. Peut-être eût-il mieux valu ne parler en aucune façon de ces collections merveilleuses que d'en dire si peu de chose, et de fatiguer sans fruit ceux pour qui ces détails n'ont pas de valeur, ou d'irriter la curiosité des amateurs sans la satisfaire. Mais j'ai voulu indiquer rapidement, à mesure que je les rencontrais, les éléments d'information dont j'ai essayé ailleurs de condenser les résultats dans une étude générale sur les caractères de l'art hollandais et sur ses principaux représentants.

XIII

Le tour du Zuiderzée.

Si la Hollande est l'un des pays d'Europe que les Français visitent le moins, bien qu'elle soit à nos portes, les côtes du Zuiderzée sont, de toutes les parties de la Hollande, la plus délaissée par les touristes. Cette petite mer intérieure, de formation moderne, la plus jeune de toutes les mers européennes, puisqu'elle ne remonte guère qu'au commencement du XIIIe siècle et qu'elle recouvre l'espace où s'étendaient jadis de vastes forêts peuplées d'ours et de loups, semble avoir exercé sur ses rives, toutes proportions gardées, une influence analogue à celle de la mer Morte, en éteignant autour d'elle le mouvement et la vie. Les trois quarts des villes qui l'entourent, jadis florissantes, actives, célèbres, se meurent de consomption, de silence et d'ennui. L'histoire a redit leurs noms, aujourd'hui si complétement ignorés qu'on a peine à croire qu'il s'agisse d'une région située à cent cinquante lieues de Paris, à dix et vingt lieues d'Amsterdam, et que le voyageur qui la décrit semble, en y abordant, la déterrer sous le sable ou la découvrir sous les flots.

Les villes du Zuiderzée sont donc ensevelies dans un triple linceul de solitude et d'oubli. C'est d'abord, sans doute, à cause de la rareté des visites qu'on leur fait; mais cette rareté de visites tient elle-même, en grande partie, au peu d'attrait de ces noms inconnus pour le voyageur. Il y a là un cercle vicieux où l'on ne démêle pas aisément la cause de l'effet. Joignez-y les difficultés de la navigation sur le Zuiderzée, sillonné de bancs de sables, fertile en naufrages, aux contours bizarres et fortement accusés. Aucun service régulier n'existe : il faut équiper à ses frais une embarcation dont le tirant d'eau soit assez faible pour éviter les innombrables écueils du voyage et dont l'intérieur soit assez vaste pour loger l'équipage nécessaire, permettre l'installation d'une cuisine avec des provisions de bouche pour vingt-cinq à trente jours, sans en excepter l'eau fraîche, car l'eau qu'on trouvera sur sa route est saumâtre, aussi pernicieuse à la santé que détestable au goût, et il ne faut faire aucun fonds sur les auberges de la côte.

C'est vous dire assez que je n'ai pu, dans ma promenade de touriste, songer à une aussi laborieuse excursion. Mais, si vous le voulez, nous allons combler cette lacune en prenant pour guide un voyageur plus entreprenant, M. Henry Havard, qui a tout récemment mené à bonne fin ce curieux *périple,* dont le récit produit l'effet d'une révélation, en découvrant aux lecteurs des régions presque aussi inconnues de la plupart d'entre eux que les villages du centre de l'Afrique [1].

M. Havard et son compagnon partent d'Amsterdam un beau matin du mois de juin 1873, sur un *tjalk* divisé en trois parties, — le parloir-salle à manger, la cuisine et la chambre à coucher, — par de vieilles tapisseries, et portant les drapeaux français et hollandais fraternellement accouplés. Ils traversent le golfe de l'Y, reconquis partiellement sur la mer par le travail et l'industrie de ce petit peuple.

La première étape du voyage est l'île de Marken, dont les habitants n'ont trouvé d'autre moyen de se garantir contre les inondations périodiques qu'en bâtissant leurs sept petits hameaux et leur cimetière sur autant de tertres

---

(1) *Voyage aux villes mortes du Zuiderzée,* par Henry Havard; Plon, 1 vol. in-18.

élevés à mains d'hommes. Sur cette langue de terre vivent un millier d'âmes, dans des maisons en bois ne formant qu'une seule pièce, divisée par des cloisons qui ne s'élèvent pas jusqu'au toit. Les Markenaars sont d'intrépides pêcheurs; leurs femmes portent un costume immuable, très-caractérisé, d'une couleur voyante et d'une complication bizarre, dont la pièce la plus saillante est une espèce de grande mitre blanche sur dessous brun, ornée de dentelles et de broderies, qui laisse échapper sur chaque face d'énormes mèches de cheveux tordus en tire-bouchons et tombant sur la poitrine.

Après avoir traversé la mer d'Or, on arrive à Monnikendam, petite ville charmante, comme presque toutes ces localités de la Nord-Hollande, plus ou moins coulées dans le moule de Broek, et pareilles à des joujoux qu'on sortirait chaque matin de leur boîte après les avoir soigneusement époussetés. Les deux mille cinq cents habitants de Monnikendam se partagent en cinq cultes ; mais, quoiqu'elle doive son origine à des moines dont elle a conservé le souvenir dans son nom et dans ses armes, le catholicisme n'y compte qu'une minorité presque insignifiante. Sans sa grande église gothique abandonnée, sa haute et magnifique tour envahie par des ronces, par l'herbe, par les toiles d'araignée, rongée et descellée par le temps, qui se douterait que cette bourgade aux rues désertes et silencieuses, dont les canaux tranquilles ne sont occupés qu'à refléter les grands arbres et les petites maisons rouges, était l'une des vingt-neuf villes de la Hollande, alors que La Haye comptait à peine quelques maisons ; qu'elle a mené l'existence agitée, turbulente et troublée des communes indépendantes du moyen âge, et qu'après avoir été attaquée par ses voisins jaloux, pillée par les Espagnols, elle a pris une large part, avec ses vaisseaux, à cette bataille du Zuiderzée où la flotte de l'amiral comte de Bossu fut anéantie ?

En remontant toujours vers le Nord, on rencontre Vollendam, un simple hameau de pêcheurs qui semble plus isolé du reste du monde, plus étranger à ce qui s'y passe, malgré le voisinage de deux villes, que s'il s'élevait dans une île de l'Océanie, mais qui mérite d'arrêter un artiste au passage, comme l'une de ces momies où l'on recherche curieusement l'image et la vision du passé. M. Havard note à Vollendam, pour la première, mais non pour la dernière fois, — en voyant ces pêcheurs qui fument silencieusement, accroupis à la manière orientale, avec leurs pantalons flottants, leurs babouches posées devant eux et leurs bonnets de fourrure figurant assez bien des turbans, — une certaine analogie entre les riverains du Zuiderzée et ceux du Bosphore, — analogie bizarre, qui m'avait frappé moi-même dans mon excursion à travers la Nord-Hollande et que j'ai retrouvée en quelques pays septentrionaux. Les maisons de bois, aux façades peintes en vert tendre ou en brun foncé, sur lesquelles se détachent les encadrements des fenêtres et des portes rehaussés d'un double trait rouge ou bleu, sont tenues avec une propreté merveilleuse, quoiqu'elles ne se composent en général que d'une pièce qui sert à tous les usages. On quitte ses chaussures à la porte avant d'entrer, toujours comme à Constantinople ou au Caire, pour franchir le seuil d'une mosquée : il ne faut pas que la boue de la rue puisse ternir la natte ou le parquet. Les étables et les fromageries même feraient honte à plus d'un salon parisien.

Quelques-unes de ces maisons, avec leurs boiseries brillantes, leurs meubles étincelants, leurs objets de cuivre ou d'étain luisant comme de l'or, leur grande horloge sculptée, leurs belles faïences bleues pendues à la muraille entre de vieilles et curieuses gravures, ressemblent à des magasins de curiosités. Chacune d'elles est comme un Conservatoire intime, où le temps lui-même demeure immobile, où le présent se confond avec le passé, où, comme dans le château de la Belle au bois dormant, sommeillent des habitants âgés de plusieurs siècles. Devant ces petits vieux proprets, bien conservés, paisibles, engourdis, qui ont l'air d'économiser la vie, qui se privent de mouvement, dirait-on, de peur d'exister trop vite, je ne sais quels souvenirs fantastiques d'Hoffmann vous traversent l'imagination : on pense à l'Homme au sable. Il semble qu'ils viennent de sortir de cette boîte d'horloge où ils figuraient dans le défilé des Heures ; que ce sont des mannequins articulés, des bonshommes de zinc ou de fer-blanc, comme j'en ai vus dans un jardin de Broek, faisant des gestes, roulant les yeux et donnant l'illusion de la vie, dès qu'on a remonté la mécanique qui les met en jeu. On s'attend toujours à entendre tout à coup le bruit du ressort et des rouages. Et cette impression presque fantastique s'accroît encore, grâce à une manie de peinturlurage qui ne se contente pas de badigeonner les maisons et les façades des monuments comme des jouets, mais va souvent jusqu'à passer les troncs d'arbres au bleu ou au gris-perle, et même jusqu'à colorier le sol au voisinage des maisons ou dans les allées des jardins.

Il y a tout un conte d'Hoffmann dans la description du café des Trois Vieilles, à Edam, la ville dont dépend Vollendam : café sans garçon, sans lumière, sans consommateurs, et où les deux voyageurs sont les seuls clients qu'on ait vus depuis longues années. Pour achever de faire au conte que je rêvais en lisant M. Havard un cadre à souhait, c'est à Edam qu'on a découvert en 1403, à ce que racontent Parival, Guicciardini et autres bons auteurs, la dernière sirène connue. Edam fut de tout temps la ville des phénomènes vivants. Les baraques foraines s'y approvisionnaient de prodiges. Dans la salle des séances du *Stadhuis*, à la place d'honneur, vous pouvez voir les portraits de trois illustrations dont s'enorgueillit la cité : Peter Dirksz, qui était obligé de retrousser sa barbe comme la jupe d'une femme pour qu'elle ne balayât point les rues de la ville ; Jean Cornelissen, énorme poussah rond comme un muid, qui pesait quatre cent cinquante-deux livres, et une aimable et délicate jouvencelle de la même époque (1633), probablement aussi de la même famille, Mlle Trjnk Cornelissen, qui mesurait neuf pieds de haut avant d'avoir atteint sa vingtième année, et dont les brodequins, respectueusement conservés à l'Hôtel-de-Ville, ont la taille d'une boîte à violon.

Mais hâtons-nous de quitter cette ville empaillée et ses phénomènes. Nous voici à Hoorn, une cité ancienne et charmante, dont les maisons aux formes gothiques, aux pignons pointus et sculptés, ornées de grands auvents, montées sur des perrons de granit, font alterner sur leurs façades le bois ouvragé avec la pierre ciselée et avec la brique aux tons joyeux. Hoorn, la ville qui « enfante des héros, » qui « arme des flottes de guerre, » a été chantée par le grand poëte Vondel, à l'époque où elle équipait 450 bateaux pour la pêche du hareng, où elle peuplait les Indes de ses comptoirs, où ses foires et ses marchés, envahis par des milliers de chariots, étaient renommés dans l'Europe entière. Hoorn avait alors vingt-cinq mille habitants ; elle en a dix mille aujourd'hui : elle flotte dans sa vieille enceinte, veuve de ses tours et de ses portes monumentales. Un silence perpétuel pèse sur ses rues, jadis remplies par la foule bruyante, agitées par la guerre civile, et ses approvisionnements sont bien déchus, car le cuisinier du bord, en courant la ville, ne parvient à trouver qu'un gigot de veau, — malheureusement retenu depuis plusieurs jours par d'avides clients de la commune voisine.

C'est pis à Enkhuizen, tombée de soixante mille à cinq mille âmes, dont de vastes prairies recouvrent en partie l'ancien emplacement, où l'on ne trouve plus rien de curieux que le costume grotesque de ses habitants, des femmes surtout, qui, non contentes de porter sur la tête des parterres ambulants, s'appliquent à se priver des grâces les plus recherchées par leur sexe, en se coupant les cheveux et en s'aplatissant le buste. — Bien pis encore à Medemblik, la vieille capitale de la Frise occidentale, la résidence du roi Radbod, qui lutta contre Pépin d'Héristal et Charles Martel ; à Medemblik, dont les armées, les souverains, les palais faisaient déjà parler d'eux avant même qu'Enkhuizen et Hoorn fussent sorties de terre, et qui n'est plus maintenant qu'un tombeau où trois mille indigènes meurent d'ennui. Jusqu'au dernier siècle, Medemblik battait monnaie, équipait des flottes, possédait de magnifiques bassins et le plus beau chantier de la Hollande ; sous le règne de Napoléon, puis en 1829, avec le mouvement et la vie apportés pendant quelques mois par les jeunes gens de l'Institut maritime, qui ne fit qu'y passer, elle a revu encore de beaux jours. C'est bien fini désormais : son nom n'éveille plus même un écho. L'étranger est une bête curieuse dans cette capitale déchue ; le bruit de son arrivée court de maison en maison ; on se retourne pour le regarder, on le suit, et les rares passants prennent des rues de traverse pour se retrouver sur sa route et le revoir à l'aise.

Au contraire, la pointe occidentale du golfe garde aux voyageurs l'agréable surprise d'une ville naissante, pour faire contre-poids à tant de villes moribondes ou mortes : c'est Nieuwe-Diep, qui n'est, à vrai dire, qu'un prolongement du Helder. Sa position à l'entrée du Zuiderzée et près de la rade du Texel, le voisinage du canal de la Nord-Hollande, son beau port, son école navale lui assurent une prospérité commerciale et maritime qui console un peu de tant de ruines.

Nous n'avons pas à nous arrêter à la merveilleuse digue du Helder, ce rempart de la Hollande contre les invasions de la mer du Nord, non plus qu'aux trois îles jetées en travers de l'ouverture du golfe. Redescendons le long de la côte orientale, par la contrée des Frisons à la chevelure d'or et aux yeux verts. La Frise est un pays d'une renommée antique, d'une grande richesse agricole, d'une fertilité rare, souvent ravagée, quelquefois fécondée par des inondations contre lesquelles ne suffit pas à la prémunir le corselet de pieux bardés de fer qui se dresse sur ses rives.

C'est le sol classique des beaux chevaux, des gras pâturages, des fermes coquettes, des bestiaux plantureux ; la Terre promise des fumeurs et des patineurs. Les enfants arborent la pipe au sortir de la mamelle, et savent filer sur la glace avec la rapidité d'une flèche avant de savoir lire, quoique tout le monde sache lire de bonne heure en Hollande. L'Exposition universelle a révélé aux plus casaniers de nos compatriotes les casques d'or dont, comme la Minerve antique, se coiffent les belles Frisonnes. M. Havard raconte qu'en interrogeant un ami sur cette coutume, il en a reçu une explication imprévue. Autrefois, lui a-t-on dit, les Hollandais fêtaient très-volontiers la dive bouteille et ils avaient l'ivresse brutale, si bien que les femmes adoptèrent cette coiffure métallique pour mettre leurs têtes à l'abri des coups conjugaux. Ce serait vraiment un *casque*, une armure défensive dans toute la force du terme. Un fait semblerait donner raison à cette peu galante hypothèse : le mari qui battait sa femme était généralement puni par une amende d'un jambon, tandis que la femme qui battait son mari devait en payer deux !

Harlingen, le grand port de la Frise pour l'Angleterre, l'entrepôt où viennent s'empiler les montagnes de fromages qui s'achemineront ensuite, avec d'immenses troupeaux de bœufs, de moutons, de chapons, de porcs, vers les tables succulentes du Royaume-Uni, et Leeuwarden, la capitale de la Frise, avec son musée, ses archives, sa bibliothèque, ses collections particulières, sa tour penchée, ses quelques monuments curieux, l'animation de sa physionomie, ne sont pas non plus des villes mortes. Mais nous rentrons dans le royaume des ombres en arrivant à Franeker, que ses charmes vantés, sa propreté, sa belle construction, son admirable tenue, ne consolent pas d'une irrémédiable décadence. Franeker fut une ville savante, illustre par son académie privilégiée et par ses professeurs ; elle reste une ville d'apparence pédagogique, dont la principale curiosité est un *Planeterium* qui reproduit tout le système céleste dans le plafond mobile d'une chambre, bleue comme l'azur du ciel, et dont les maisons, les étables même étalent sur leurs façades des maximes philosophiques tirées du grec ou du latin.

En redescendant la côte, nous nous enfonçons de plus en plus dans le désert. Voici Hindeloopen, qui, sans avoir jamais atteint l'importance qu'on lui a un peu légèrement attribuée, présenta du moins cette singularité presque unique d'avoir non-seulement son costume à elle, son art et son architecture à part, mais sa langue, qui ne se parlait pas en dehors de ses murs. Voici Stavoren, l'exemple le plus frappant, avec Medemblik, de ces décrépitudes et de ces déchéances qui semblent accuser les exhalaisons mortelles des flots du Zuiderzée. Stavoren est la plus ancienne cité du pays, comme elle en porte le témoignage dans l'étymologie frisonne de son nom. Trois cents ans avant Jésus-Christ, elle était déjà célèbre par ses richesses et le nombre de ses habitants ; dans les premiers siècles de notre ère, elle empruntait à Rome, où deux de ses princes avaient été élevés à la cour de l'empereur Antonin, ses temples, ses palais, ses murailles, ses cirques et ses combats de gladiateurs. Elle étendait son commerce aux extrémités de l'Europe, et l'on s'y donnait rendez-vous du Midi et du Nord pour échanger sur son marché les produits des divers pays. Au seizième siècle, elle tenait encore le troisième rang, après Lubeck et Hambourg, parmi les villes hanséatiques.

La légende qui prétend expliquer sa décadence par l'ensablement de son port est un témoignage de plus à l'appui de cette richesse et de cette prospérité inouïes de l'antique Stavoren. Une riche veuve, dit Guicciardini, avait affrété un navire pour Danswick, en commandant au capitaine de lui rapporter en échange les meilleures denrées du pays. Celui-ci ne trouva rien de mieux que du blé et en remplit son navire ; mais ce chargement déplut tellement à la veuve qu'elle ordonna de le jeter à la mer : d'où une barrière qui boucha l'entrée du port et qu'on appela le sable de la Dame. — Actuellement, Stavoren compte une centaine de maisons, dont la moitié tombent en ruines, et de sa splendeur passée il ne lui reste pas un monument qu'elle puisse montrer au voyageur.

Voici Schokland... Mais à quoi bon prolonger

cette aride nomenclature et vouloir compter jusqu'au bout les branches de ce figuier stérile ?

Ce ne sont pas seulement les incendies, les inondations, les pestes, les guerres ; ce n'est pas seulement le déplacement du commerce, l'insuffisance et la difficulté des moyens de communication, qui ont tué ces villes du Zuiderzée ; c'est aussi l'excès même de leurs richesses, avec l'égoïsme et l'indifférence qu'elles entraînent à leur suite. Elles se sont endormies dans leur abondance avec une sécurité qui s'est transformée par degrés en un sommeil léthargique : elles sont restées immobiles quand autour d'elles le monde marchait. Devenues incapables d'activité et de lutte, amollies par la jouissance, elles se sont laissé ensabler comme un rivage qui ne se défend pas. Ce sont des cités fossiles, qui dégagent une odeur de moisi, qui sentent le renfermé, qui n'ont plus qu'un intérêt purement rétrospectif et qu'on va voir comme des *museums* de bric-à-brac. Que le Zuiderzée passe un jour par-dessus ses bords et les engloutisse, et l'Europe ne saura qu'elles vivaient encore qu'en apprenant qu'elles viennent d'achever de mourir.

XIV

Broek et Zaandam. — Les trekschuits et les fromageries hollandaises. — Le jardin mécanique et la cabane de Pierre-le-Grand.

Il est impossible de quitter Amsterdam sans avoir fait une visite à Broek, ce village d'opéra comique dont tous les touristes s'accordent à raconter des merveilles. Là, suivant la plupart de leurs véridiques relations, la propreté habituelle au pays va jusqu'à la manie, on pourrait presque dire jusqu'à la folie furieuse. Nul, affirment-ils, ne peut pénétrer dans l'intérieur du village sans avoir déposé ses souliers à l'entrée pour les échanger contre des babouches ; il est interdit de cracher à terre, de fumer dans les rues, de peur que la cendre ne salisse les pavés, et même d'éternuer en plein air ; les ménagères chaque jour fourbissent et savonnent à la main les briques tricolores qui forment les trottoirs, les bordures et la chaussée proprement dite, nettoyant les premières avec de larges brosses, les deuxièmes avec des brosses à ongles, les troisièmes avec des brosses à bouche et des cure-dents. J'avais lu tout cela, et je voulais en avoir le cœur net.

Je pris donc, à une heure de l'après-midi, le bateau à vapeur qui traverse l'Y, et, arrivé de l'autre côté, je me transvasai, avec mes compagnons de route, dans un *trekschuit*, pour suivre jusqu'à Buiksloot le beau canal de la Nord-Hollande, qui a trente-six pieds de large et vingt-deux de profondeur. Le *trekschuit*, ou barque de trait, est un des véhicules les plus en usage sur les innombrables cours d'eau, naturels ou artificiels, qui sillonnent la Hollande. Il n'est pas fait pour les gens pressés; mais le touriste, curieux d'examiner en détail les riches et monotones paysages qui s'étendent le long des canaux, et de se mêler de près aux mœurs locales, ne doit pas négliger d'employer quelquefois ce mode de transport. Le trekschuit qui nous transporta à Buiksloot est arrangé à la moderne : c'est un grand bateau peinturluré, dont le pont, entouré d'une balustrade en fer, est recouvert de bancs. On y monte par un escalier situé à l'arrière, et ceux qui veulent se mettre à l'abri descendent dans l'intérieur de la cabine, où règne un divan circulaire, flanqué de pliants portatifs. A l'avant de l'embarcation, se dresse un grand mât, du haut duquel part une longue corde : un cheval, attelé à cette corde et guidé par un postillon, court au petit trot le long du canal, entraînant le bateau. Chaque fois qu'un autre trekschuit venait à nous croiser, il s'arrêtait quelques pas avant la rencontre, laissant flotter la corde qui s'enfonçait dans l'eau, juqu'à ce que nous l'eussions dépassé.

Le trekschuit de la vieille roche ne connaît point tous ces raffinements de la civilisation : il n'a point de pont, ou du moins son pont, semblable à l'impériale d'une diligence, dégarni de bancs et de balustrades, n'est point fait à l'usage des voyageurs, qui s'asseyent dans un petit espace ménagé à l'arrière, s'ils ne préfèrent aller étouffer dans l'intérieur. Sur le cheval trône un gamin armé d'une trompette, dont il use pour les signaux nécessaires. Le vrai trekschuit est un miracle de lenteur, et il s'arrête, sous prétexte de se reposer, à tous les ponts, à toutes les écluses, à toutes les auberges. C'est souvent un homme, au lieu d'un cheval, qui s'attelle à la corde. Quelquefois un lambeau de voile déployé prête le concours du vent au pauvre diable qui s'exténue à tirer la lourde machine. A mesure surtout qu'on s'enfonce dans le nord de la Hollande, on rencontre fréquemment de ces bateaux, véritables maisons flottantes, où loge une famille entière. Une rosse endormie les traîne au petit pas; sur le mât couché sèchent les hardes des enfants; par la cheminée de la cuisine s'échappe une maigre fumée, et la ménagère épluche quelques légumes, tandis qu'assis à côté d'elle et fumant sa pipe, le mari raccommode attentivement ses filets. Ces braves gens vous saluent humblement au passage, et les chevaux humains attelés aux cordes des bateaux se redressent eux-mêmes, quand ils vous rencontrent, pour soulever leur casquette.

Cette métamorphose de la barque en maison est très-commune, surtout dans la Nord-Hollande. Parfois même il se forme sur l'eau de vrais villages par la réunion de quinze ou vingt barques, qui s'appuient l'une à l'autre, et sont surmontées de huttes où logent des familles de pêcheurs. Ces villages changent de place au besoin : ils sont nomades comme les tribus qui les habitent. Ou bien on tire les bateaux à terre, et on se remet à vivre sur le plancher des vaches.

De Buiksloot à Broek, il y a encore deux lieues, en longeant le grand canal. Je voulus les faire à pied pour voir à loisir toutes les curiosités de la route. Dès que vous avez franchi le golfe, il semble que vous soyez transporté dans un autre pays : le changement est complet; les mœurs, les costumes diffèrent de tout ce que vous avez vu, les voitures même affectent des formes insolites et inattendues ; vous n'entendez plus un mot de français, et les enfants accourent pour vous voir passer. Nous sommes ici au cœur de la vieille Hollande. De chaque côté du canal s'étendent, en s'abaissant toujours, des prés à la végétation vigoureuse, où broutent ces magnifiques bœufs et ces moutons dodus qui donnent des côtelettes si tendres, de si succulents biftecks ; le canal passe littéralement sur la tête des paysans qui travaillent dans la campagne environnante. Partout de l'eau, partout des ruisseaux en guise de haies ; le canal lui-même finit par se confondre et se perdre au milieu des *polders*. A mesure qu'on avance, les gigantesques moulins à vent, qui font partie essentielle de tout paysage hollandais, se multiplient et tourbillonnent autour de vous, en dessinant leurs grands bras extravagants sur le bleu de l'horizon, tandis qu'à côté d'eux d'autres tout petits s'élèvent de quelques pieds seulement au-dessus du sol, — pour tâter la direction du vent, semblables à ces enfants à peine sevrés qui ne quittent pas l'aile de leur mère.

Le long de la route, de distance en distance, s'échelonnent des fermes, des fromageries, d'apparence fort rustique et presque toujours en bois, puis, en se rapprochant de Broek, d'une tenue qui devient de plus en plus coquette. En voici une, par exemple, dont la porte d'entrée brille de toutes les couleurs de l'arc-en-ciel; le corps de logis est en briques rouges, zébré de blanc, et peint en bleu vers le bas. Par un bizarre sentiment d'harmonie, la première rangée d'arbres qui forme une avant-garde à la maison a ses troncs également peints en bleu céleste, jusqu'à la même hauteur. O nature !

J'entre dans une de ces fromageries étincelantes du plafond au plancher, comme si elle était bâtie en cristal. Une servante en sabots gigantesques, occupée à puiser l'eau au canal pour en inonder les murs et le pavé, m'accueille avec une interrogation dont je devine le sens ; je lui réponds, en accompagnant mes paroles d'une mimique expressive et animée, que je désire visiter la vacherie. Un dialogue s'établit entre nous, aussi confus que ceux dont fut témoin la tour de Babel, et, voyant que nous pourrions continuer ainsi pendant quinze jours avant d'aboutir à un résultat, je me détermine à joindre l'action à la parole, et je pousse la porte d'entrée. Une femme se lève tout effarouchée : je recommence en français mes explications, auxquelles elle répond par une avalanche gutturale de syllabes hollandaises. Je proteste, — par un sourire et un signe de tête, accompagné d'un *Frensch* énergiquement accentué, — que je ne comprends pas, et je procède à mon examen.

La vacherie que je visitais servait à la fois d'appartement aux bêtes et aux propriétaires. La même chose n'est pas rare dans certaines campagnes françaises, et je me rappelle même avoir vu des pourceaux coucher dans la même pièce que les paysans, leurs maîtres. En Hollande, l'appartement des vaches est d'une propreté toute poétique, et je sais bien des appartements parisiens, je dis des mieux tenus, qui devraient leur céder la palme. A l'entrée, quelques chaises, un fauteuil, une table, et par terre des nattes de jonc de diverses couleurs. Un peu plus loin, le long des murs, s'étendent les cases peintes en blanc immaculé, dont chacune sert de salon distinct à l'un de ces animaux. Une espèce de ruban (j'en demande pardon aux dames) suspendu au plafond, s'abaisse dans leur direction, fait le tour de la queue et la maintient relevée, — on devine aisément dans quel but. Au-dessous de la queue s'étend une rigole creusée dans le sol de l'étable, et destinée à l'écoulement immédiat des immondices. Le pavé est en grès luisant de netteté, ouvragé, relevé en bosse, décoré de bas-reliefs qui dessinent à sa surface des fleurs et des ornements divers. Sur ce terrain foulé par les pieds des bœufs, on pourrait manger sans avoir besoin de nappe.

Nulle part la moindre trace de fumier : je n'en ai jamais vu l'ombre dans aucun village hollandais, et je ne sais par quel mystérieux tour de passe-passe les paysans peuvent escamoter aux yeux ce désagréable appendice de la vie rurale. C'est évidemment en Hollande que l'abbé Delille est allé chercher l'idéal de son *homme des champs*.

Cependant, au bout de cette première pièce, j'avais avisé une porte. Je tourne la clef, et je pénètre dans une seconde salle d'une propreté plus surnaturelle encore que la première, si toutefois la chose est possible. Partout s'étendent des files de jarres étincelantes, de grandes cruches où l'on pourrait se mirer, de vases décorés comme des potiches, où durcit un beurre à tenter la palette de Rubens. Le lait tiède bouillonne dans les seaux peints d'un bleu de ciel ou d'un rose tendre, et sur les planches vertes, que rougit vers les bords un aimable incarnat, sont accumulés en énormes boules ces savoureux fromages de Hollande que connaissent les gastronomes du monde entier (se méfier des contrefaçons). Je furetais partout, touchant chaque objet du doigt, me baissant pour examiner de près les jarres, étudier la nature du sol et regarder par-dessous chaque planche. Les femmes m'escortaient avec défiance, en me contemplant de leurs deux yeux dilatés par la stupéfaction. Le saisissement leur avait coupé la parole. Elles ne comprenaient rien à cette audacieuse violation de domicile, et quand j'eus enfin pris congé d'elles, en me retournant au bout de quelques pas, je les vis qui du seuil me suivaient d'un regard ébahi.

Cette première visite ne suffit pas à mon insatiable avidité de touriste. Plus loin, j'essayai de pénétrer dans une autre fromagerie dont la confortable apparence exerçait sur ma curiosité un effet irrésistible. Mais là je rencontrai une résistance acharnée, devant laquelle durent capituler mes efforts. La maîtresse du logis me prit par le bras et voulut, dès le premier pas, me mettre dehors. Mes sourires les plus insinuants et les gestes laborieux où j'épuisai toute la rhétorique à l'usage des sourds-muets, glissèrent sur ce cœur endurci comme l'eau sur une tuile. J'étais parvenu cependant à pousser la porte de l'étable, et j'étudiais au lorgnon la configuration d'une cruche bizarre tout à fait digne d'un musée chinois, quand les cris du dragon qui me barrait le passage attirèrent un certain nombre d'auxiliaires féminins, armés de seaux et de balais, dont je vis se dessiner les physionomies farouches, au nord et au midi, à l'orient et à l'occident. Un mouvement que je surpris dans la direction de la niche d'un gros boule-dogue braillard qui aboyait en tendant sa chaîne, comme s'il eût senti la chair fraîche, me fit juger qu'il était prudent de quitter le terrain. J'opérai donc ma retraite en bon ordre, mais avec une précipitation mal dissimulée par le désir de garder du moins l'honneur sauf, et au milieu des manœuvres stratégiques de l'ennemi qui inquiétait mes derrières. Une fois sur la route, j'entendis des exclamations furibondes : ces dames m'escortèrent plus de cinq minutes de leurs voix de fausset, me criant sans doute en leur patois des injures que je remercie le ciel de n'avoir point entendues. Je crus même sentir une pierre m'effleurer. Évidemment on m'avait pris pour un voleur.

Cette mésaventure me servit de leçon, et je passai devant vingt autres fromageries sans que la tentation me reprît d'y entrer.

Bientôt j'aperçus dans le lointain le clocher de Broek s'élançant au-dessus d'un bouquet d'arbres dont il semblait occuper le centre. Le village est environné d'un grand bassin où viennent s'écouler une multitude de petits canaux qui l'entrecoupent en tranches étroites, formant autant d'îlots, reliés par des ponts où l'on a peine à passer de face. Une barque me transporta sur l'autre bord, sans que personne eût songé à me faire quitter mes souliers, et, après avoir craché cyniquement sur le sol sacré, j'allumai aussitôt un cigare pour mettre une fois de plus en faute les traditionnels récits des touristes. J'avais ouï dire bien des fois aussi que Broek était la résidence à peu près exclusive des riches commerçants retirés d'Amsterdam; les paysans et les paysannes que je rencontrai tout d'abord avec les attributs de leur position sociale, et la multitude de gamins fort sales, en guenilles et en sabots, qui se mirent à me suivre comme une bête curieuse, ne tardèrent pas à donner un nouveau démenti à la légende. Il est évident pour moi que la plupart des voyageurs français qui nous ont laissé de si fantastiques descriptions de Broek, ne sont même pas allés lui faire visite. Ils appliquent innocemment au Broek d'aujourd'hui les tableaux du vieux Broek, du Broek d'il y a cinquante ans, sans se douter que le temps a bien changé les choses, et qu'il n'est plus que le fils dégénéré de celui d'autrefois. Cependant tout n'en a pas disparu : il s'en faut; et il en reste assez encore, comme on va voir, pour justifier jusqu'à un certain point la réputation du village, et pour servir de témoignage à l'appui de ces récits qui se trompent seulement de date.

La première curiosité qu'on rencontre, après avoir passé l'eau, est le fameux jardin de M. Van der Beek, recommandé par tous les Guides à l'admiration des voyageurs. Ce jardin extravagant, plein de surprises enfantines, est parfaitement placé à l'entrée de ce village, et il faut le visiter si l'on veut savoir jusqu'où peut aller la manie d'un Hollandais riche, qui s'est mis en tête d'embellir et de perfectionner la nature. Vous rencontrez d'abord un grand bassin où nage un cygne en zinc blanchi, qu'on astique tous les jours comme un fourniment de garde municipal, et du milieu duquel émerge une nymphe en robe bleue traversée d'une large écharpe rouge. Sur la rive, se dresse un petit temple gothique où, par les trèfles et les découpures, on aperçoit une sorte de quaker de fer-blanc peint, agenouillé et priant. L'admirable association de styles et d'idées, que cette nymphe, cette église gothique et ce quaker! Ailleurs, c'est une statuette coloriée, représentant un cordonnier à l'ouvrage; plus loin c'est un pêcheur de grandeur naturelle. Voici maintenant une chaumière : attention! là est la merveille de cette Arcadie. Le jardinier vous ouvre la porte, et vous vous trouvez en face d'un bonhomme, la pipe à la bouche, et d'une bonne femme, tous deux assis dans le fond, devant des rouets et près d'une table rustique chargée d'un thé complet. Comme ils sont de taille ordinaire et soigneusement badigeonnés, comme les accessoires ont été arrangés de manière à faire illusion, un myope pourra s'y tromper, et saluera respectueusement ces personnages, surtout s'il veut être agréable au jardinier. Celui-ci passe aussitôt dans une pièce de derrière et met en jeu une mécanique immense qui fait un grand bruit de ferrailles; alors les rouets tournent, la fileuse et le fileur se livrent à des mouvements automatiques, et le cicerone ne manque pas de vous faire remarquer que ce dernier roule des yeux comme une personne vivante. J'allais oublier un chien qui aboie, toujours par le jeu de la même mécanique. Au bout de quelques secondes de ce spectacle récréatif, je me suis sauvé tout honteux, en passant sur divers ponts *rococo*, devant des obélisques en carton-pâte, découpés à jour comme du papier, et de petits monuments à surprise. A la porte du jardin, mon guide qui m'avait rattrapé et me suivait d'un air déconfit, coupa délicatement et m'offrit une pâle rose d'automne, que je ne me décidai qu'avec une certaine inquiétude à porter à mon nez, dans la pensée qu'elle devait être en papier peint. Par une espèce de miracle, c'était bien une vraie rose, qui exhalait même un soupçon de parfum; et ravi d'avoir enfin trouvé ce petit coin de nature dans ce jardin en zinc et en fer-blanc, je me dirigeai vers le village, après avoir déposé cinquante *cents* dans la main obséquieuse du guide, qui attendait, casquette basse, l'effet de sa provocation délicate.

Il n'y a pas bien longtemps que la plupart des jardins hollandais étaient dans ce goût : on taillait les espaliers en pains de sucre, en chiens, en harengs, en tables, en pyramides; on coupait le buis en forme de cœur, on plantait les carottes et les choux en losanges et en triangles; on *peignait* les arbres dans les deux sens du mot; on leur faisait des raies au côté, on les frisait et on les bouclait. Tous les jardins étaient des cabinets de curiosités ou des muséums d'histoire naturelle en matière végétale. Ces braves négociants portaient jusque dans l'horticulture leurs habitudes d'ordre et de symétrie, et ne comprenaient pas que la nature pût être à l'abri de la propreté universelle. Puis, au milieu des jardins ainsi nettoyés et écurés comme des casseroles, ils semaient des divinités mythologiques, symboliques et allégoriques, coloriées comme des figures de cire. Grâce à Dieu, on a généralement renoncé à ces chinoiseries, et le jardin Van der Beek est un des rares spécimens qui restent de ces puérilités bizarres et irritantes qui font un cruel effet sur des nerfs délicats.

Cependant j'étais entré dans le village, qui est morne et désert. Une foule de petits canaux encaissés s'étendent dans tous les sens, traversés par des ponts de trois pieds de large, qui sont bombés au centre et fermés de grilles dont l'ouverture laisse à peine le passage libre pour un piéton. On voit qu'il serait rigoureusement impossible à une voiture, ou même à un cheval, de circuler librement dans l'intérieur de Broek. Il n'y a pas de rues proprement dites, mais quantité d'étroits embranchements qui vont aboutir aux canaux et serpentent le long des haies et des maisons. On ne peut embrasser le village d'un seul coup d'œil ; il se révèle en détails et fragments par fragments. A mesure qu'on avance, on découvre des groupes imprévus, de nouveaux quartiers jusque-là cachés au regard. Le pavé est ce qu'il y a de plus curieux et de mieux entretenu : il est tout entier en briques de diverses couleurs, régulièrement disposées, les unes en hauteur, les autres de champ, les autres à la façon ordinaire, entrelacées, croisées en triangles, arrangées en cercles, avec des rayons partant de la circonférence ; les unes rouges, les autres jaunes, les autres noires, tranchant sur le fond pour le plaisir des yeux et dessinant sous vos pieds une multitude de figures baroques. Le long des maisons court un pavé ornementé avec soin, çà et là incrusté de morceaux de marbre en guise de médaillons. Les maisons, généralement en bois, et portant en grand nombre, au-dessus de la porte d'entrée, la date de leur construction, sont peinturlurées à outrance et recouvertes de tuiles vernies qui étincellent aux rayons du soleil. Avec leurs toits bleus, leurs murs rouges et leurs contrevents verts, elles auraient un fort joli succès dans un décor d'opéra champêtre.

Partout s'étendent de petits jardins d'une végétation rabougrie, comme ces enfants dont leurs parents font des avortons chétifs, à force de les élever dans du coton. A travers les haies, maigres et tondues comme la barbe d'un homme qui se rase tous les jours, on aperçoit des pins taillés en grenadiers, des obélisques de verdure, du gazon découpé en trèfles, des berceaux où la combinaison des feuilles offre la succession des trois couleurs du drapeau national. Le long des canaux, ces découpures du gazon et du buis alternent avec des pierres d'une nuance et d'un arrangement bizarres, et des escaliers badigeonnés de bleu, de rouge, de rose tendre, descendent jusqu'à la surface de l'eau.

Dans ces jardins malingres, sur ces arbres tondus et coiffés par la main du perruquier, j'ai entendu chanter des oiseaux. Comment les oiseaux, qui ont des ailes, peuvent-ils se résoudre à rester dans le village de Broek? Mais je ne suis pas bien sûr que ce ne fussent pas des oiseaux mécaniques, comme semblait l'indiquer leur chant monotone et criard, poursuivi avec la régularité d'un balancier en mouvement. Si c'étaient des oiseaux vivants, il faut du moins rendre à ces intelligents animaux la justice de reconnaître qu'ils faisaient tous leurs efforts pour se conformer à la nature du lieu.

Je n'ai pas vu de crachoirs disposés dans les rues à l'usage des piétons, mais j'ai vu de toutes parts balayer avec soin les feuilles sèches tombées des arbres sur le tissu de ce pavé, qui semble fait de mailles nettes et serrées comme celles d'une tapisserie. Voilà tout ce qui reste des vieilles splendeurs de Broek; voilà tout ce qui est vrai dans les récits des touristes, et c'est bien assez, c'est trop encore. On assure que, il y a vingt-cinq ou trente ans, le visiteur pouvait voir, dans l'intérieur de certaines maisons, des chambres dorées sur tranches comme des missels, et des batteries de cuisine tout en or. Les temps sont changés, et sauf les ponts et les pavés, qui resteront longtemps comme des documents irrécusables sur l'existence du Broek fantastique des légendes, tout le reste s'en va et disparaît peu à peu. Les paysans ont envahi ce domaine de riches bourgeois maniaques, et peut-être sont-ils plus sales là que dans tout autre village de cette partie de la Hollande. Des auberges et des estaminets s'élèvent à la place des riches maisons de maîtres qu'on montrait comme des curiosités. Les couleurs qui badigeonnent les murs ont perdu leur éclat, et prennent, sans qu'on les renouvelle, les teintes pâles d'un pastel à demi effacé par le temps. Ces arbres élégants et corrects, qui ressemblaient à des courtisans de Louis XIV, moins la grande perruque, supportent des filets de pêcheurs et des guenilles séchant au soleil. J'en ai vu même dont la chevelure commençait à repousser en jets tumultueux, dédaigneux du peigne et des ciseaux.

On peut aller à Broek; il est impossible d'y retourner, et je ne comprends pas qu'on y puisse vivre. Ce village singulier, qu'il faudrait examiner à la loupe, n'est qu'un grand joujou de Nuremberg, bon à être donné aux enfants, — un de ces jouets que l'on casse quand on s'en est amusé dix minutes. Je me hâtai donc de fuir! En vain, de loin en loin, quelques commères postées sur le seuil me faisaient signe et m'appelaient du geste et de la voix, avec des attitudes de sirènes, pour me montrer sans doute quelqu'une des curiosités consacrées du lieu, dans le genre du jardin Van der Beek; en vain le gamin déguenillé qui s'obstinait à vouloir me servir de guide, cherchait-il à m'entraîner par le pan de mon paletot, j'étais arrivé, par la contemplation prolongée de cette nature mécanique et atrophiée, à un sentiment d'exaspération intérieure qui ne me laissait plus d'autre désir que celui de secouer au plus vite la poussière de mes pieds — quoiqu'il n'y ait pas de poussière à Broek — sur le seuil de cette petite ménagerie en carton que certaines gens ont l'audace d'appeler « le plus beau village du monde ».

J'en sais des douzaines aux alentours de Paris, de jolis villages, tout blancs et coquets, tout fleurissants et verdissants, pour lesquels je donnerais cinq cents Broek, avec les nymphes en zinc et les quakers en plâtre, comme j'échangerais volontiers toutes les toiles de fond où le décorateur a peint de l'herbe et des arbres, pour un coin de vraie nature avec sa fraîcheur et ses parfums sauvages. En Hollande même, j'ai vu quinze ou vingt villages, et il n'en est pas un qui ne l'emporte de beaucoup sur Broek. Ils sont propres, mais ils n'ont pas cette propreté pédante, qui choque plus qu'elle ne charme ; ils sont peinturlurés, mais de façon riante, sans ces airs rogues et secs, qui donnent au *joli* même une physionomie maussade ; on n'y teint pas les arbres, on y laisse pousser les feuilles, et les oiseaux qui babillent sous l'ombrage n'y ressemblent pas à des automates.

Mais quand on est touriste il faut avoir du courage jusqu'au bout. Il y a certains devoirs de la profession dont il n'est jamais permis de se dispenser. Un touriste, une fois à Amsterdam, se rendra éternellement à Broek. De même tout voyageur qui visiterait la capitale de la Hollande sans faire le pèlerinage obligé à Zaandam et à la cabane de Pierre le Grand pourrait être un philosophe et un sage, mais ce ne serait point un touriste. Je sortais de Broek : je me fis conduire à Zaandam (que nous appelons en France Saardam, sans doute en souvenir du *czar*). Chacun connaît la tradition d'après laquelle le futur autocrate de toutes les Russies vint se cacher, sous le nom de Pierre Michaïlov et sous les habits d'un simple charpentier, dans ce petit port de pêcheurs, pour apprendre les secrets de la construction des navires. Je n'ai pas à discuter cette tradition et me garderai bien de chagriner les gens de bonne foi qui croient fermement que l'autocrate demeura sept années de suite caché dans cette chaumière de paysan. Quoi qu'il en soit, il est certain qu'il y a réellement demeuré, et personne n'a jamais contesté ce point.

Une douzaine de guides en guenilles, de toutes les tailles et de tous les âges, attendaient notre débarquement. J'étais à peu près la seule proie que leur offrît le bateau, le reste des passagers se composant d'indigènes ; aussi, avant même d'avoir mis pied à terre, j'étais assailli, et à peine avais-je fait un pas sur le rivage, qu'ils tourbillonnaient tous les douze autour de moi comme une nuée de moustiques. Plus je me secouais, plus ils semblaient s'incruster à ma peau. Il fallait un sacrifice pour me sauver. J'adressai un signe d'assentiment à celui de ces guides qui paraissait le moins inculte, et qui poussait même la civilisation jusqu'à prétendre qu'il parlait français. Mon choix fait, les deux tiers des concurrents partirent, non toutefois sans se soulager par quelques injures, auxquelles mon cicérone, désormais mon protecteur, répondit en homme qui connaît son devoir; mais l'autre tiers persista à me suivre, m'accablant de lamentations et de supplications.

« Finissons-en, dis-je à mon guide ; je vous ai choisi, mais c'est à condition que vous me débarrassiez de ces gens-là. »

Il saisit tout de suite ma pensée, grâce sans doute à l'expression non équivoque de mon geste et de ma physionomie, et se mit en devoir d'obéir. Il commença par inviter ses rivaux à vider la place, et comme ils ne se rendaient pas à l'invitation, le gaillard, qui était taillé en Hercule, tomba sur eux à coups de poing et les rossa magnifiquement. Quand ils furent bien rossés, ils s'en allèrent.

C'est un procédé violent, mais efficace : je le recommande à tous les voyageurs.

Après avoir, pendant près de dix minutes, suivi

des ruelles détournées, nous entrâmes dans une cour bordée par deux maisons. Un paysan sortit de la maison de gauche, une clef à la main, et nous ouvrit la porte de la maison de droite, puis, après cette première porte, une seconde, et m'introduisit dans le *Vorstenborg*, c'est-à-dire dans la cabane de Pierre le Grand.

Cette cabane, en bois, est enchâssée, à la façon de la *Santa-Casa* de Lorette, dans un mur en briques qui en fait le tour, à deux pieds de distance environ, et qui la protége contre les intempéries de l'air et contre les entreprises des Anglais, fanatiques de curiosités et d'objets historiques, qui ont détérioré le Parthénon et la maison de Jeanne d'Arc, et acheté déjà plus de cent mille tabatières ayant appartenu à Voltaire ou à Napoléon. Mon guide resta en dehors, de peur d'user inutilement la précieuse cabane, et aussi pour ne pas empiéter sur les attributions du gardien. Cette demeure provisoire du régénérateur de la Russie, par son insignifiance, défie toute description. Un bûcheron serait honteux d'y loger. Elle se compose uniquement d'un rez-de-chaussée formant deux petites chambres, où l'on entre en baissant la tête pour ne point se heurter. A droite, dans la première pièce, est une cheminée à manteau très-bas ; dans le fond, vis-à-vis la porte d'entrée, une table longue avec quelques fauteuils grossiers, faits exclusivement de bois comme tout le reste. Près de la table, un escalier, ou plutôt une échelle, monte vers une trappe qui s'ouvre dans les combles. La seconde pièce, située à gauche, est tout à fait la même, sauf une alcôve qui se trouve à l'entrée et qui contient le lit du tzar. Elle avait une issue particulière par une porte vitrée, qui maintenant reste toujours close; comme la première, elle prend jour par une de ces étroites fenêtres à petites vitres qu'on voit encore chez beaucoup de nos paysans. Cette fenêtre a trois vitres de haut sur six de large, avec un auvent en dehors. Le plafond est un simple plancher aussi nu que les murs et traversé par de grosses poutres qu'on touche aisément de la main.

Malgré la surveillance du guide, les murailles et les vitres même sont chargées d'une myriade de noms de toutes les nationalités, sans compter les inscriptions officielles sur marbre, sur cuivre et sur des pancartes encadrées. Dans la première pièce, au-dessus de la cheminée, une plaque de marbre blanc étale ces mots dont la simplicité n'est pas exempte d'une certaine emphase :

Petro Magno Alexander.

A Pierre le Grand, Alexandre.

Et, à côté, une autre inscription latine, rédigée par le gouverneur de la Nord-Hollande, atteste que c'est l'empereur Alexandre Ier qui a fait lui-même apposer cette plaque, « le troisième jour des calendes de juillet de l'an 1814. » J'ai lu, dans un grand nombre de relations, qu'Alexandre, lors de sa visite, avait fait graver sur une tablette de marbre la sentence suivante :

Rien n'est trop petit pour un grand homme.

Je ne l'ai point vue. C'est ma faute, sans doute, car il est peu probable que tant de voyageurs l'aient rapportée de confiance et sans l'avoir vérifiée. Mais enfin je ne l'ai point vue, et je serais charmé que ce fût parce qu'elle n'y est pas ; car, s'il faut l'avouer, au risque de m'attirer l'indignation des guides, je ne trouve point cette maxime à la hauteur de celles de la Rochefoucauld, et il se pourrait bien que, sous une apparence de profondeur, elle cachât un galimatias pur et simple.

Après les inscriptions, les tableaux. Il y en a quatre : deux portraits de Pierre, un de Catherine, un autre qui représente le tzar avec son secrétaire Menzikoff. Rien de tout cela ne s'élève sensiblement au-dessus du médiocre.

Je suis sorti de ce monument historique sans méditer l'ombre d'une tragédie et sans avoir déposé le moindre apophthegme philosophique sur le registre où chaque visiteur inscrit son nom. Puis je me suis mis à parcourir les rues du village, ou plutôt de la ville, car Zaandam a aujourd'hui douze mille habitants. Elle est riche et industrieuse. C'est le centre d'un grand commerce de bois, de nombreux chantiers de construction, de fabriques de toiles à voile et de tout ce qui se rapporte à la navigation. Si la Hollande est la patrie des moulins à vent, Zaandam en est le paradis. Derrière la ville, dans la plaine, on en voit plus de mille accumulés les uns sur les autres (il y en avait trois mille autrefois), et, à les regarder longtemps, le tourbillon de leurs grandes ailes finit par donner le vertige. Ces moulins font marcher des scieries, des fabriques d'huile, de papier, de poudre. Bon nombre des commerçants de Zaandam comptent parmi les plus riches de Hollande, et, au retour, un passager obligeant m'a signalé parmi eux plusieurs millionnaires se rendant à Amsterdam pour le marché.

Parmi toutes ces ravissantes petites villes hollandaises, Zaandam est une de celles qui pourraient le plus avantageusement disputer la palme. La coquetterie en est gracieuse et la propreté toute riante. Les maisons, en bois peint ou en briques, sont généralement à un seul étage, et la partie supérieure de la façade affecte souvent des formes bizarres, des contours et des enroulements dont l'étrangeté n'est pas sans charme ; elle est quelquefois couronnée par une sorte de fronton, quelquefois par des ornements divers, des urnes ou les armes de la Hollande, c'est-à-dire les deux lions debout et soutenant l'écusson avec la noble devise : *Je maintiendrai*. Tout cela reluit au soleil : on s'y mirerait. Le village même des pêcheurs, qui s'étend derrière la ville aristocratique, est attrayant à l'œil et rempli de belles chaumières vertes, où J.-J. Rousseau eût voulu vivre. La plupart des maisons sont précédées de jolis jardinets arrangés avec goût, entourés de grilles dont le fer se dissimule sous des couleurs agréables à l'œil. Zaandam est pleine de surprises, de détours, de points de vue imprévus ; on y trouve réunis les ressources et les attraits de la ville et de la campagne : de grands cafés et des fromageries, des monuments et des chaumières, des boutiques « à l'instar de Paris » et des cottages à l'instar d'Auteuil ou de Ville-d'Avray. Voilà ce qui vaut la peine d'une excursion spéciale, beaucoup mieux, en vérité — ô Thomas, pardonnez-moi ce blasphème ! — que l'insignifiante cabane où pendant quelques jours, quelques semaines peut-être, ce héros très-incomplet et très-contestable qu'on nomme Pierre le Grand a manié le compas et l'équerre.

XV

Utrecht. — Le jansénisme en Hollande.

En une heure, le chemin de fer mène d'Amsterdam à Utrecht, à travers des prairies plus plates et plus monotones peut-être encore que celles du reste de la Hollande, et dont la fastidieuse uniformité n'est rompue que par les jolies maisons de campagne semées aux abords des deux villes.
J'arrivai à Utrecht sur la tombée du jour : de l'élégant embarcadère, qui ressemble à une villa, au milieu des gazons, des arbres et des fleurs qui l'entourent, une *vigilante* m'emporta à l'hôtel, où je ne pris que le temps de faire déposer mon mince bagage de voyageur. Je sortis aussitôt pour visiter la ville au clair de lune : sauf les lueurs tranquilles et modérées qui s'échappaient des devantures de quelques boutiques, je n'avais point d'autre luminaire pour me guider, l'administration

municipale de la bonne ville d'Utrecht ayant fait des économies de gaz ce soir-là, de peur sans doute d'entrer en concurrence avec la lune.

Cette excursion nocturne à travers les rues désertes et silencieuses, le long des canaux au clapotement doux et monotone, me conduisit successivement au pied de la tour du Domkerk, dont la masse imposante semblait se doubler dans l'ombre; puis sur les bords du Rhin, qui coule derrière une rangée d'arbres et une pelouse d'un vert plantureux, formant à la porte même d'Utrecht une des plus délicieuses promenades qui se puissent voir. La ville me frappa tout d'abord par le caractère monumental de ses maisons : les boutiques d'épiciers sont grandioses à Utrecht, et parmi les librairies, qu'on y trouve à chaque pas, quelques-unes ressemblent à des bibliothèques publiques. De temps à autre, je rencontrais des palais, dont le vestibule extérieur, de forme semi-circulaire et pavé de marbre, s'appuyait sur une double rangée de colonnes sculptées en cariatides : c'étaient des magasins de nouveautés. Par la façade toute en vitres, le regard plongeait jusqu'au fond d'une salle immense, où, sous les feux des lustres, de nombreux commis attendaient le client dans la solitude. J'entrai dans un café, le café du Nouveau-Bac, s'il m'en souvient bien, et je me crus un moment dans la salle des Pas perdus de notre Palais de Justice. Cette première visite à la ville d'Utrecht me charma. Le lendemain, en plein jour, il fallut bien rabattre quelque chose de ces illusions de la nuit, mais l'impression primitive n'en persista pas moins, et c'est par elle encore que je me sens dominé aujourd'hui.

Utrecht a une physionomie originale et personnelle parmi les autres villes hollandaises. On trouve sans doute plus de coquetterie et de grâce à La Haye, plus de variété, de mouvement, d'animation à Rotterdam et à Amsterdam; mais nulle part un aspect plus imposant, des rues plus larges, des maisons de plus monumentale apparence. Tandis que, partout ailleurs, les innombrables canaux qui forment le centre des rues coulent au niveau du sol, ils sont ici profondément encaissés entre leurs rives. C'est une nouveauté pour le voyageur. La Hollande est le pays du monde qui a le plus d'eau et le moins de parapets. Les maisons que baigne le canal ont de ce côté un étage au-dessous du rez-de-chaussée, accompagné souvent d'un petit escalier et d'un perron qui viennent s'arrêter à la surface de l'eau. Toutes communiquent avec les canaux par de vastes souterrains creusés en voûtes sous les rues, par des caves qui servent d'entrepôts aux industriels. On y voit très-peu de bateaux, mais, en revanche, j'y ai rencontré maintes fois de gracieux véhicules traînés par des chèvres. L'élévation de la ville au-dessus du niveau de la mer fait qu'on y respire un air plus léger et plus pur; on y boit une eau excellente, et c'est là encore une singularité qui a son prix en Hollande.

Utrecht est une ville historique, une ville religieuse et une ville savante. Les deux souvenirs qu'elle a gardés les plus vivaces sont ceux du pape Adrien VI et de Louis XIV. Adrien VI y est né, sur les bords de l'Oude-Gracht : une inscription désigne sa maison natale, et la chambre où il vint au jour a été décorée par Adrien van Utrecht de peintures assez remarquables, qui représentent les principales époques de sa vie. On vous montrera aussi par la ville ce qu'on appelle le palais du pape, c'est-à-dire une grande maison bâtie, dit-on, sur les plans d'Adrien VI, dans ce style bizarre, irrégulier, bariolé, qui forme en Hollande l'idéal de la plupart des monuments postérieurs à l'époque gothique. Une statue du Christ décore la façade de cet édifice à demi-chinois, zébrée et tachetée comme la peau d'un léopard ou la surface d'un échiquier. Sur un lit de briques rouges éclatent des bandes horizontales de briques blanches, qui parfois semblent se cabrer et prendre tout-à-coup le mors aux dents, pour se contourner en zigzags et en arabesques. Les Hollandais trouvent cela charmant. Si ce palais est réellement de lui, et s'il n'en faut pas attribuer la façade au goût des restaurateurs modernes, j'ose déclarer qu'Adrien VI, qui fut un saint, n'était qu'un bien médiocre architecte.

Mais le souvenir de Louis XIV surtout semble encore planer de toutes parts sur la ville, dont la solennité un peu triste lui donne quelque analogie avec Versailles. Le nom du grand roi n'est pas populaire à Utrecht, et les traditions ou les monuments qui le rappellent le traitent comme il traita lui-même les Hollandais autrefois. Utrecht se souvient toujours qu'elle a été prise en 1672, dans cette effrayante invasion à laquelle échappa la république amphibie en disparaissant sous les eaux, et que Louis XIV l'écrasa d'impositions extraordinaires et fit démolir ses fortifications. Elle se souvient du congrès de 1712 et du traité qui consacra le triomphe de la France, qu'on avait cru anéantir. Elle lui garde rancune de la révocation de l'édit de Nantes. Les protestants exilés sous Louis XIV et les réfugiés politiques ont fait souche en Hollande, et l'on y retrouve encore les descendants de cette France calviniste que les Bayle, les Leclerc et tant d'autres y créèrent sur la fin du XVIIe siècle.

La ville savante se glorifie de son université et

de sa bibliothèque : l'université a une réputation nationale ; la bibliothèque est l'une des plus belles que j'ai vues, et mériterait d'être prise comme modèle, surtout pour la commodité et le confortable de la salle de lecture. Je ne parle pas de la ville industrielle, que la vieille renommée du velours d'Utrecht m'a fait chercher dans toutes les rues. Les anciennes fabriques ont disparu. Aujourd'hui, le velours d'Utrecht est une plaisanterie monotone des hôtels garnis. On n'en fait plus, ou l'on en fait partout ailleurs qu'à Utrecht, — à Lyon, par exemple.

Mais c'est principalement au point de vue religieux que la ville a conservé un caractère particulier, qui la rend tout-à-fait digne d'attention. D'une part, en effet, son université représente la plus pure tradition de l'orthodoxie protestante, de celle qui cherche à maintenir dans son intégrité la confession d'Augsbourg contre les tendances de plus en plus rationalistes du luthéranisme hollandais. D'autre part, Utrecht est le siége d'un épiscopat catholique et d'un archiépiscopat janséniste. Enfin, à deux lieues de là, dans le village de Zeist, subsiste une des rares communautés de *Herrnhuters*, ou frères Moraves, qui aient survécu à la dispersion des hussites. On voit que cette ville et ses environs sont le lieu d'asile où se conservent les débris de quelques sectes anciennes, presque partout évanouies et effacées.

Avant la réforme, la vieille église d'Utrecht, l'Église de Saint-Willibrod, avec sa longue série d'évêques canonisés, de martyrs et de confesseurs de la foi, tenait une des premières places dans les fécondes annales du catholicisme. Aujourd'hui, après sa ruine, la ville a gardé comme un symbole expressif de cette splendeur passée : c'est l'immense tour du Domkerk, seul débris qui soit resté tout entier de l'antique cathédrale de saint Martin. Il y a un peu plus d'un siècle, une trombe effroyable passa par là, renversant, broyant, nivelant tout sur son passage. Elle emporta la cathédrale comme une plume, ne laissant debout que la tour, semblable à une colonne funéraire dressée sur ce champ de mort ; le chœur et quelques galeries gothiques, désertes, abandonnées, exhalant je ne sais quelle odeur de sépulcre dévasté. De la tour au chœur, la trombe a mis un espace d'une soixantaine de pas. Je n'ai rien vu nulle part de plus imposant et de plus majestueux que cette tour solitaire et triste, qui s'élève à quatre cent soixante-quatre pieds de hauteur, et dont on a peine à traverser la base en vingt enjambées.

Un voyageur, à moins d'être bien las, ne résiste guère à la tentation de monter à une si belle hauteur. Les ascensions sur les *tours*, en particulier, sont de tradition classique pour les *touristes*, et je croirais volontiers que c'est du premier mot qu'on a tiré le second. La porte était ouverte ; j'entrai. Pendant un quart d'heure je montai sans trêve ni relâche, tournant sur moi-même, à ce qu'il me semblait, et m'appuyant aux murs pour ne pas tomber. Au moment où je me croyais enfin au terme, j'arrivai à une grille qui barrait le passage. Une jeune fille sortit d'une petite pièce pratiquée dans la tour, tenant une clef à la main. Elle reçut le prix fixé, m'ouvrit la porte, et m'apprit que j'étais parvenu à mi-chemin. La honte seule m'empêcha de retourner en arrière. J'eus quelque pudeur de ne pas montrer le courage d'un homme devant le regard d'une femme ; et haletant de fatigue, épuisé, tirant le pied, marchant avec la lenteur d'un escargot qui escalade un mur, je continuai ma route, non toutefois sans avoir pris un long repos au premier détour de l'escalier.

Il y avait un peu plus d'une demi-heure que je poursuivais ainsi, sans entrain et sans conviction, cette tâche laborieuse, quand je vis poindre enfin la lumière, et je débouchai sur la plate-forme. Cette plate-forme n'est pas tout-à-fait au sommet, puisqu'elle n'a que trois cent quatre-vingts à quatre cents pieds d'élévation. Il était temps qu'elle m'apparût. J'avais les yeux troublés, les tempes bourdonnantes, et quand je voulus m'appuyer à la balustrade, je fus obligé de me rejeter précipitamment en arrière pour me soustraire au plus effrayant des vertiges. La plate-forme tournait, la tour chancelait, la balustrade se dérobait sous le tremblement nerveux de mes jambes et de tout mon corps. L'effet était si irrésistible que j'eus beau bander tous les ressorts de la raison contre cette défaillance de la matière : il fallut m'avouer vaincu. Ce ne fut qu'après être resté longtemps assis dans une immobilité complète, que je pus enfin m'appuyer sur la balustrade et regarder au-dessous de moi.

Dès le premier coup d'œil, je fus bien dédommagé de ma fatigue. Ce que je voyais valait tous les efforts que j'avais faits, et bien d'autres par-delà. Je ne dirai pas toutefois que c'est un des plus magnifiques *panoramas* que j'aie admirés de ma vie, estimant que tous les panoramas du monde, y compris celui des Champs-Élysées, sont bien peu de chose auprès de ces grandes vues de la nature, et que ce n'est pas du tout donner une haute idée de ceux-ci que de les comparer à un spectacle de toile peinte.

A mes pieds s'élevaient le cloître et le chœur de la cathédrale, les palais du gouverneur et des États, l'hôtel-de-ville, l'hôtel de la monnaie, les églises catholiques et les temples protestants, les hôpitaux et la magnifique promenade du Mail.

Au nord, le Zuiderzée étendait son immense nappe d'eau ; au midi, mon regard rencontrait la mer ; à l'orient, entre les grands bois et les montagnes, les clochers de Nimègue et d'Arnhem s'estompaient vaguement dans la nue ; à l'occident, c'était un fouillis de villes et de villages, de vastes prairies, de bouquets d'arbres, de polders, de digues et de cours d'eau. Dans un rayon d'une vingtaine de lieues, je pouvais embrasser presque d'un seul coup d'œil les plaines du duché de Clèves, les provinces de Gueldre et de Hollande, les rives de l'Amstel, du vieux Rhin, du Wahal et du Leck. Vingt villes et plus de cent villages se distinguaient dans l'espace, comme des fantômes dont les formes blanches s'accusent confusément au milieu de la nuit. Au-dessous de moi, sur le pavé d'Utrecht, semblable à un filet tissu d'une maille régulière et très-serrée, des Lilliputiens allaient et venaient, trottinant comme des fourmis affairées.

Après toute une heure passée en la contemplation de ce rare spectacle, je redescendis, et je m'acheminai vers la petite église de Sainte-Gertrude, qui est le principal sanctuaire du jansénisme à Utrecht et dans toute la Hollande.

On sait que ce pays fut le boulevard de la secte dès son début, et qu'il reste aujourd'hui le dernier asile de ses opiniâtres débris. Partout ailleurs elle ne subsiste plus qu'à l'état individuel et isolé : on cite çà et là quelque famille janséniste, héritière oubliée d'un *solitaire* du XVIIe siècle ou d'un convulsionnaire de Saint-Médard; à Utrecht, elle s'est conservée en église, avec ses autels et sa hiérarchie, ses archives et ses trésors.

La grande prétention des sectaires est d'avoir gardé ininterrompue la chaîne de l'épiscopat, surtout celui d'Utrecht, et d'être ainsi les conservateurs, les gardiens, les propriétaires exclusifs de la tradition hiérarchique, les seuls héritiers de la vieille église Batave. Ils ne veulent pas qu'on les nomme jansénistes, mais il s'appellent eux-mêmes *membres de l'église épiscopale*. C'est sans doute pour symboliser cette prétention qu'ils ont surmonté d'une mitre d'évêque sculptée dans la pierre, la porte de leur église d'Amsterdam.

Il y a en effet plusieurs chapelles et une église jansénistes à Amsterdam, mais je ne sais s'il y a des fidèles. Ayant vu l'église désignée sur une carte de la ville, je me mis à sa recherche un dimanche dans la matinée, et m'acheminai vers la rue dont elle fait partie ; arrivé là, j'eus beau passer et repasser pendant près d'un quart d'heure, je ne pus d'abord venir à bout de découvrir l'église. A la fin seulement, j'avisai tout-à-coup la mitre épiscopale sculptée au-dessus de deux portes en bois, plus simples et plus nues que celles des maisons voisines. L'une de ces portes était barricadée d'un énorme cadenas, dont la triple rouille semblait témoigner qu'on n'y avait pas touché depuis un demi-siècle; l'autre s'ouvrit quand je levai le loquet, et j'entrai dans un couloir sombre, conduisant à une cour où l'herbe poussait entre les fentes des pavés. Pas une trace d'édifice, pas un chant, pas une voix. Je ne vis personne, et après avoir vainement cherché de toutes parts un signe quelconque qui indiquât la célébration du culte, à cette heure où tous les temples protestants et toutes les églises catholiques retentissaient du chant de la messe et des cantiques, après avoir appelé sans recevoir de réponse, il fallut bien sortir, fort édifié sur l'état florissant du jansénisme à Amsterdam.

Mais Utrecht, comme je l'ai dit, est la métropole, et cette fois, grâce à une lettre d'introduction pour l'un des plus savants professeurs de l'Université, janséniste comme Arnauld et Pascal réunis; grâce à la précaution qu'il eut de me présenter au curé de Sainte-Gertrude, qui me servit lui-même de guide, je pus pénétrer au cœur de la place.

Une porte commune sert à la fois d'entrée au presbytère et à l'église; cette porte est surmontée de l'inscription : Deo. L'église, très-petite, mériterait plutôt d'être appelée chapelle; elle est assez jolie, entretenue avec beaucoup de soin, mais d'un goût maniéré. Dans le pourtour de l'église sont peints les douze apôtres. Une galerie règne tout autour, les côtés sont occupés par des bancs; au centre, des chaises, garnies à foison de coussins qui sentent peu l'austérité janséniste. Tout le sol est recouvert de nattes. Sous le vestibule, dans un enfoncement, s'élève le baptistère, surmonté de l'orgue. L'autel, d'un beau travail, avec un médiocre tableau de la Cène par Gotfried Maës, possède un tabernacle assez précieux, que décore une fine peinture de Cornélis de Harlem, représentant la manne au désert. Le trône archiépiscopal s'élève à la gauche du chœur.

Dans la grande salle du presbytère, le curé me montra avec un certain orgueil une série d'exécrables tableaux, qui sont les portraits de ses prédécesseurs et des fondateurs du jansénisme hollandais. Le vicaire apostolique Rovenius y brille au rang d'honneur. L'église a ses archives, où sont entassés tous les papiers relatifs à l'histoire de la secte, — mine précieuse, mais presque inabordable, par la multitude et la confusion des documents dont elle se compose, pour tout autre qu'un bénédictin de la vieille roche. En s'engageant sans pâlir dans ce fouillis de notes, dans cet Océan de correspondances, pour en extraire la substance et la moelle, dom Pitra a prouvé qu'il n'avait pas dégénéré des Calmet et des Mabillon. Avec le peu d'heures dont je disposais, je ne pouvais songer à recommencer après lui une besogne où il n'a presque rien laissé à faire.

Par une autre porte, à côté de celle du presbytère, on pénètre dans un quartier intérieur, dans une sorte de petite cité tranquille, qui forme comme un village isolé au milieu de la ville d'Utrecht. Les maisons y sont bâties sur le même plan, reliées entre elles, et toutes précédées de petits jardins uniformes. La première pensée qui vient à l'esprit, en voyant cette annexe inattendue de Sainte-Gertrude, assez semblable à ces agglomérations qui se formaient jadis autour des cloîtres, c'est qu'elle est sans doute le lieu d'asile des paroissiens de l'église, la Salente des jansénistes d'Utrecht. Dans son ouvrage sur la Néerlande, M. Esquiros, trompé par ces apparences, le dit expressément et compare ce quartier à Port-Royal : la comparaison est piquante, mais elle n'est pas juste, car il est loin d'être habité exclusivement par les jansénistes, qui, d'ailleurs, se trouvent dispersés sur tous les points de la ville.

Utrecht, outre Sainte-Gertrude, a deux autres paroisses jansénistes moins importantes : Sainte-Marie et Saint-Jacques. J'appris du curé de Sainte-

Gertrude qu'il a quatre cent cinquante paroissiens, et que l'on compte environ douze cents jansénistes dans la ville ; mais les dernières statistiques n'en ont trouvé que mille. Le chiffre total des jansénistes hollandais s'élevait en 1869 à 5,300. L'archevêque d'Utrecht, nommé par le chapitre et consacré par les chanoines, est en même temps curé de Saint-Jacques, car le clergé fait défaut à la secte. Il a au-dessous de lui deux évêques : celui de Harlem, qui réside à Amsterdam, où il remplit les fonctions de curé, remplaçant ainsi une sinécure par une autre sinécure ; et celui de Deventer, qui réside à Rotterdam (diocèse d'Utrecht), ayant été forcé de s'éloigner de son diocèse par le *schisme* qui s'est mis dans son troupeau, comme me l'expliqua naïvement le curé de Sainte-Gertrude. L'évêque de Deventer est également curé de paroisse : c'est un véritable évêque *in partibus*. On lui conserve son titre, et quoiqu'il n'ait plus de siége ni de juridiction, il aura des successeurs, afin de ne pas rompre la chaîne traditionnelle de la hiérarchie. Il ne consacre pas, mais il exerce parfois certaines fonctions épiscopales, par exemple la confirmation, dans le diocèse d'Utrecht, avec la permission de l'archevêque.

Tel est le misérable état de ce débris de secte, qui va s'affaiblissant chaque jour, sans jamais réparer ses brèches, mais en se cramponnant au sol et en disputant avec opiniâtreté à la mort le semblant de vie qui lui reste. L'indomptable obstination de Port-Royal survit là tout entière. Le jansénisme hollandais, sans vitalité, sans influence, sans liens au dehors, n'est plus qu'une ruine historique et religieuse, une curiosité qu'on étudie en passant, et qui n'aurait qu'une valeur purement archéologique, s'il ne s'y attachait pour les catholiques le douloureux intérêt qu'excite toute rébellion contre l'autorité de l'Église. En allant chercher, en 1872, le pasteur suprême du jansénisme hollandais pour sacrer l'évêque Reinkens, comme jadis l'abbé Châtel s'était fait sacrer primat des Gaules par le grand maître du Temple, les Vieux-catholiques n'ont pas contribué à rendre au jansénisme hollandais l'autorité et le respect qui lui manquent. Ils ne lui auront pas rendu non plus sa vitalité, car vous avez beau accoler un cadavre d'un an à un cadavre de deux siècles, cela ne fera jamais que deux cadavres.

XVI

Zeist. — Le phalanstère des frères Moraves. — Coup d'œil sur l'état religieux de la Hollande.

Le lendemain je pris le chemin de fer pour aller visiter à Zeist, charmant petit village à deux lieues d'Utrecht, la communauté des Herrnhuters ou frères Moraves, qui s'y est établie depuis le milieu du XVIIIe siècle. Les Moraves, comme on sait, sont les descendants des hussites qui ne se soumirent point aux décisions du concile de Bâle. Après la condamnation de Jean Huss, ils erraient dans leur pays au hasard et semblaient près d'être anéantis, quand la protection du comte Zinzendorf vint les rattacher à la vie. Il leur céda, dans la Haute-Alsace, un emplacement où ils bâtirent le village d'Herrnhut (*garde de Dieu*); et quelques années plus tard, un certain nombre de ces Moraves fondèrent l'établissement de Zeist, l'un des principaux parmi ceux qui subsistent.

Le chemin de fer d'Utrecht à Harlem vous dépose, à sa première station, à égale distance de Zeist et de Driebergen, dont le vaste séminaire et les riches villas méritent bien une visite. Pour gagner Zeist, on tourne à gauche, et l'on suit une magnifique route d'une demi-lieue de long, que l'on franchit en une heure parce qu'il est impossible de n'y pas faire l'école buissonnière, en s'amusant, comme le Chaperon rouge, à courir après les papillons et à ramasser les petites fleurs des prés. A première vue, le village plaît aux yeux : c'est une propreté, une élégance rustique, un air d'aisance et de confortable à ravir. La rangée de grands arbres de la route se prolonge à travers les rues, tapissées de mousse et de gazon comme les allées des bois. Les maisons, composées presque partout d'un rez-de-chaussée et d'un étage en mansarde, dont la fenêtre s'encadre dans une façade triangulaire, sont revêtues à peu près uniformément d'une couche de vert foncé, sur lequel éclatent les contours blancs de la porte et des fenêtres. A travers les vitres on aperçoit les rideaux blancs, les écrans bruns et les stores lilas, tout cet assortiment de couleurs joyeuses et de petits meubles coquets dont la plupart des riches villages de Hollande n'abandonnent pas la jouissance aux villes. Pour tous monuments, la grande caserne où vivent les Moraves, la belle église protestante, en gothique moderne, avec sa tour flanquée de clochetons, sa haute nef appuyée sur les bas-côtés et la galerie supérieure qui en fait le tour; plus loin, à l'écart, la modeste chapelle catholique. Mais les monuments gâteraient ce chef-d'œuvre champêtre. Pour peu surtout qu'on s'enfonce dans le village, qui est assez vaste, on arrive à des réduits charmants, à de savoureux points de vue, à des sites de verdure et d'ombrage d'où l'on ne peut plus s'arracher, même en entendant sonner l'heure qui vous avertit qu'il est temps de retourner à la station, si vous ne voulez pas manquer le chemin de fer. On marche, doucement entraîné par je ne sais quel sentiment de bien-être qui descend sur vous et vous berce comme une brise, par un enchantement des yeux qui va jusqu'au fond de l'âme. Les regards ne rencontrent que des arbres, des ruisseaux, des fleurs; tout respire la paix, le contentement, la richesse. Des canaux qui coulent le long des domaines, des ponts rustiques qui aboutissent à de larges grilles, sur lesquelles une inscription en lettres dorées chante les joies de la campagne et le bonheur du propriétaire; de longues allées sablées qui s'enfoncent tout droit à perte de vue, ou tournent et se dérobent parmi les massifs; des pièces d'eau où nagent les cygnes; des pelouses où s'ébattent des enfants blonds, des prés aux grandes herbes où quelques bœufs roux rêvent accroupis; des maisons de gardes, des châlets, des kiosques, voilà Zeist, en regard duquel Broek n'est qu'un village de paravent, une curiosité chinoise.

Sous la conduite d'un jeune Morave, j'ai pu visiter l'établissement tout entier dans ses moindres détails, et recueillir à la source les renseignements les plus authentiques. Il suffira d'en résumer les traits principaux et caractéristiques pour faire connaître cette communauté religieuse, qui, sur quelques points, réalise l'idéal du phalanstère.

A peine a-t-on fait cinquante pas dans la première rue de Zeist, qu'on aperçoit, sur la gauche, une longue et large avenue aboutissant à une grande maison qui en forme le fond, et des deux côtés de l'avenue, dont elle est séparée par une double rangée d'arbres et un étroit canal, une immense cour gazonnée autour de laquelle s'étend, sur trois faces, l'établissement des Moraves. Les bâtiments de gauche sont spécialement destinés aux frères, et ceux de droite aux sœurs. On trouve également, dans les corps de logis de gauche, les boutiques, la pharmacie, la pension des garçons; dans ceux de droite, l'église de la communauté, la demeure du pasteur général et la pension des filles. Non-seulement les sexes sont séparés, mais dans chaque sexe les individus qui ne sont point mariés et les veufs, aussi bien que les familles, habitent des quartiers distincts.

*Les Moraves vivent en communauté, mais non pas, comme on le croit généralement, en communisme. Les familles ont leurs propriétés particulières. Les ouvriers célibataires reçoivent un salaire égal, mais peuvent s'enrichir plus ou moins, suivant leur esprit d'ordre et d'économie. C'est un lien surtout moral et religieux qui réunit les *Herrnhuters*, avec l'ensemble des règlements matériels que nécessite toute corporation. On a répandu sur eux les contes les plus faux et les plus ridicules, et j'ai vu de fantastiques gravures qui avaient la prétention de reproduire exactement leur costume. Or la vérité est que les frères Moraves sont habillés comme tout le monde, et que la seule particularité qu'on puisse signaler dans la mise des sœurs, c'est leur petit bonnet blanc, plat et sans dentelles, rattaché sous le menton par un ruban dont la couleur indique leur âge ou leur position : ce ruban est rouge pour les jeunes filles de quinze à dix-huit ans ; rose de dix-huit ans au mariage, et jusqu'à la mort si elles ne se marient pas (ce qui arrive assez souvent, en dépit des livres qui assurent que c'est une espèce de honte pour les Moraves de ne point se marier); bleu pendant la durée du mariage ; blanc pour les veuves. Mais comme ce bonnet est presque toujours recouvert d'un chapeau, il en résulte qu'il est à peu près impossible de reconnaître une sœur Morave d'une autre femme lorsqu'elle passe dans la rue. Ce n'est guère que dans leur église qu'on peut juger de l'effet du costume, car l'usage et les règlements exigent que les sœurs, à moins d'une maladie qui les force à se mieux couvrir la tête, assistent aux exercices en bonnet.

Les pasteurs aussi n'ont plus maintenant rien de spécial dans leur costume, sauf pour donner la cène : ils portent alors une longue robe blanche, avec une ceinture très-large, de même couleur, et de grandes manches pendantes.

Il y a un pasteur général, marié, pour toute la communauté, et un pasteur spécial pour les frères, qui ne peut être marié. Outre la grande église, dont le campanile s'élève au milieu des bâtiments de droite, chaque sexe a sa petite église spéciale : c'est une chambre très-simple et très-propre, qui n'a rien de particulier que les cadres apposés sur le mur avec des devises religieuses en allemand, et dans le fond une inscription commémorative du grand incendie de 1855, qui détruisit le magasin des cotons où était entassée une quantité considérable de marchandises, et commençait à gagner l'église des frères quand on parvint à l'éteindre.

Les Moraves ont adopté la confession d'Augsbourg ; mais c'est plutôt dans la morale que dans le dogme qu'ils font consister l'unité de leur foi. Ils ont les fêtes religieuses protestantes et, en outre, quelques-unes qui leur sont particulières. Du reste, en voici l'énumération rapide : le 4 mai, fête des sœurs mariées; le 4 juin, fête des jeunes filles de quinze à dix-huit ans; le 9 juillet, fête des jeunes gens du même âge; le 13 août, grande fête de toute la communauté, avec une cène où les étrangers sont admis; le 17 août, fête pour les enfants des deux sexes au-dessous de quinze ans; le 29, pour les frères non mariés; le 7 septembre, pour les frères et sœurs mariés; le 20 octobre, fête particulière à la communauté de Zeist; le 13 novembre, grande fête et grande cène pour tout l'établissement. A chacune de ces fêtes, excepté à celles des jeunes gens et des jeunes filles qui n'ont pas dépassé leur dix-huitième année, on tient dans la principale église, à trois heures de l'après-midi, une assemblée où se distribuent aux assistants de petits pains ronds avec des tasses de thé, comme un symbole d'union fraternelle.

Le jeudi saint est jour de grande cène, et on se réunit trois fois à l'église, de même que le vendredi saint, jour où tout travail est interdit. A Pâques, la communauté s'assemble au cimetière dès cinq heures et demie du matin, et y fait des prières accompagnées de chants. Pendant les quatre dimanches de l'avent, et les mercredis, à sept heures du soir, il y a musique, chœurs, orchestre à l'église, pour exprimer l'allégresse de la prochaine venue du Sauveur, qui, dans la croyance des Herrnhuters, a complétement et absolument effacé par sa mort la tache originelle de l'homme. Le 24 décembre, à la même heure, la réunion à l'église est accompagnée d'une distribution de thé et de petits pains. Les Moraves fêtent d'une façon toute particulière la solennité de Noël : c'est un usage, ce jour-là, entre les frères et les sœurs, de se faire des cadeaux réciproques, et l'arbre de Noël est en vogue, comme en Angleterre, dans les familles de la communauté.

Chaque soir, à sept heures, on se réunit à l'église : on y chante ou l'on y explique la Bible, ou l'on y fait une lecture pieuse, un discours, etc. Chaque dimanche, trois de ces assemblées ont lieu, avec les mêmes exercices, qui généralement ne durent pas plus d'une demi-heure, et qu'on a soin d'alterner d'une réunion à l'autre.

Les jours de fête, un concert de trompettes se fait entendre devant l'église, à huit heures du matin. La trompette est l'un des instruments favoris des Moraves, et elle joue particulièrement son rôle dans les enterrements, par allusion sans doute aux trompettes de la résurrection. Le mort est porté au cimetière sur les épaules de douze hommes; devant le cercueil marchent les enfants des pensions; derrière, la famille du défunt, puis les frères, et en dernier lieu les sœurs, car la communauté tout entière assiste à la cérémonie.

J'ai visité le cimetière, qui s'étend derrière la partie du bâtiment réservée au logement des sœurs non mariées. Il est divisé par des bandes de gazon en tranches égales où s'alignent, pour tous monuments, des pierres posées à plat, qui portent le nom du défunt, le lieu et la date de sa naissance et de sa mort. Deux ou trois de ces tombes, appartenant à des familles plus fortunées, ont au centre une plaque de marbre blanc : c'est toute la distinction que l'usage tolère. Les enfants mort-nés sont désignés dans ces inscriptions par le prénom de *Beatus*, ce qui est la conséquence naturelle de la croyance des Moraves que la faute originelle a été absolument abolie par la mort du Christ. La communauté fait les frais des funérailles pour ceux de ses membres qui ne sont pas riches. Ce cimetière n'a rien de lugubre : c'est un lieu de promenade. On voit des bancs au tournant des allées et des berceaux dans les coins du mur.

Les Herrnhuters sont assujettis à une discipline

commune, garantie par une pénalité toute morale, qui parcourt ces trois degrés : réprimande, exclusion de la cène et expulsion momentanée ou définitive de la communauté. A cinq heures du matin, la cloche sonne le réveil dans l'établissement des frères et des sœurs non mariés ; c'est la règle, quoiqu'on ne soit pas forcé de se lever aussitôt, ni même de se rendre à l'assemblée qui a lieu pour chaque sexe dans son église spéciale à six heures du matin. Mais la plupart des membres se conforment à la coutume. Des heures sont également fixées pour l'entrée dans les ateliers. Les portes se ferment, autant qu'il m'en souvienne, à dix heures du soir ; néanmoins, un gardien veille pour ouvrir aux retardataires. Quand un membre veut se marier, il faut qu'il en demande la permission au pasteur, et prouve au directoire qu'il a la fortune et les ressources nécessaires pour nourrir une famille. Il ne pourrait s'unir à une personne d'une autre religion sans sortir de la communauté, à moins que cette personne ne consentît à entrer elle-même dans la petite famille des frères. Tous doivent résider dans l'établissement : quelques exceptions, très-rares, sont motivées par des cas exceptionnels ; c'est ainsi qu'une auberge de Zeist, à l'entrée de l'avenue qui conduit au Herrnhuter, est tenue par un Morave, et qu'une famille de quatre frères, dont l'industrie n'eût pu s'exercer dans l'intérieur de la maison, s'est établie à Utrecht; mais ce sont à peu près les seuls exemples que j'aie pu recueillir. Les frères couchent dans des dortoirs communs, et habitent le jour dans des chambres au premier étage, qu'ils se partagent à quatre. Il y a là autant de commodes et de placards, autant de chaises autour de la longue table, que d'habitants. Ces chambres sont d'une simplicité extrême : souvent un portrait du comte Zinzendorf en forme la seule décoration. Le pasteur et le directeur particuliers des frères, qui ne sont pas mariés, je l'ai déjà dit, possèdent chacun deux chambres, et couchent chez eux. Les frères et sœurs non mariés s'approvisionnent à la cuisine de l'établissement, moyennant un prix déterminé pour chaque portion, et peuvent emporter leur repas dans leurs chambres.

La communauté est assez riche. Quelques terrains attenant à la maison, mais, en somme, peu étendus, lui appartiennent. C'est à l'industrie et non à l'agriculture qu'elle demande ses ressources. Tous les frères célibataires sont ouvriers et travaillent dans des spécialités diverses, fabriquant en partie ce dont la communauté a besoin. Dans le côté gauche de l'établissement, une foule de chambres séparées forment autant de petites boutiques, où sont continuellement exposés en vente les objets confectionnés par eux et d'autres achetés au dehors ; on y trouve de tout : de la librairie, de la papeterie, de l'orfévrerie, des jouets, des effets d'habillement, de menus objets de fantaisie, etc. La ferblanterie de l'établissement est spécialement renommée, et d'ailleurs tous les produits qui en sortent se recommandent par la conscience et le soin du travail. Aux ressources de la vente, dont les visiteurs de passage sont les principaux clients, se joignent les contributions volontaires, et surtout les tributs imposés à chaque membre, tributs qui varient suivant les saisons et les circonstances. Pour un frère célibataire, indépendamment du prix de ses repas, l'impôt est d'environ trois florins toutes les quatre semaines (treize fois par an); il s'élève un peu plus haut pendant l'hiver, à cause des frais supplémentaires de l'éclairage et du chauffage. C'est au directeur qu'il appartient de déterminer tout cela.

Les frères se tutoient entre eux ; les sœurs aussi, comme les quakers ; mais le tutoiement n'est pas en usage d'un sexe à l'autre.

Les Moraves de Zeist, doux, polis, probes, religieux, de mœurs pures, sont tous allemands d'origine et parlent entre eux la langue allemande ; il n'y a pas un seul Hollandais dans la communauté, sauf parmi les domestiques. L'établissement de Zeist est une sorte de maison de passage, où s'arrêtent les Moraves voyageurs. Ils sont là, je crois, de 250 à 300 au plus : c'est peu, et leur nombre tend plutôt à diminuer qu'à s'accroître. Cette espèce de couvent séculier, mêlé de caserne et de phalanstère, est un composé d'éléments hétérogènes, une conception hybride sans avenir et sans vie véritable. On comprend l'existence en commun, l'absorption de l'individu par l'ensemble, pour certaines classes d'hommes, pendant un temps et pour un but déterminé. On la comprend pour les soldats, unis par le lien de fer de la discipline; mieux encore pour les moines catholiques, unis par le lien plus fort du dévouement et de l'abnégation, qui ont fait l'abandon entier de leur personnalité, et se sont retirés de ce monde afin d'entrer d'avance en possession du monde supérieur. On ne la comprend guère comme la condition ordinaire et continuelle de tout un petit peuple, imposée sans exception et sans choix aux enfants aussi bien qu'aux vieillards, et aux femmes aussi bien qu'aux jeunes gens. Si elle a pu se maintenir jusqu'à présent à Zeist et dans les deux ou trois autres établissements analogues, ce n'est qu'à la faveur du petit nombre de ces sectaires, bien déchus d'ailleurs du turbulent esprit de propagande qui distingua leurs pères les hussites, et résignés depuis longtemps à l'humilité de leur état actuel.

Ainsi Utrecht, avec ses alentours, est comme le conservatoire des schismes éteints et des hérésies disparues. On pourrait dire qu'il en est à peu près ainsi de la Hollande tout entière. *La liberté de penser*, qui s'y était réfugiée au xviie siècle et y avait installé ses apôtres, ses écrivains et ses presses, a laissé des traces dans la multitude des opinions religieuses qui divisent ce petit pays. Nulle part peut-être l'arbre du protestantisme n'a produit un plus grand nombre de rameaux. Le calvinisme pur y domine, mais vous ne pouvez faire un pas dans Amsterdam, La Haye ou Rotterdam, sans rencontrer quelque temple des Arminiens ou Remontrants, des Contre-Remontrants, des Wallons, des Mennonites ou Anabaptistes, des Quakers, des Presbytériens, des Sociniens, etc. Et encore cette multitude de temples publics n'est-elle pas égale à la diversité des sectes, car dans les villes importantes la plupart des grandes maisons ont leurs chapelles particulières. Toutes ces religions rivales, après avoir longtemps agité la Hollande et l'avoir remplie de troubles et de sang, vivent aujourd'hui dans la fraternité la plus complète, et se regardent comme des sœurs plutôt que comme des ennemies.

Les Hollandais sont généralement très-attachés

au calvinisme qui leur est apparu dès l'origine comme une sorte de boulevard national, comme une protestation contre la domination espagnole. Les paysans mêmes lisent beaucoup la Bible : il existe, en vieux hollandais, un énorme traité de théologie calviniste, formant quatre volumes in-4°, qu'il n'est pas rare de rencontrer dans les maisons villageoises, et, le soir, sur la table autour de laquelle la famille est assise. Les discussions religieuses sont aussi habituelles chez eux que les discussions politiques chez nous. C'est précisément cette tendance, cette lecture habituelle de la Bible et cette immixtion de chacun dans le domaine de la foi, qui, favorisées par l'esprit de libre examen du protestantisme, donnent naissance à l'infinité de sectes bizarres, poussées, comme autant de branches folles, sur le tronc du calvinisme indigène. La littérature et la poésie se mêlent de près à ce mouvement religieux ; elles s'en imprègnent, elles s'en font souvent les propagatrices et les missionnaires. Les journaux traitent ces questions, et l'on s'en entretient souvent dans les salons et les *sociétés*. Le dimanche, tous les temples sont remplis, et dans beaucoup de villes, en particulier à Utrecht, la loi du repos s'observe avec une sévérité toute puritaine. Cependant il n'est pas nécessaire d'y regarder de bien près pour apercevoir, surtout dans les classes les plus intelligentes et les plus élevées, les symptômes de cette dissolution que le protestantisme contient en germe dans son propre sein. Il tend, de ce côté, à se résoudre en rationalisme, et à ce point de vue, je ne sais rien de plus significatif que des articles comme ceux de M. Albert Réville, pasteur à Rotterdam, dans la *Revue des Deux-Mondes*, et que l'ovation solennellement enthousiaste faite, par les étudiants en théologie et leurs professeurs de l'université de Leyde, à M. Ernest Renan, après ce fameux discours du Collége de France qui avait fait fermer son cours par M. Duruy.

Autrefois, et il n'y a pas bien longtemps encore, une véritable haine régnait en Hollande contre le catholicisme. Les catholiques paraissaient coupables de trahison, de lèse-nationalité. Quand le roi Guillaume Ier voulut épouser Mme d'Outremont, il se fit un soulèvement énorme dans l'opinion publique, plus encore parce que cette dame était catholique que parce qu'elle était belge. En effet, non-seulement le peuple, non-seulement les journaux, si réservés d'ordinaire dans les questions politiques, attaquèrent vivement ce projet de mariage ; mais les ministres eux-mêmes du haut des chaires. Un des littérateurs les plus distingués de la Hollande, qui dirige un recueil catholique à Amsterdam, me disait qu'il ne pouvait guères se montrer dans la rue, il y a vingt à vingt-cinq ans, fût-ce en compagnie de sa femme et de ses enfants, sans être suivi de groupes menaçants qui murmuraient à son oreille les mots de *Jésuite, régicide, Balthazar Gérard*, — car tout cela se tient dans l'esprit des purs protestants hollandais, — et même qui allaient jusqu'à l'assaillir de pierres. Quelquefois encore, aujourd'hui, il arrive qu'un passant embrasé du pur esprit de Calvin et plein d'une *orthodoxie* farouche, jette le soir un caillou dans ses vitres. Mais en somme ces démonstrations ont bien diminué de nombre et d'importance : ce n'est plus que le dernier reste d'un feu qui s'éteint, et le vieux fanatisme contre les catholiques s'amortit chaque jour.

Le nombre des catholiques est plus considérable qu'on ne croit en Hollande [1]. Ils sont proportionnellement plus répandus dans les campagnes que dans les villes. J'ai rarement trouvé un village qui n'eût son église catholique à côté du temple protestant. Aux heures des offices, ces églises sont remplies d'une foule dont l'affluence et le recueillement feraient honte à nos catholiques de France. Il semble que le contact journa-

---

1. D'après le recensement de 1869, on y comptait 1,313,065 catholiques, contre 2,193,281 protestants. C'est une proportion de 37,44 pour cent.

lier avec les protestants accroisse la ferveur au lieu de la diminuer, et jette dans les esprits et les cœurs une sorte d'émulation qui tient la piété en éveil.

Pour compléter ce rapide et très-sommaire coup d'œil sur la situation religieuse de la Hollande, il faudrait maintenant nous occuper des Juifs, qui forment une partie importante de la population dans les villes, surtout à Amsterdam. Il y en a environ 70,000 en Hollande, tant Juifs d'origine espagnole ou portugaise, qui ont émigré dans les Pays-Bas à la suite de leur expulsion par Ferdinand le Catholique et Emmanuel, que Juifs venus d'Allemagne, de Pologne et de Lithuanie, un peu plus tard. Les premiers étaient riches; ils vécurent d'abord dans l'ombre pendant la domination de Charles-Quint et de Philippe II, puis se développèrent après l'avénement de la réforme et la révolte contre l'Espagne, et purent dès lors renouer leurs rapports commerciaux avec les Indes et le Levant, dont ils avaient apporté la tradition de leur pays natal. Les Juifs allemands, au contraire, beaucoup plus nombreux, étaient pauvres, et ne réussirent à s'acclimater qu'avec le concours de leurs coreligionnaires. Aujourd'hui encore la même distinction subsiste et les deux courants ne sont pas confondus. Les Juifs espagnols et portugais forment l'aristocratie, le gros commerce ; les Juifs allemands sont le peuple, voué au petit négoce du bric-à-brac, de l'usure véreuse et de la spéculation sordide. Chaque caste a ses quartiers et ses synagogues, ses écoles et ses maisons d'orphelins.

Nulle part, dit M. Alphonse Esquiros, les Juifs n'ont rencontré aussi complétement qu'en Hollande les conditions favorables aux intérêts de leur religion et de leur race. Ils y trouvaient, en effet, une nation positive, économe, commerçante, maritime, pleine de sens pratique et éprise avant tout de l'utilité, enfin disposée particulièrement à les accueillir, à l'époque de la réforme et de leur soulèvement national, comme les ennemis du catholicisme et de l'Espagne, qu'ils associaient dans une haine égale. Toutefois ce ne fut qu'après la Révolution française qu'ils y obtinrent l'égalité des droits civils et politiques. Nous ne devons pas oublier de mentionner à cette occasion un fait bizarre et caractéristique : la réception solennelle qui fut faite à l'abbé Grégoire, dans les premières années de ce siècle, à la synagogue portugaise d'Amsterdam, et les hymnes de remercîment entonnés par les rabbins, en présence de ce personnage qui avait autrefois écrit un *Essai sur la régénération physique et morale des Juifs*, et qui avait signalé son zèle pour l'émancipation de toutes les races opprimées.

Les Juifs forment aujourd'hui une sorte de petite nation fort prospère dans la nation hollandaise. On les trouve sur tous les points du pays ; ils ont plus de cinquante écoles publiques autorisées, sans compter plusieurs institutions particulières ; ils occupent tous les degrés de l'échelle sociale et prennent part à tous les actes commerciaux de ce peuple de comptoir. Un très-grand nombre sont occupés à Amsterdam à la taille du diamant ; un plus grand nombre encore se sont voués au négoce, depuis le plus infime, qui se pratique en plein air, jusqu'à celui qui entretient des correspondants à Calcutta et envoie des vaisseaux au Japon. Toutes les professions libérales comptent beaucoup de Juifs dans leurs rangs. Néanmoins, là comme partout, la fusion n'a pas été complète ; et cette race, marquée au front d'un sceau ineffaçable, a gardé son caractère propre, qui tranche nettement sur le fond du tableau et la fait aussitôt reconnaître.

La Hollande est donc une des contrées les plus curieuses à visiter pour qui voudrait étudier à l'œuvre et comparer entre elles, dans un espace resserré où elles s'accusent plus nettement par le contraste, les diverses religions et les sectes innombrables qui en sont nées. Sauf le mahométisme, tous les cultes de l'Europe sont rapprochés dans ce petit pays et s'y développent au grand jour, surtout dans la partie centrale de la Néerlande, depuis Rotterdam jusqu'à Utrecht, en passant par Leyde, La Haye et Amsterdam. Mais, grâce à Dieu, le catholicisme qui, au commencement de ce siècle et même sous le roi Louis, y était réduit encore à un humble état de vassalité et de proscription morale, grandit chaque jour et prospère de plus en plus. Il multiplie ses œuvres, ses livres, ses journaux, ses créations charitables. Les progrès réalisés depuis cinquante ans sont un gage certain de progrès plus grands encore, et l'avenir, à n'en point douter, tiendra les promesses du présent.

XVII

Arnhem. — Circuit par la Prusse rhénane. — Les ombres de Cornélius et de Schadow à Dusseldorf. — Charlemagne et Mme Colet. — Rentrée à Paris.

Le chemin de fer d'Utrecht à Arnhem traverse d'abord des prairies, puis des terres cultivées, ensuite des bandes sablonneuses recouvertes de pins, et une belle forêt, chose rare en Hollande. A mesure qu'on avance, quelques ondulations du sol et quelques accidents de terrain apparaissent : la campagne se diversifie et annonce au voyageur qu'il approche de la contrée que les amis du beau style et des élégantes métaphores appellent l'Éden de la Hollande. La province de Gueldre, presque tout entière, est remarquable non-seulement par la fertilité de son sol et la salubrité de son climat, mais par ses beaux paysages, ses sites pittoresques, ses collines et ses vallées riantes.

Arnhem est une jolie ville, qui séduit du premier coup d'œil par l'agrément de ses abords, la largeur de ses rues, l'élégante propreté de ses maisons bien bâties. Elle a peu d'édifices : nous nous bornerons à citer la grande église, surmontée d'un assez beau clocher, et l'hôtel-de-ville, dont la façade est décorée d'ornements bizarres, parmi lesquels on remarque des figures humaines à pieds de chevaux. Le Rhin la borde au sud-ouest, et le long du fleuve s'étend un quai qui forme un des ornements de la ville. Elle est entourée en grande partie d'un canal aux bords gazonnés et plantés d'arbres, qui offre une délicieuse promenade aux habitants. Sur cette promenade, s'élève un bâtiment désigné sous le nom pompeux de *Musis sacrum* (consacré aux Muses), qui sert de salle de concert et de salon d'exposition.

En somme, la ville d'Arnhem est assez insignifiante par elle-même, et ne peut arrêter longtemps un voyageur. Mais ce qui la recommande d'une façon particulière, c'est la beauté de ses environs. La Hollande s'y révèle sous un aspect nouveau, que la monotonie du reste du pays fait paraître encore plus pittoresque. Partout, au nord, au sud, à l'ouest surtout, le touriste peut faire de charmantes excursions dans cette ravissante contrée, où l'art a considérablement embelli la nature, et où l'on rencontre presque à chaque pas des maisons de campagne, des étangs, des fontaines, des collines et des rochers, des parcs ornés de grottes, de statues et de cascades.

En moins d'une demi-journée j'avais vu amplement tout cela, et il ne me restait plus maintenant qu'à rentrer en France, en prenant le plus long.

Pour éviter de revenir sur mes pas, j'ai fait un assez vaste circuit à travers la Prusse, en m'arrêtant aux principales stations intermédiaires, à Dusseldorf, Cologne, Aix-la-Chapelle. Mais leur description sortirait du cadre de ce voyage. J'en dirais trop ou trop peu. A Dusseldorf, la célèbre école de peinture n'est plus tout-à-fait ce séminaire patriotique et mystique de l'art allemand décrit avec enthousiasme par M. Fortoul. Elle est aujourd'hui quelque peu déchue de son antique renommée, comme de ses hautes aspirations. Si les ombres de Cornélius et de Schadow reviennent errer quelquefois dans les cellules et les galeries du vieux cloître artistique dont ces maîtres austères guidaient jadis les anachorètes vers les sommets escarpés du style et de l'idéal, elles doivent souvent se voiler la face devant les enfantillages des élèves actuels. L'Académie de Dusseldorf s'est laissée glisser presque tout entière à la peinture de genre, et elle n'envoie plus guères à nos salons que de petits tableaux anecdotiques et familiers, qui n'atteignent malheureusement pas toujours à la verve spirituelle, à la grâce piquante, au sentiment naïf et vrai des Knauss, des Vautier, ou même des Salentin et des Tidemand.

Il faudrait un volume pour résumer l'histoire de Cologne, la Rome du Nord, la ville sainte du moyen âge, le paradis des archéologues et la terre classique des Jean Marie Farina ; pour débrouiller l'inextricable écheveau, l'étroit et tortueux dédale de ses rues, égrener quelques-unes de ses innombrables légendes, entrer dans ses cent églises et décrire ce *Dom* colossal, qui est tout un monde à lui seul et où dorment les trois Mages dans un reliquaire dont la reine de Saba eût admiré la splendeur.

Quant à Aix-la-Chapelle, elle a été décrite, comme on sait, par Victor Hugo, et, comme on l'ignore, par Mme Louise Colet, qui s'y est assise dans le trône de Charlemagne. Le grand empereur reposait dans une tombe que désigne encore aujourd'hui, au milieu de la chapelle, une dalle de marbre noir portant pour seule inscription ces mots figurés en lettres de cuivre : CAROLO MAGNO. L'empereur Othon III fit le premier ouvrir cette tombe en 997. Charlemagne apparut sur un siége de marbre revêtu de lames d'or. Il était couvert des ornements impériaux, le manteau sur les épaules, le diadème au front, le glaive au côté, l'Évangile ouvert sur les genoux, la panetière du pèlerin attachée à la ceinture, le bouclier et le sceptre à ses pieds. Cette apparition grandiose frappa d'une respectueuse terreur le violateur de l'auguste sépulcre. Toutefois, il en retira divers objets qui, depuis, ont constamment servi au sacre des empereurs d'Allemagne; ensuite, il fit resceller le tombeau.

Barberousse renouvela cette profanation en 1165. Lui aussi, il voulut contempler Charlemagne face à face. Le corps, d'abord exposé dans une châsse à la vénération des fidèles, fut enseveli dans un antique sarcophage romain de marbre de Paros, moins quelques fragments détachés, que l'on conserve à la sacristie et qui sont montrés aux curieux. Le trône de marbre sur lequel le grand cadavre de Charlemagne était resté assis pendant trois cent cinquante ans a été relégué au premier étage de la rotonde. Lorsque Napoléon visita Aix-la-Chapelle en 1804, Joséphine eut la fantaisie de s'asseoir sur ce fauteuil; l'empereur la laissa faire, mais il se tint découvert et silencieux devant cette relique. Mme Louise Colet, dans sa *Promenade en Hollande*, nous apprend qu'elle s'y est assise à son tour, après avoir préalablement pris le soin d'en enlever les toiles d'araignée du bout de son ombrelle. De plus, tous les souvenirs de la ville et de la cathédrale lui ont inspiré des vers, qu'elle a murmurés tout haut, nous assure-t-elle, sous la voûte et les arceaux du dôme, qui lui en ont renvoyé l'écho en sons majestueusement rhythmés, et par un trait d'ingénuité qui désarme la critique, ces vers elle les cite tout du long.

Charlemagne et Mme Louise Colet, voilà un rapprochement qui me plaît. On n'en voit pas tous les jours de pareils, et il mérite d'être recueilli par l'histoire.

Mais j'étais parti depuis plus d'un mois. Il me tardait de rentrer au bercail, et il me restait à peine de quoi regagner mon gîte en ligne droite, sans essayer de flâner davantage en chemin comme le Petit-Chaperon Rouge. Le soir même, j'étais à Paris. L'ancienne gare du Nord me parut un monument superbe; je trouvai les douaniers remplis d'urbanité et de savoir-vivre; les cochers aimables, gracieux et prévenants. Je faillis embrasser l'employé qui ouvrit la portière de mon wagon en criant : PARIS, d'une voix de rogomme qui m'alla droit au cœur.

« O mon petit ruisseau de la rue du Bac! m'écriai-je le lendemain matin, accoudé à ma fenêtre, tu es beaucoup plus beau que le Rhin, et je ne te quitterai plus. »

Je ne l'ai pas quitté de tout l'hiver, en effet. Mais voici le printemps qui revient, et les oiseaux qui gazouillent leurs chansons provocantes, en voltigeant près de ma fenêtre entr'ouverte. Je sens que le sourire du soleil m'attire au dehors, et que les premières brises me donnent des ailes. Encore huit jours pareils, et je ne réponds plus de moi.

UNE EXCURSION
EN SAVOIE & EN SUISSE

C'est une noble institution que celle des vacances, et la seule qui me fasse regretter le plus beau temps de ma vie, celui où j'étais écolier. Je la souhaiterais plus généralement répandue. Heureux les avocats, qui défendent la veuve et l'assassin pendant dix mois de l'année, et, pendant les deux autres, peuvent aller à loisir faire provision de métaphores colorées, d'images pathétiques et de mouvements oratoires à tous les coins de l'Europe, ou tuer, dans les forêts giboyeuses, autant d'innocentes victimes (un peu moins peut-être) qu'ils ont sauvé de pittoresques coquins sur les bancs de la cour d'assises !

Il n'en va pas ainsi du journaliste. Dérober quinze jours entre deux feuilletons, comme un voleur qui décroche une montre entre deux portes, c'est tout ce qu'il lui est permis de rêver. Il ne peut s'éloigner qu'à longueur de chaîne. Pareil à la chèvre du proverbe, il faut qu'il broute là où il est attaché. Encore ne dis-je rien des remords qui troublent son sommeil, des serments qu'il a faits à son directeur avant de partir et qu'il viole cyniquement après son départ, avec la mâle intrépidité d'un homme d'État, ni des réclamations lugubres qui viennent lui crier d'étape en étape, pour brouiller ses extases et gâter ses points de vue : « Frères, il faut de la *copie !* »

Or, malgré l'invention des chemins de fer et des bateaux à vapeur, on ne fait pas encore le tour du monde en quinze jours. C'est juste le temps que mit autrefois Racine pour pousser jusqu'à Uzès, et beaucoup moins que n'en dépensa Chapelle à gagner les Pyrénées ; il est vrai que cet ivrogne allait y prendre les *eaux*, ce qui n'était pas de nature à lui faire hâter le pas. Aujourd'hui, en quinze jours, on peut passer la frontière, exécuter un voyage de circumnavigation autour du lac de Genève, traverser la Savoie, effleurer la Suisse et pousser jusqu'au lac Majeur, ce qui ne suffirait pas, sans doute, à l'ambition d'un Bougainville et pourrait sembler mesquin au capitaine Speke, mais est bien capable d'allécher un journaliste qui a fait plus souvent la traversée du Luxembourg que celle de l'Océan.

C'est pourquoi, le 8 septembre 1868, à sept heures du soir, je bouclais ma valise.

Aimez-vous voyager la nuit? Rien n'est plus charmant, à mon gré, lorsqu'on voyage pour arriver, et qu'on possède l'art, si nécessaire au touriste, de savoir dormir partout. Les coussins moëlleux de la Compagnie remplacent avec avantage le matelas étique du lit d'auberge, et le wagon vous berce doucement dans ses bras capitonnés, au ronflement propice du convoi, qui chante à votre oreille la chanson monotone de la nourrice à l'enfant qui s'endort. De temps à autre, quand le sifflet de la vapeur vous éveille à demi, plongé dans la béate somnolence de l'esprit et du corps, vous entr'ouvrez un œil vague, et, du coin moëlleux où vous êtes plongé et pelotonné sur vous-même à la façon de l'oiseau dans son nid de plumes, sans lever la tête, sans remuer un doigt, sûr que vous n'aurez qu'à fermer l'œil pour reprendre doucement le sommeil interrompu et continuer en rêve la vision du réveil, vous voyez filer devant vous des spectres d'arbres, qui courent les uns après les autres, et tourner silencieusement à l'horizon des fantômes de montagnes, qu'estompe l'obscure clarté de la lune. Vous vous sentez glisser dans la nuit, emporté par une aile invisible. Quoi de plus agréable, par exemple, que de s'embarquer à Paris à huit heures du soir, de s'endormir à Melun vers neuf heures, sur l'épaule d'un voisin obligeant qui veut absolument vous expliquer l'organisation de la garde mobile, et de s'éveiller le lendemain, dès l'aube, à Lyon, après avoir parcouru 512 kilomètres sans s'en apercevoir, comme la princesse Badroulboudour, qui rouvrait en Afrique les yeux qu'elle avait clos la veille dans la capitale de la Chine !

Eh bien ! voilà précisément l'histoire de mon voyage de Paris à Lyon, toutefois avec un épisode imprévu : — l'apparition d'un incendie splendide, entre Beaune et Mâcon. J'en ai lu les détails quelques jours après, mais j'en ai embrassé l'ensemble de la portière du wagon qui me servait d'avant-scène. C'était effrayant, sans doute, mais aussi que c'était beau ! Sans partager l'égoïste sentiment de Lucrèce sur la douceur qu'on éprouve à contempler un naufrage de la rive, j'avoue que le décor m'a un moment fait oublier le drame. Jamais je n'avais vu plus à l'aise, en spectateur forcément tranquille et désintéressé, flamber plus complétement un plus vaste foyer, et sur un ciel aussi noir éclater une réverbération si ardente. Le bâtiment entier, rendu pour ainsi dire transparent par la flamme, debout encore, mais enveloppé, étreint jusqu'au faîte dans le rouge suaire qui le dévorait, laissait, comme un squelette colossal, apparaître chacune de ses poutres et de ses assises de pierre, ses côtes, ses articulations et ses os prêts à tomber en cendre. Des milliers d'ombres, qui semblaient muettes, découpaient leurs silhouettes noires sur ce fond embrasé, immobile comme une nappe de mer, et, comme elle aussi, agitée, dans son immobilité même, par des ondulations, des crépitations et des sifflements qui achevaient la grandiose harmonie du spectacle. Le train rasa comme une flèche cet Océan de flammes, et, à voir le cercle de lueur sinistre qui nous entoura un moment, on eût dit d'une monstrueuse salamandre qui s'enfonçait, impassible, à travers la fournaise.

Deux heures après, le convoi abordait à Lyon. Mais rassurez-vous : je ne veux pas, en vous décrivant Lyon, ressembler à ce bon bourgeois du dix-huitième siècle qui nous a laissé une relation détaillée de son voyage de Paris à Saint-Cloud par terre, et de son retour à Paris par mer.

I

Aix-les-Bains.

Avant de gagner Genève, je désirais faire une pointe en Savoie, et j'abandonnai le chemin de fer de la Méditerranée à Culoz, pour y prendre le Victor-Emmanuel. Une heure et demie après, j'arrivais à Aix-les-Bains, au milieu d'une pluie battante qui m'escorta jusqu'à l'hôtel, par un excès de couleur locale dont je me fusse bien passé. Elle tomba toute la nuit; mais le lendemain, dès l'aube, le soleil brillait dans un ciel sans nuage, et l'astre clément ne cessa de me sourire pendant le reste de mon excursion. Il y a un Dieu pour les journalistes en voyage.

A Aix, le premier naturel à qui je me suis heurté, c'est un marchand du *Petit Journal*, et la première affiche qui m'a crevé les yeux au sortir de la gare, m'a crié : Monsieur Lecoq,

Monsieur Lecoq, monsieur Lecoq ! Les agents de M. Millaud, vêtus d'un uniforme officiel, comme des fonctionnaires publics, vous traquent de rue en rue, de café en café, et vous poursuivent jusqu'à table d'hôte, avec la *Revue pour tous* et le *Journal illustré*. Impossible même d'échapper à la meute sur les bords du lac poétique où vibre encore l'immortelle lamentation de Lamartine. J'ai rencontré un touriste qui lisait le procès Marcellange, — le misérable ! — tandis que sa nacelle, qui fut peut-être celle d'Elvire, fendait « les flots harmonieux qu'elle devait revoir ; » et, au pied du grand Saint-Bernard, une affiche m'a recommandé d'avertir mon marchand d'avance, pour ne manquer aucune des aventures du libre policier qu'immortalisera M. Gaboriau. Oh ! M. Millaud est un habile homme, qui entend le commerce, et, grâce à lui, la civilisation parisienne m'a suivi d'étape en étape.

Aix-les-Bains est une toute petite ville qui n'a pas quatre mille cinq cents âmes, grande comme la paume de la main, exclusivement peuplée d'aubergistes, de restaurateurs, de cafetiers, de bateliers, d'âniers et de baigneurs. J'oubliais les médecins : il y en a presque autant que d'aubergistes. Pendant la saison, elle reçoit souvent en une semaine plus d'hôtes étrangers qu'elle ne compte d'habitants. Il en vient de l'Australie ; il en arrive par la France, par la Suisse, par l'Italie et par l'Allemagne, en chemin de fer, à cheval, à pied et le sac sur le dos, en chaise de poste, précédés d'un courrier et flanqués d'une demi-douzaine de valets de chambre. Toutes les maisons ouvrent leurs portes à cette manne bienfaisante tombée des points les plus hétéroclites de l'horizon ; chaque baigneur peut choisir un asile à son goût et suivant ses moyens, dans la longue série d'établissements hospitaliers qui vont de l'Hôtel Royal, où l'on se croirait au Louvre, jusqu'à l'arrière-boutique d'un marchand de tabac.

Les besoins de l'intelligence sont desservis à Aix par une dynastie de libraires, qui s'obstinent à s'appeler tous *Bolliet*, en variant cette désignation monotone par des prénoms d'une simplicité charmante, tels que *Henri*, *Auguste* ou *Gaspard*. De trois pas en trois pas, on rencontre la vitrine d'un Bolliet, avec les œuvres de M. Ponson du Terrail et un Indicateur médical et topographique d'Aix-les-Bains à l'étalage. Après ces deux grands objets de commerce, la principale industrie des Bolliet consiste à vendre les listes des étrangers et à tenir des cabinets de lecture, sur le catalogue desquels j'ai vu le nom de M. Arsène Houssaye orthographié de cette façon toute savoyarde : ARSONNE HOUSSAT.

Le chef de cette tribu des Bolliet, celui qui siége au centre de la ville, sur l'un des côtés du microscopique trapèze que les habitants d'Aix appellent ambitieusement leur *Grande-Place*, a encore l'entreprise des bateaux à vapeur sur le lac. D'autres Bolliet (à moins que ce ne soit le même) tiennent des cafés et des pensions. L'harmonie — j'aime à le croire — règne entre tous ces Bolliet.

J'ai vu toutes les conditions sociales représentées sur les listes des baigneurs : des princes russes, des boyards, des professeurs de grammaire, des hospodars, des escamoteurs, des cardinaux, des membres du parlement d'Angleterre, une actrice des Folies, beaucoup de banquiers, nombre de chambellans, un général italien avec ses trois filles — à marier, et un rédacteur du *Tintamarre*. Toutefois l'élément bohême est très-rare dans la bonne ville d'Aix, où l'on ne vient pas pour tuer le temps, comme à Bade, à Hombourg ou à Spa, mais pour noyer ses maladies sous des flots d'eau chaude. Ce n'est pas une ville de plaisirs déguisée sous le masque d'une ville médicinale. On s'y soigne avec conviction. Rien n'y effarouche les mœurs paisibles et les habitudes de bonne compagnie du monde qui la fréquente, et si une duchesse, par hasard, y est coudoyée par une comédienne, c'est généralement la comédienne qui présente ses excuses à la duchesse.

Une vague odeur d'œufs pourris m'a guidé vers l'établissement des bains, — beau bâtiment, vaste comme un palais et exhaussé comme un temple grec sur un piédestal de marches. Au fond d'un ample vestibule d'où partent de larges couloirs, s'ouvre un escalier presque majestueux. Partout coulent des robinets d'eau tiède dans des bassins de marbre ou de bronze, et bruissent des sources bouillonnantes qui dégagent des parfums écœurants, mêlés à des torrents de vapeur. Les eaux d'Aix se prennent sous toutes les formes, en boissons, en bains, en douches, — douches verticales, douches obliques, douches horizontales, douches circulaires, douches chaudes, douches froides, douches mitigées, etc., etc. Elles guérissent une multitude de maladies, que je suis bien aise de ne pas avoir, car les quelques gouttes sulfureuses et acidulées que j'ai recueillies sur mon doigt, à l'un des robinets, peuvent être fort topiques contre les rhumatismes, les paralysies et les maladies de la peau, mais elles m'ont paru inquiétantes pour les estomacs ombrageux, et les cellules de l'établissement, remplies d'appareils bizarres et fantastiques, ressemblent à des instruments de torture. J'ai visité également la piscine, où l'on peut nager dans des flots d'eau thermale à trente-cinq degrés, en luttant contre la double asphyxie de la chaleur et de l'odeur combinées, les étuves où l'on cuit, et le *vaporarium* circulaire où l'on fond en eau.

Le baigneur intrépide qui veut suivre le traitement complet est soumis à une série d'épreuves dont s'épouvanterait un candidat à la franc-maçonnerie. Après avoir subi le choc de la douche, catapulte bouillante qui tombe sur lui comme le jet d'une pompe à incendie, ou qui l'enveloppe en serpentant dans une spirale de chaude rosée, on le plonge dans le *bouillon :* — c'est le nom technique d'une pièce, ou plutôt d'une marmite gigantesque, à la surface de laquelle l'eau sulfureuse arrive violemment par le fond. Après quoi, il passe à la chaudière de l'étuve. Puis vient l'*enfer*, tout ce qui précède n'étant considéré sans doute que comme le purgatoire. L'enfer est très-bien tenu. Il y en a un pour chaque sexe : on n'est pas plus galant. Je me suis arrêté sur le seuil de ces effroyables chambres noires, souterrains mugissants, d'où s'échappe, au milieu d'un bruit de cataracte, une trombe de vapeurs vraiment diaboliques.

Je ne me sens pas assez vigoureux pour aller me guérir à Aix.

Un avis placardé sur les murs défend de visiter l'établissement sans se faire accompagner d'un gardien. Est-ce malgré cette inscription, ou à cause d'elle, que je l'ai parcouru de fond en comble sans autre guide que le Guide-Joanne, salué au passage par les surveillants débonnaires, les doucheurs, les masseurs, les sécheurs et les porteurs, qui m'ont peut-être pris pour l'inspecteur des eaux? Je ne sais si vous avez remarqué avec quel plaisir on s'engage immédiatement, à la campagne, dans tous les *sentiers interdits au public*. On se dit que ces sentiers-là doivent être bien plus jolis que les autres. C'est ce vertige du fruit défendu qu'Edgar Poë appelle le *Démon de la perversité*.

Je laisse aux archéologues le soin de décrire les antiquités de la ville d'Aix, où les conquérants du monde vinrent se baigner avant les généraux italiens. Ces ruines, bien conservées, sonttraité es avec la patriarcale bonhomie des mœurs de la Savoie. On les garde en famille. L'arc de Campanus forme l'entrée triomphale d'une maison garnie. Le temple de Diane sert de mur latéral au jardin du presbytère, et le bain romain est aujourd'hui la cave de la pension Chabert : il semble qu'on ne l'ait respecté que pour fournir au garçon de l'hôtel l'occasion d'allumer une bougie et de gagner cinquante centimes toutes les demi-heures. J'ai visité avec plus d'intérêt, dussent-les antiquaires me maudire, la grotte où a été découverte et canalisée la source de Saint-Paul. On arrive à la fente profonde du rocher qui donne issue à la source, puis aux cavernes jadis occupées par le lac bouillonnant et sulfureux qu'elle formait, en suivant une galerie d'une centaine de mètres, que les ingénieurs ont percée dans la crevasse. L'eau thermale s'épanchait à l'aise dans cet espace sombre, rongeant les rocs, taillant les parois et le sol en figures bizarres, se creusant des issues, ouvrant aux flancs de la grotte des excavations, des tranchées ouvertes, des abîmes où elle s'enfonçait en grondant, dessinant sur la voûte, inégalement rongée par la vapeur, un fantastique archipel d'îlots aux formes tourmentées. Grimpant, rampant, glissant sur les tas de pierre et roulant dans les flaques d'eau, accompagné en faux-bourdon par le sourd bouillonnement de la source prisonnière dans les conduits des ingénieurs, je constellais mon pantalon de taches de bougie, tandis que mon habit essuyait la boue des parois humides, et qu'à travers la voûte suintait goutte à goutte sur mon chapeau, avec un clapotement lugubre, la pluie tombée la nuit précédente.

A l'entrée de la galerie, l'excellente et hideuse Savoyarde qui me servait de guide m'avait engagé à ôter mon paletot, en me prévenant de la température que j'aurais à subir. Par un sentiment de pudeur, exagéré peut-être, je n'en voulus rien faire, et je sortis de la fournaise trempé de sueur, avec la carnation d'un homard cuit à point. L'air frais du dehors faillit me donner un rhumatisme, dont l'établissement de bains m'eût guéri. Une visite aux grottes est une excellente préparation pour les eaux d'Aix.

En revenant à l'hôtel, je rencontrai sur ma route des fauteuils enveloppés d'un large rideau jaune, et reposant sur deux bâtons, que portaien d'un pas agile de vigoureux Savoyards. Un pied qui passe, un léger mouvement du rideau agité, trahissent aux regards du curieux le secret de ces niches hermétiquement closes, véritables chaises à porteurs dans la rigueur du mot. Ce sont les paralytiques, ou les malades arrivés au dernier période de l'épuisement, qui regagnent l'hôtel. Ces convois qui se croisent silencieusement à tous les coins des rues sont peu propres à inspirer des idées riantes : on dirait des civières de morts.

Pour attendre l'heure du dîner, je suis allé me promener un quart d'heure sous les poétiques ombrages d'une promenade au nom prosaïque. Elle s'appelle le *Gigot*, et servait naguères d'hippodrome aux ânes d'Aix, célèbres entre tous les baudets de la création. Quand revenait l'époque annuelle du concours, ces vaillants quadrupèdes, animaux de race pure, dignes d'avoir leur généalogie sur le livre d'or des *sportsmen*, entre *Gladiateur* et *Fervacques*, faisaient voler sous leurs pieds la poussière du *Gigot*, et se disputaient le prix avec l'acharnement têtu qui les caractérise. L'organisateur de ces jeux olympiques était un homme d'un beau nom, devenu depuis secrétaire général de M. le ministre Urbain Rattazi, ensuite député au parlement piémontais, et qui se préparait au gouvernement de ses concitoyens par la direction des ânes. Aujourd'hui le *turf* est transporté dans l'avenue Marie, et le sceptre a passé aux blanches mains de Mme Rattazi, la reine et la marraine de l'avenue, dont son châlet rustique, enveloppé d'un voile de verdure et couronné d'une chevelure de feuillages qui du toit retombent en longues grappes sur sa façade, comme des boucles à la Sévigné, forme le plus bel ornement.

Mme Rattazi a institué deux prix de quinze francs et un grand prix de trente, pour les pachydermes qui remportent la palme chantée jadis par Pindare. Ce n'est pas tout à fait le *prix de l'Empereur*, comme on voit; mais à quoi bon troubler par la fièvre de l'or l'heureuse simplicité des âmes et des ânes savoisiens?

Après avoir dîné en hâte dans une grande salle à manger, dégarnie par la fin de la saison, et triste en sa solitude comme un réfectoire de Chartreux, j'entrai au Casino.

J'ai oublié si le Casino est un monument d'ordre dorique ou d'ordre corinthien. Il ressemble à tous les casinos connus. On y fait de la musique, on y donne des bals, et, de temps à autre, les cantatrices hors d'âge, qui exploitent volontiers les villes d'eaux, y viennent étaler les restes d'une voix qui tombe et d'une ardeur qui s'éteint. Dans ces très-vastes et très-beaux salons, moins splendides que ceux de Bade, mais arrangés avec un goût plus discret, les baigneurs oublieraient qu'ils sont à dix pas des Alpes pour se croire sur le boulevard Montmartre, si, en se mettant à la fenêtre, ils n'apercevaient à l'horizon l'imposante silhouette du mont d'Azy et de la Dent de Nivolet.

Pendant le concert, on se fût cru dans la salle Herz, les jours où il y a peu de monde. Un pianiste, deux violons, une contre-basse et une flûte jouaient à merveille du Verdi, du Bellini et du Donizetti devant les banquettes du petit salon, clairsemées de rares auditeurs, et, de loin en loin, quand revenait l'air de danse qui clôt chaque partie du concert, deux ou trois bébés, mis comme des gravures de modes, ébauchaient mélancoliquement une polka dans la solitude.

Rien n'est triste comme une fin de saison dans une ville d'eaux. Le silence qui s'y étend peu à peu a quelque chose de lugubre. Les hôtels font songer à de grands catafalques ; on se serre dans la salle à manger, comme les soldats dans une bataille après les trouées faites par les coups de canon. Avez-vous vu un théâtre au moment où, le rideau baissé et le public parti, les ouvreuses étendent leurs rideaux de serge sur le velours des banquettes, à la clarté douteuse du lustre à demi éteint ? Ou bien avez-vous vu une ville ravagée par la mort, et dont, par degrés, les rues se vident, les portes et les volets se ferment ? C'est justement cela. Les retardataires ressemblent à des survivants. Ils s'abordent, pareils à des ombres qui ne sont pas sûres de se revoir. On se salue de loin avec une sorte de reconnaissance et un redoublement d'affection ; on se groupe au Casino comme pour se réchauffer et se soutenir. Encore quinze jours, et Aix sera endormie du sommeil des marmottes savoyardes, pour ne se réveiller qu'au printemps.

Le Bénazet d'Aix a longtemps été M. Bias, qui n'était point un des sept sages de la Grèce. Sous cette royauté, le Casino fut un lieu de plaisance qui rivalisait avec ceux de Hombourg et de Bade. Le trente et quarante y florissait et la roulette y faisait rage. On croyait, en ce temps-là, qu'un établissement thermal ne pouvait exister sans un tripot pour annexe, et quand Aix résolut à ne plus accorder chez elle droit de cité au vice, il ne manqua pas de prophètes de malheur pour prédire qu'en déchirant le tapis vert, on détruirait le palladium de la ville. Ce ressouvenir des Grecs avait peut-être été suggéré par le sage Bias. La téméraire aventure n'en fut pas moins tentée. Elle a donné raison au paradoxe honnête contre le lieu commun de morale accommodante. M. de Cavour présenta et fit adopter par la chambre sarde, qui en a voté de pires, une loi sur la suppression des jeux. On résilia à grands frais le bail de l'entrepreneur. Aix n'en est point morte ; au contraire, elle ne s'en porte que mieux, et c'est depuis cette date fatale, redoutée par les esprits prévoyants, que la ville s'est agrandie, embellie, peuplée d'hôtels magnifiques, et qu'elle a pris le premier rang parmi ses rivales.

Il faut tout dire pourtant : le jeu, chassé par la grande porte, est rentré par une porte dérobée. Prenez à gauche dans le vestibule, traversez quelques pièces, franchissez un palier, et vous tomberez tout à coup dans une petite salle, cachée à l'extrémité du Casino, derrière un café de l'apparence la plus débonnaire. Là, sont assis autour d'une table une douzaine de joueurs, qui ont vu plus d'une fois lever l'aurore dans les péripéties d'un baccara effréné. Seulement le jeu n'a pas ici une installation officielle. Les parties se nouent entre des baigneurs de bonne volonté, comme dans un salon, et l'établissement ferme les yeux, si l'on me passe cette hardie métaphore. J'ai vu perdre si galamment dix mille francs à un personnage tout éblouissant de bagues, tout harnaché de breloques, dans une de ces petites parties intimes, que je n'ai jamais osé y hasarder cent sous. Qu'est-ce que le monsieur aux breloques aurait pensé de moi ?

Si grands que pussent être les charmes du Casino, l'art ne m'a point fait oublier la nature. Je ne sais s'il est au monde une ville arrangée plus à souhait pour les touristes que cette bourgade d'Aix, jetée dans un vallon délicieux, au pied des Alpes, sur les bords d'un lac enchanté, digne d'inspirer au premier poète du siècle les plus beaux vers qu'il ait jamais faits, — à égale distance entre Annecy et Chambéry, à une heure des Charmettes, à trois ou quatre heures de la Grande Chartreuse, de Genève et du Léman, dans un cercle de ruines et de souvenirs pittoresques, de forêts, de cascades et de vues exquises, de châteaux et de couvents dont chacun vaut son pèlerinage. Nulle part les buts d'excursions ne sont plus rapprochés ni plus multipliés, et le touriste peut rayonner chaque jour à quinze ou vingt lieues à la ronde sans épuiser, les richesses de cette magnifique nature.

J'ai fait, sur le vapeur qui a créé aux pauvres

bateliers d'Aix-les-Bains des loisirs qu'ils ne souhaitaient pas, la traversée du lac et le voyage au monastère d'Hautecombe, le Saint-Denis de la dynastie savoyarde. Hautecombe est un éblouissement de marbre. Avec ce prodigieux entassement de tombeaux et de statues blanches qui s'élèvent en guirlandes de la dalle à la voûte, pour redescendre de la voûte à la dalle, l'église blesse les yeux et les fait clignoter, comme un trop vif rayon de soleil. On dirait que les moines étament et récurent chaque jour leur édifice pour lui conserver son éclat tout neuf. Quand le temps, malgré les plumeaux et l'éponge du sacristain, aura jeté là un peu de sa poussière noire, Hautecombe sera une merveille. Il faut de l'âge aux monuments, comme aux hommes, pour qu'ils s'imposent à la vénération publique.

Le lendemain, je suis allé voir aux environs la cascade de Grésy, choc de deux torrents furieux se rencontrant sur un lit de rochers et se confondant comme une trombe entre deux hautes murailles de granit. Dans l'après-midi, un âne superbe, lauréat des concours de Mme Rattazzi, m'a promené quatre heures, avec la démarche imposante et la gravité d'un Allobroge, à travers les beaux points de vue des alentours, en s'obstinant à me frotter la joue contre les épines de tous les buissons et à m'emporter par un trot soudain, accompagné d'un joyeux braiment, au beau milieu de tous les champs de maïs qui s'offraient à sa vue.

En société de ce glorieux et glouton quadrupède, sous la haute surveillance d'un ânier de douze ans, heureusement non moins têtu que sa bête, j'ai parcouru la colline de Tresserve et le bois Lamartine, d'où l'on a d'admirables échappées sur le lac aux flots bleus, et sur sa ceinture de montagnes, de cascades et de villages, dominée par la pointe acérée de la Dent du Chat. J'ai vu la Maison du Diable, bâtie jadis en une nuit par l'esprit malin, dans l'heureux temps des légendes, et habitée aujourd'hui par un Anglais excentrique qui s'y trouve comme chez lui; le château de Bonport, qui mire ses tourelles et baigne ses pieds dans le lac; Marlioz, aux sources d'eau sulfurée-sodique et iodo-bromurée (je viens de puiser cette science, qui m'épouvante moi-même, dans mon Joanne). C'est une promenade qu'il faut faire, mais qu'il ne faut pas raconter, à moins d'être poète descriptif.

D'Aix à Chambéry, il n'y a guère qu'une douzaine de kilomètres. Supprimons donc la route, et, puisque nous sommes parti, supposons-nous arrivé.

II

Chambéry et les Charmettes.

A Chambéry, nous entrons sur les terres de J.-J. Rousseau. Jusqu'à la fin de mon voyage en Savoie, j'ai pu suivre, pour ainsi dire pas à pas, le livre des *Confessions* à la main, la trace de l'éloquent et passionné sophiste.

La description de Chambéry sera bientôt faite et ne me mettra pas en grands frais d'adjectifs. La ville, sombre et noire, et comme enveloppée d'une poussière de suie, n'a d'autre physionomie que celle de son admirable site. Les rues en sont étroites, sauf une seule, qui a peut-être bien une douzaine de mètres de large, et que, dans leur orgueil national, les habitants ont décorée du nom de Place, comme si une simple rue ne pouvait être aussi ample que cela. L'unique, ou du moins la principale place de Chambéry est donc cette place Saint-Léger, qui est tout simplement une rue. D'autres voies sont bordées d'arcades, d'autres encore plantées d'arbres, et s'appellent boulevards. J'ai vu sur les boulevards une fontaine monumentale, où quatre éléphants, gros comme nature, jettent de l'eau par leurs trompes dans un bassin de pierre. Ces quatre têtes gigantesques flanquent les quatre faces du soubassement d'une colonne, en haut de laquelle s'élève la statue du général de Boigne.

Le général de Boigne, mort en 1830, a eu l'existence agitée d'un héros de roman. Ses aventures pourraient figurer dans les *Mille et une Nuits*. Ce fut un vaillant *condottiere*, qui parcourut l'ancien monde l'épée à la main, toujours en quête de nouvelles causes à défendre, et n'y regardant pas de fort près dans ses choix. Impossible d'imaginer une feuille de service plus cosmopolite et plus bariolée que la sienne. D'abord, il s'engage sous les drapeaux de la France, dans un régiment irlandais qui part pour l'île Maurice; puis il se rend à Ténédos et devient capitaine dans une troupe grecque à la solde de l'impératrice de Russie. Après toutes sortes de péripéties étranges, après avoir été fait prisonnier par les Turcs, qui l'emmènent à Constantinople, puis par les Arabes, qui l'emmènent au Caire, il passe dans l'Inde, où il commence par donner des leçons d'escrime, et finit par devenir le général en chef et le grand conseiller du rajah Sindiah. Dès lors, sa vie n'est plus qu'un rêve, que l'auteur de la *Floride* eût pu seul raconter avec les couleurs du sujet. En 1796, il quittait l'Inde, riche comme un nabab. Tout dépasse la mesure de notre maigre Europe dans ce pays fabuleux, où les plantes sont hautes comme des arbres, les rivières larges comme des fleuves, et où les millions se remuent à la pelle ; sous ce ciel de feu, où l'ardeur du soleil semble brûler le sang des hommes, aiguiser la férocité des bêtes fauves, donner à la nature une intensité de vie prodigieuse, et mûrir en même temps la fleur sur sa tige et les diamants dans les entrailles de la terre.

Me voici bien loin de Chambéry. J'y reviens avec le général de Boigne. Peu satisfait de tant d'aventures, l'insatiable héros voulut tenter celle du mariage, qui ne lui réussit pas aussi bien que les autres. Il passa les dernières années de sa vie à dépenser éclectiquement et philanthropiquement ses roupies indiennes, en embellissant Chambéry, en donnant un théâtre aux voltairiens et un collége aux Jésuites, non sans garder une demi-douzaine de millions pour fonder par testament des institutions charitables, dont le bienfait perpétue son nom dans sa ville natale.

Tout compte fait, le général de Boigne méritait bien une statue sur le haut d'une fontaine. Ce n'est pas, du reste, le seul personnage célèbre auquel Chambéry ait donné le jour : elle est aussi la patrie des deux de Maistre et de Vaugelas, ce Savoyard qui fut le législateur de la langue française. On a élevé devant le Palais-de-Justice une statue de bronze au président Favre. Derrière l'édifice s'étend un jardin ravissant, où, le soir, la belle société chambérienne vient étaler ses toilettes en faisant semblant d'écouter la musique du régiment. Cette promenade, toute parfumée de fleurs abondantes et tracée avec un goût parfait, est, s'il faut que je l'avoue, le seul des modernes embellissements de Chambéry qui m'ait beaucoup charmé. Il y en a une autre dans l'enceinte de l'ancien château des ducs de Savoie; mais je ne l'ai vue que du bout des pieds et du coin de l'œil.

Ce château mérite une visite, avec sa Sainte-Chapelle au beau chevet gothique, malheureusement gâtée par une façade moderne, et sa vieille tour ronde coiffée de créneaux tout neufs. Une concierge insinuante m'a beaucoup vanté la vue dont on jouit du haut de ce monument, et a paru surprise que je l'en crusse sur parole. Il est rare que les vues qu'on va chercher au haut d'une tour vaillent seulement la moitié des cinq cents marches qu'il faut grimper pour y atteindre. A dix pas de cette relique féodale, dans l'enceinte du vieux château, on a bâti une préfecture qui eût pu servir de palais à Victor-Emmanuel, du temps qu'il était roi de Savoie. Je doute même que Sa Majesté en eût fait construire un pareil. Il faut bien consoler Chambéry d'avoir perdu son titre de capitale, en lui montrant qu'un fonctionnaire français équivaut à un monarque étranger.

N'oublions pas les deux autres monuments de la ville : la caserne et la cathédrale.

Pour une belle caserne, c'est une belle caserne que celle de Chambéry ! Elle abrite trois mille soldats, et forme un carré parfait flanqué de pavillons aux angles, décoré de trois lignes de fenêtres, et précédé de cours où la cavalerie peut manœuvrer à l'aise. Ah ! c'est une bien belle caserne ! Et ce qui prouve qu'elle est appréciée à sa valeur, c'est que les photographes qui tirent des vues de Chambéry pour les stéréoscopes, ne manquent pas de lui donner la place d'honneur sur leurs planches. J'avais emporté comme *memento* un panorama de l'ancienne capitale de la Savoie ; je viens de m'apercevoir, en le regardant, que c'est tout simplement un panorama de la caserne.

La cathédrale a un assez joli portail du seizième siècle, soudé à un vaisseau du quinzième qui n'offre rien d'imposant. Dès qu'on dépasse le vestibule, l'œil est envahi de tous côtés par une écrasante profusion d'ogives, de statues, de niches et de bas-reliefs, qui la couvrent, jusqu'aux voûtes inclusivement, et sans la moindre solution de continuité, d'un immense réseau d'apôtres, de martyrs et de saints. J'étais en train de m'extasier, en myope ingénu, sur cette magnificence artistique, quand, en m'approchant de plus près, je m'aperçus que j'étais dupe d'une illusion d'optique peu faite pour tromper des yeux clairvoyants. Ces milliers de sculptures ne sont rien autre chose qu'un décor en grisailles jeté sur les murs, comme un papier de tapisserie dans un salon. Ce procédé économique, d'une mesquinerie que je n'ose qualifier de patriarcale, m'a singulièrement refroidi. Je songeais, en sortant, à ces robes de dentelles imprimées que portaient jadis les ouvrières coquettes qui voulaient jouer à la grande dame.

Qu'aurais-tu dit de ce faux luxe, ô Jean-Jacques, homme de la nature ? — Et voilà une transition toute trouvée ! Cette prosopopée me servira de pont pour franchir l'abîme qui sépare la cathédrale de Chambéry des Charmettes.

Je ne suis pas un grand dévot de Jean-Jacques, et je n'ai point entrepris l'excursion des Charmettes comme un pèlerinage. Mais si les Charmettes ont été profanées par les étranges révélations de Rousseau, elles ont été poétisées par son style, et elles gardent jusque dans leur nom ravissant je ne sais quel parfum de pervenche et de jeunesse en fleur.

On prend, au sortir de la ville, un joli chemin qui monte doucement entre deux coteaux. On marche vingt minutes sous l'ombre des grands noyers, et l'on arrive à un petit vallon, « au fond duquel coule une rigole parmi des cailloux et des arbres. Le long de ce vallon, à mi-côte, sont quelques maisons éparses, fort agréables pour quiconque aime un asile un peu sauvage et retiré. » Cent pas encore, et vous apercevez sur la droite les toits d'ardoises d'un logis de très-modeste apparence, calme comme un presbytère, bourgeois comme la *villa* d'un petit commerçant parisien.

C'est là.

« Entrez, monsieur, me dit une servante accorte, qui passe à côté de moi pour puiser de l'eau au ruisseau babillard, et qui me devine sans que je lui aie rien dit. Vous êtes bien aux Charmettes. »

Je monte vers la maison, et je la reconnais. Voici la petite cour, la terrasse où Jean-Jacques cultivait ses fleurs, le jardin au fond duquel bourdonnaient les ruches de Mme de Warens, la vigne au-dessus, le verger au-dessous, la fontaine à portée. Rien n'est changé, ce semble. Le livre de Rousseau est encore aujourd'hui le guide le plus exact pour le visiteur des Charmettes, et c'est à lui-même qu'il faut en emprunter la description. On dirait qu'en décrivant le lieu, il l'a fixé et figé dans cette immortalité que donne le génie.

Au rez-de-chaussée, dans la première pièce, le guide fait voir au visiteur un vieux clavecin et une montre massive, qui appartinrent au philosophe. La salle voisine est décorée d'un portrait et d'un buste de Rousseau, tous deux fort médiocres. Par un escalier en pierre, on monte au premier étage. Voici d'abord sa chambre à coucher, avec l'alcôve, la chaise longue où il s'étendait pour rêver, et le petit miroir où l'on se prend à chercher la trace du visage qu'il a si longtemps réfléchi. Dans la cloison, s'ouvre la porte de son cabinet de travail, dont il ne reste que le plancher.

Par l'unique fenêtre de ce cabinet on a une vue splendide sur les montagnes voisines. La Dent de Nivolet, le Montagny, le Galape dressent dans l'atmosphère bleuâtre leurs pics aigus, qui trouent les nuages et se couronnent d'un panache de vapeurs flottantes. C'est le luxe de cette maison étroite et médiocre, à qui la nature a fait un cadre admirable. On étouffe au dedans, mais il suffit de pousser la fenêtre pour s'ouvrir une vue sur l'infini.

La chambre de Mme de Warens est tout près de là, du côté du jardin. J'ai remarqué la profusion de tableaux de sainteté qui décorent les murs des Charmettes. Quelques-uns ont appartenu peut-être à Mme de Warens elle-même : ils n'en produisent pas moins, dans ces chambres pleines des souvenirs de l'auteur d'*Emile* et mises à nu par les confidences malsaines des *Confessions*, un contraste bizarre, où l'on pourrait voir une intention d'épigramme.

C'est tout. Vous payez 50 centimes, prix du tarif, et vous êtes libre d'acheter une liasse de photographies dont la vente constitue le bénéfice particulier de votre guide ; mais vous êtes libre aussi de n'en point acheter.

Ce séjour est celui du bonheur et de l'innocence, s'écriait le sensible Rousseau en entrant aux Charmettes. De ces deux substantifs il y en a au moins un de trop. Jean-Jacques s'est chargé de nous édifier sur l'innocence de Mme de Warens. Peut-être eût-il dû se souvenir qu'il n'était pas nécessaire de mêler à ses propres *confessions* la confession de sa bienfaitrice. Mais il l'a fait ; il a perdu à jamais sa mémoire et souillé son souvenir en l'entourant de ses protestations de filial amour. J'imagine qu'au moment où il écrivait ces malheureuses pages, l'ombre attristée de Mme de Warens a dû lui apparaître, pour lui dire avec le poëte :

Et vous m'assassinez avec un fer sacré !

dans une de ces prosopopées à la Fabricius dont son esprit était souvent hanté.

Rousseau, naïf jusque dans ses *poses*, a été si scandalisé — il l'avoue — par les théories de son aimable *maman*, qu'il va jusqu'à la traiter de sophiste. Il s'y connaissait. Mais il faut que le sophisme ait été bien gros pour émouvoir l'auteur d'*Émile*. Ainsi Mme de Warens fut doublement la maîtresse de Jean-Jacques : en amour et en philosophie. En prononçant contre elle, avec une gravité dont le sourire du lecteur fait justice, cette accusation de sophisme, il nous révèle peut-être, sans qu'il s'en doute, le secret de son long séjour aux Charmettes : son esprit, comme son cœur, s'y trouvait en pays de connaissance.

Je suis revenu par le chemin que Rousseau prenait tous les matins dans ses promenades avant le lever du soleil. Il est au-dessus de la vigne qui s'étend derrière la maison, et suit le haut de la côte jusqu'à Chambéry. De là le regard domine une vallée charmante et embrasse la ligne des Alpes à l'horizon.

Sans rentrer en ville, on peut s'acheminer au

Bout du monde. C'est un but d'excursion que je recommande aux touristes. En Savoie et en Suisse on rencontre plus d'une fois ce nom légendaire, qui serait ambitieux s'il ne respirait la religieuse terreur dont ces sites sauvages durent pénétrer l'âme du premier qui les vit. Nous avons le *Finistère* en France : c'est la même chose que le Bout du monde, avec un brin de pédantisme en plus.

Rien n'annonce pendant assez longtemps le spectacle qu'on va chercher. Une route plate, bordée d'arbres fruitiers, longe un cours d'eau rapide, et traverse un village où l'œil même de M. Théophile Gautier ne pourrait découvrir un atome de pittoresque. Mais par degrés, après trois quarts d'heure de marche, de légers indices, qui vont s'accusant de plus en plus, éveillent l'attention. La rivière bouillonne et bruit sur son lit de cailloux ; on approche de la base du Nivolet, et bientôt on y touche. Les hautes parois, semblables aux murailles d'un cirque romain, tournent en superposant à l'infini leurs assises de pierre ; le ruisseau court au bas et couvre les pieds de la montagne d'une végétation vigoureuse. On pénètre dans un dernier village, resserré et acculé contre le roc gigantesque, et l'on arrive sur un pont, près d'une grande usine d'où l'on voit devant soi la Doria s'échapper tumultueusement par une chute de vingt ou trente pieds, et, à sa droite, s'enfoncer dans une gorge du Nivolet la plus tranquille, la plus solitaire, la plus charmante promenade, — quelque chose comme une allée du bois de Meudon, avec une montagne nue pour contraste et pour repoussoir.

Si l'on veut jouir du spectacle dans toute sa beauté abrupte, il faut traverser l'usine, qui est une papeterie. C'est elle qui occupe le dernier plan de ce ravin sauvage, brusquement terminé par une paroi de rochers à pic, et qui cache le plus beau coin du tableau. Il se dévoile tout à coup dès qu'on a franchi l'établissement. Devant vous, à droite et à gauche, le Nivolet se dresse à perte de vue, fermant l'horizon comme un mur d'enceinte infranchissable qui semble marquer la limite du monde. La Leisse et la Doria jaillissent de ce fond rocheux par une demi-douzaine de cascades, et celles-ci se rejoignent en deux lits grossis encore à chaque pas par une pluie de petites chutes et d'impétueux filets d'eau, qui s'échappent des flancs de la montagne au milieu d'un bruit assourdissant. Tout cela babille, court, écume, bondit et se sauve le long du Nivolet, à la masse immobile et morne.

Le concierge de l'usine, qui m'avait fait pénétrer dans la cour et grimper jusqu'aux cascades par des marches humides et de petits sentiers tortueux, voulait me montrer la papeterie par-dessus le marché, et j'eus quelque peine à me dérober aux obsessions de son obligeance. Ce *post-scriptum* me paraissait un peu mesquin après ce que je venais de voir.

III

Genève et Ferney. — Le tour du lac.

Quand on a visité les Charmettes et le Bout du Monde, — et encore, si l'on veut y mettre de la conscience, les cascades de Jacob, — on peut quitter Chambéry sans remords. Pour gagner Genève, il faut revenir sur ses pas jusqu'à Culoz, à moins qu'on ne préfère passer par Annecy, et y prendre la diligence.

Depuis un discours célèbre de M. le Ministre d'État, tout le monde sait que Genève est la « cité des lacs. » J'y suis venu avec la ferme résolution d'explorer tous ces lacs jusqu'au dernier. Mais les notions géographiques sont si peu développées à Genève, et les habitants de la Suisse connaissent si mal les beautés naturelles de leur patrie, que pas un indigène n'a pu m'indiquer le chemin de ces lacs, révélés à la France par l'éloquence de M. Rouher. Un garçon d'hôtel, que j'ai interrogé à ce sujet, avec la sérénité d'un journaliste qui sait que son gouvernement n'a jamais commis une seule faute, et que Nos Excellences sont aussi infaillibles quand elles parlent des lacs de Genève que des mines du Mexique, m'a montré sous les fenêtres de ma chambre les flots bleus du Léman. « Et les autres ? » ai-je dit avec le cri d'Harpagon cherchant sa cassette. Le garçon d'hôtel m'a ri au nez comme un membre de l'opposition. Et il est sorti en toute hâte pour aller conter ma demande à ses collègues, que j'ai entendu ricaner en chœur dans le corridor, sans se douter, les misérables ! qu'ils se moquaient impudemment du Richelieu de la France moderne.

Le manque de temps ne m'a point permis de pousser mes investigations plus loin : j'ai dû me contenter du lac dont vous avez tous entendu parler et que vous preniez sans doute pour le seul et unique avant la révélation de cet étonnant homme d'État.

Qui ne connaît Genève, avec ce Léman chanté par Lamartine et dont Boufflers disait : « C'est l'Océan qui a envoyé sa miniature à la Suisse ; » avec son Rhône aux flots bleus et rapides, qui court comme un torrent sous ses vastes ponts de pierre et ses petits ponts de bois ; avec sa vieille ville aux ruelles étroites et grimpantes, aux hautes maisons sombres, sur lesquelles semble planer encore la maussade figure de Calvin, et sa ville nouvelle, aux rues larges, riches et sans caractère; — Genève, avec ses grands hôtels, ses cochers en cravates blanches et ses laquais en habits noirs, sa population d'horlogers, de bijoutiers, de grands négociants et de millionnaires, Suisses de par la géographie, mais qu'on prend pour des Français quand on les entend parler, et pour des Anglais dès qu'on les voit agir. Cette ville cosmopolite est si connue que je saisis avec empressement ce motif de n'en rien dire, de peur d'en dire trop peu pour le sujet, et trop pour le peu d'espace qui me reste.

Genève est une ville banale lorsqu'on la voit à la surface, en touriste ou en commis-voyageur, curieuse et originale lorsqu'on l'étudie à fond. J'y suis resté quatre jours, et n'ai point négligé l'excursion classique à Ferney. Mais le domestique qui montre aux visiteurs les deux pièces du rez-de-chaussée dans lesquelles est circonscrit le pèlerinage, et où l'on a entassé toutes les reliques de Voltaire, m'a paru manquer totalement d'enthousiasme, je dirai presque de conviction. En vain j'ai tenté de provoquer ses épanchements; il s'est tenu sur une réserve prudente. C'est un personnage muet, qui se borne à recevoir l'obole du pèlerin et à l'inviter, mais sans insistance, à écrire sur un registre *ad hoc* les impressions dont son âme déborde.

Pour m'aider dans cette pénible tâche, je lui ai demandé de me communiquer les siennes : il m'a répondu qu'il était nouveau dans la maison. J'ai essayé alors d'un autre moyen; je me suis permis d'apprécier peu révérencieusement la broderie où la grande Catherine s'est représentée elle-même, en buste et de profil, avec une inexpérience plus évidente encore que sa bonne volonté, et de murmurer les mots de peinture d'enseigne devant le tableau de l'*Apothéose de Voltaire*, où l'on voit le patriarche accueilli dans le séjour des élus par Socrate, tandis qu'un Dieu foudroie à ses pieds le monstre de l'Envie, personnifié dans les figures éperdues de Sabatier, de Fréron et de Lefranc de Pompignan. Le lâche a souri. Il ne vend même plus la canne de Voltaire, sous ce prétexte indécent, dont on ne se fût pas avisé aux époques de foi, qu'elle a déjà été achetée par cinq cents Anglais.

Ce qu'il y a de beau à Ferney, c'est le jardin, le parc immense, la vue de la terrasse sur les deux Salèves, le pic du Môle et les cimes neigeuses du mont Blanc. Voltaire avait choisi son horizon en homme de goût; mais qu'en a-t-il fait ? Jamais poète n'eut à sa porte un site plus inspirateur et ne s'en inspira moins. Il n'y a pas un seul reflet des Alpes dans son œuvre. C'est là qu'il passa vingt ans, occupé à chercher des fautes de grammaire dans Corneille, à écrire le *Pauvre Diable, Micromégas,* l'*Écossaise, Jeannot et Colin,* à défendre Calas et à pulvériser Nonotte et Patouillet.

Si le lac du Bourget appartient à Lamartine, le lac de Genève est la propriété de Rousseau, qui ne la partage qu'avec lord Byron. Lamartine l'a chanté aussi, mais il n'a point dépossédé ses deux devanciers.

Les moyens ne manquent pas à qui veut faire le tour du lac. Cependant, quoiqu'il y ait cinq ou six départs quotidiens de bateaux à vapeur pour les deux rives, c'est l'affaire de quatre jours au moins, pour peu qu'on veuille s'arrêter aux stations principales. Et il faut s'y arrêter, car la nature a multiplié ses séductions et ses enchantements sur les bords de cette mer du Rhône, dont la variété d'aspect égale la mobilité de ses flots. A chaque pas un souvenir vous guette au passage, un site incomparable éblouit vos regards. C'est d'abord Coppet, dont on voit, du pont du bateau, derrière les maisons qui baignent leurs pieds dans l'eau du Léman, le château de modeste apparence, immortalisé par le nom de Mme de Staël. Puis voici Prangins, et en avant, sur une pointe de terre plongeant dans le lac, encadré entre deux petits bois qui lui font une ceinture d'ombre, la *Bergerie* du prince Napoléon, dont les goûts bucoliques sont bien connus. Tous les passagers lorgnent à qui mieux mieux la villa maritime de ce prince que M. About appelle un César déclassé, et que je me permets d'appeler à mon tour un César trop classé. Cette églogue en belles pierres de taille, d'une architecture un peu fantaisiste, mais qui m'a paru charmante, couronnée d'une tour à gauche, flanquée à droite d'un petit pavillon que coiffe un clocheton coquet, dans la position la plus exquise que puisse rêver un poëte et conquérir un prince, eût inspiré l'amour de la pastorale à M. Nestor Roqueplan lui-même. C'est le Trianon du lac de Genève.

Après Prangins et la Bergerie, vient Nyon, si joliment étagée pour le plaisir des yeux ; Nyon que domine, comme un drapeau planté au sommet, son château de la Renaissance, jadis le palais des baillis bernois, aujourd'hui la résidence des prisonniers du pays de Vaud. En Suisse comme partout, les besoins de la civilisation moderne ont forcé de prendre les palais pour y loger des voleurs. Et après Nyon, c'est Morges, dont Voltaire comparait la situation à celle de Constantinople, qu'il n'avait jamais vue.

Qui ne connaît Lausanne et Vevey ? Souffrez

donc que je me contente de vous montrer du doigt, sans quitter le pont du bateau, la capitale escarpée du canton vaudois, l'Athènes de la Suisse, juchée sur son roc, descendant vers le lac par une avenue tortueuse et ombragée, et poussant jusqu'aux flots son faubourg d'Ouchy, qui se cache au milieu des arbres de la rive à la façon d'une nymphe parmi les saules.

Lausanne, avec « sa cathédrale qui la coiffe comme une tiare » (ceci est de Victor Hugo, ai-je besoin de le dire?), s'élève en amphithéâtre sur les bords du Léman. Vevey, au contraire, est couchée sur la plage, et longe le lac où se mirent ses maisons de campagne, ses hôtels et ses jardins. En grimpant, derrière la ville, à la terrasse isolée de l'église Saint-Martin, dont la grosse tour apparaît de loin comme un phare, on a sur l'immense nappe d'eau, pailletée d'or et d'argent à la pointe de chaque vague par les rayons du soleil, voilée de vapeurs bleues dans le fond, entourée d'un cercle de montagnes au pied desquelles éclate la blancheur des villages, une de ces vues dont rien ne peut donner une idée, et qu'on emporte gravées à jamais dans la pupille de l'œil.

« J'ai pris pour cette ville, écrivait Rousseau, un amour qui m'a suivi dans tous mes voyages, et qui m'y a fait établir enfin le héros de mon roman. Je dirais volontiers à ceux qui ont du goût et qui sont sensibles : « Allez à Vevey, et dites si la nature n'a pas fait ce beau pays pour une Julie et pour un Saint-Preux ; mais ne les y cherchez pas. » Je n'ai guère, en effet, rencontré dans les rues et sur les promenades que de petites filles aux cheveux mal peignés et aux pieds nus, ramassant dans des paniers le bienfaisant engrais qu'y laisse au passage la plus noble conquête de l'homme, et ne rappelant en rien la Nouvelle Héloïse.

A Clarens, les souvenirs de Byron se mêlent à ceux de Rousseau, et à mesure qu'on avance vers le fond du lac, c'est Byron qui domine. Bien que Jean-Jacques ait placé près du château de Chillon la catastrophe qui forme le dénouement de son livre, on oublie Saint-Preux et Mme Wolmar pour ne songer, en face de la vieille forteresse aux murailles majestueuses, à la riche couronne de créneaux et de tourelles, bâtie sur un rocher qui s'avance en promontoire, qu'au prisonnier chanté par le poëte anglais. O puissance du génie ! Ce captif, qui n'a jamais existé que dans l'imagination de l'auteur de *Child-Harold*, est devenu un personnage réel. Il a conquis sa place au Panthéon des martyrs. On se fait montrer son cachot, comme celui de Dantès et de l'abbé Faria au château d'If. Bien plus, la légende a détrôné l'histoire, et plus d'un touriste, en voyant l'anneau auquel Bonivard fut enchaîné six ans, et le sillon que ses pas ont creusé dans le roc en tournant autour de son pilier, ont cru voir la trace laissée par le prisonnier de Byron.

Villeneuve occupe le fond du lac, et des flottilles de barques, chargées de cargaisons de bois et de plâtre, s'agitent sans cesse dans sa petite rade. Quand on a touché barre à cette *ultima Thule* du Léman, on peut s'en retourner à Genève par la rive gauche, devenue française depuis l'annexion de la Savoie. Mais le service des bateaux à vapeur n'est pas aussi complètement organisé de ce côté que de l'autre, et si l'on veut s'arrêter à l'une des stations, il faut se résigner à y attendre pendant vingt-quatre heures. Cette considération m'a retenu et je me suis contenté d'examiner avec une longue-vue Saint-Gingolph, accroupi au pied de la Chauměny, sur des débris de montagnes charriés par le torrent de la Morge, et qui semble suspendu entre une avalanche et une inondation; Évian et sa plage charmante; Amphion, au nom musical, dont les eaux ferrugineuses, jadis très en vogue, ont été détrônées par celles de sa voisine et victorieuse rivale; Thonon, dont les pieds trempent dans le lac, que sa tête domine et semble surveiller du haut de son abrupte colline. Ce fut un coup d'œil en passant.

Le Léman a vingt lieues de longueur ; sa largeur et sa profondeur varient dans des proportions infinies. Jamais, du bateau à vapeur, on ne perd entièrement de vue aucune des deux rives, et l'œil est également sollicité, à droite et à gauche, par la richesse et la variété de l'admirable panorama qui s'y déroule. Ici, la profondeur n'atteint même pas cent mètres; là, s'il faut en croire les mariniers, qui mettent peut-être une certaine fatuité à surfaire leur lac, on n'a pu parvenir encore à la constater. Autour du château de Chillon, dit Rousseau, j'ai vu sonder à plus de cent cinquante brasses, qui font près de huit cents pieds, sans trouver le fond. Aux environs de Meillerie, fameux par le naufrage de Byron et de son ami Shelley, la sonde descend à 350 mètres. Dans ce vaste réservoir, d'une limpidité singulière, on pêche d'excellents poissons fort appréciés des gourmets. Quelques-uns constituent des races spéciales au Léman. Je recommande surtout au baron Brisse la *fera*, dont j'ignorais même le nom, et dont j'ai goûté pour la première fois à Lausanne la chair d'une finesse et d'une saveur exquises.

Le lac de Genève, où viennent se jeter quarante et une rivières, sans compter le Rhône, qui le traverse avec la rapidité d'une flèche en s'y purifiant de toutes ses souillures, est une véritable mer, ayant ses vagues, ses tempêtes, ses brusques changements de niveau, semblables à des marées irrégulières. Une dizaine de vents pernicieux y ont élu domicile et en font leur jouet perpétuel. D'une minute à l'autre, sans raison appréciable pour les profanes, il s'agite, se trouble, se soulève, et communique au bateau un mouvement de roulis inquiétant pour les pieds et les estomacs peu marins. A Vevey, tandis que j'attendais le passage de l'*Helvétie*, j'ai été témoin d'une tempête en miniature. Une *vaudaire*, la *fleur* la plus redoutée de cette rose des vents qui s'amusent à bouleverser le lac plus souvent que ne le souhaiteraient les passagers, était descendue à l'improviste, vers 4 heures du soir, des gorges de la Savoie. On sentait à peine un léger souffle de brise dans les rues de la ville ; mais les vagues du Léman, soulevées et furieuses, roulaient avec un clapotement de sinistre augure, grimpaient par-dessus les parapets du quai, et, en se rencontrant dans leur choc, envoyaient jusque sur la terrasse du Café du Lac des douches violentes, qui renversèrent pêle-mêle une demi-douzaine de chopes sur un article de M. Guéroult. La passerelle du port était envahie par des trombes extravagantes, que deux princesses de la Chaussée-d'Antin contemplaient avec une mélancolique terreur, en songeant au sort désastreux qui attendait leurs toilettes quand il leur faudrait franchir ce pont battu des flots.

La Providence compatissante leur épargna ce malheur. Le bateau passa sans pouvoir, ou sans oser s'arrêter. Les deux Parisiennes gagnèrent le chemin de fer en rendant grâces à Dieu, et je rentrai à l'hôtel pour y attendre le lendemain, fort contrarié d'avoir manqué le bateau de midi en m'attardant à chercher les traces de Saint-Preux, et répétant sur un air connu : « C'est la faute à Rousseau ! »

IV

Saint-Maurice et Martigny.

A Bouveret j'ai pris le chemin de fer pour Saint-Maurice. Saint-Maurice n'est qu'un village de quinze cents âmes, mais si riche en souvenirs, en trésors de toute sorte, en beautés sauvages et en curiosités naturelles qu'il faudrait au moins une semaine pour les épuiser. Je n'y ai passé qu'un jour, et n'ai pris que la fleur du panier. Un journaliste doit savoir se borner lorsqu'il voyage, aussi bien que lorsqu'il écrit.

Le village ne se compose guère que d'une rue entre deux rangées de montagnes. Les maisons sont littéralement adossées au roc, dont la masse perpendiculaire semble les écraser. On dirait de misérables taupinières alignées à l'ombre d'un rempart gigantesque. La Dent du Midi élève au-dessus de cet océan de pierre ses sommets neigeux, dont la blancheur splendide éblouit les yeux.

Saint-Maurice doit son nom actuel au chef de cette légion thébaine qui y périt pour la foi sous l'empereur Maximien. A l'endroit où, suivant la tradition, coula le sang des six mille soldats, s'élève aujourd'hui la chapelle des Martyrs. L'abbaye de Saint-Maurice est à la fois le plus ancien et le plus illustre monastère des Alpes. Fondée au quatrième siècle, reconstruite au sixième, avec magnificence, par le roi de Bourgogne, Sigismond, qui était venu y expier dans une pénitence austère le meurtre de son fils Childéric, elle fut ravagée par les Lombards et incendiée par les Sarrasins. L'édifice actuel date du douzième siècle seulement, ce qui est déjà une antiquité fort respectable; mais le clocher, trapu et carré, est de deux cents ans plus vieux. Il ne faut pas oublier le *trésor* : c'est un des plus riches et des plus intéressants qu'il soit possible de voir. Bien des métropoles du premier ordre, Notre-Dame de Paris en tête, envieraient à ce monastère, enseveli dans les gorges des Alpes, ces châsses innombrables, d'une matière si précieuse et d'un travail plus précieux encore; l'aiguière de Charlemagne, en or fin, décorée d'émaux cloisonnés et de cabochons énormes; le vase de Saint-Martin, objet d'art admirable, sardonyx creusé en coupe et travaillé en camée avec une perfection qui rappelle l'art grec ; la crosse en or massif et la mitre constellée de pierreries du pape Félix V, l'ermite de Ripaille ; le reliquaire en argent forgé de saint Bernard de Menthon, fondateur de l'hospice où les voyageurs trouvent, à 2,500 mètres au-dessus du niveau de la mer, une auberge tenue par des amis, qui les accueillent pour l'amour de Dieu ; enfin, l'épine que Louis IX détacha de la sainte couronne pour en faire cadeau à l'illustre et vénéré monastère.

L'abbaye de Saint-Maurice est bien déchue sans doute. Elle n'a plus aujourd'hui cinq cents moines chantant jour et nuit les louanges divines ; mais elle occupe encore un très-haut rang dans la hiérarchie monastique. L'abbé, crossé et mitré, porte le titre de comte, ne relève que du Saint-Siége, et a reçu, depuis quelques années, le titre d'évêque de Bethléem *in partibus*.

Au sortir de l'abbaye, j'ai grimpé au château, un vieux bâtiment solitaire et délabré, qui sert, je crois, de gendarmerie, et de là, par un rude sentier, à la grotte des Fées, qui s'ouvre, dans les flancs de la montagne, à 150 mètres environ au-dessus du Rhône. Le guide attaché à la grotte s'intitule *sommelier*, on ne sait pourquoi, à moins que ce ne soit à cause de la vague ressemblance de cette grotte avec une cave, ou encore à cause des rafraîchissements qu'il offre aux voyageurs. Mais le sommelier était déjà en fonctions lorsque j'arrivai à la maisonnette qui garde l'entrée de la caverne. Je dus prendre pour guides une jeune fille étrange, dont la taille et la figure avaient douze ans au plus, dont le langage et les manières avaient trente ans au moins, puis un garçon de dix-huit à vingt ans, au corps et à l'esprit noués, trait d'union vivant entre les êtres raisonnables et les crétins du Valais, dont la région est proche, et les annonçant déjà, à peu près comme les premières ramifications du Jura annoncent la chaîne des Alpes. Chacun de nous s'arma d'une bougie, et nous nous engageâmes dans l'obscur défilé qui s'ouvrait devant nous.

Il y a cinq ans à peine que la Grotte aux Fées a été découverte, par le plus grand des hasards. Le Christophe Colomb de cette curiosité naturelle fut, si je ne me trompe, le propriétaire de l'un des deux hôtels de Saint-Maurice, et peut-être le calcul de l'aubergiste a-t-il eu autant de part que l'enthousiasme des habitants au nom quelque peu ambitieux dont on l'a baptisée. Cette Grotte aux Fées n'est, en somme, qu'un interminable couloir, d'une physionomie assez monotone. On n'y rencontre ni les vastes salles aux voûtes hardies, aux proportions colossales, ni les accidents pittoresques ou terribles, les torrents qui s'engouffrent avec fracas, les étages de rocs qui se superposent en fuyant, ni l'infinie variété d'aspects qui caractérisent les merveilles du genre. Je n'y puis guère voir qu'un très-bel embryon de grotte, où il reste beaucoup à découvrir encore, — un début qui a besoin de se compléter pour acquérir toute sa valeur.

Quelques stalactites de minces dimensions, mais d'une forme et d'une couleur charmantes, suspendent à la voûte leurs tubes coniques, diaphanes comme de l'albâtre, à l'extrémité desquels perle une goutte d'eau, mi-solide, mi-liquide, en train de se changer en perle. Sur le sol, de maigres stalagmites arrondissent çà et là leurs mamelons bizarres. De loin en loin, des échelles dressées contre la paroi invitent le voyageur à grimper jusqu'à des excavations où le roc affecte des formes curieuses et prend l'apparence d'un amas de coquillages ou d'éponges. On traverse une planche jetée sur un ruisseau qui fait beaucoup de bruit pour rien, et le guide vous apprend que vous venez de franchir le *Pont du Diable*, et que, dans les grandes eaux, cette partie du couloir est métamorphosée en lac. A cinq cents mètres de l'entrée, un buffet creusé dans le roc attend le visiteur; j'y ai savouré un verre d'anisette, mêlé d'une décoction d'insectes et de bouchon moisi.

A partir de cet endroit, l'air se fait rare, les lumières baissent; bientôt, malgré les précautions les plus minutieuses, ma bougie s'éteint à chaque pas. Il faut revenir en arrière, car si celle de mes compagnons s'éteignait aussi, jamais on ne pourrait enflammer une allumette dans cette atmosphère humide et sur ces parois qui suintent. Pour mieux me décider au retour, mon guide féminin me conte la légende d'un chanoine égaré en sa compagnie, il y a deux ans, dans les obscures profondeurs de la grotte, et qui passa trois heures à retrouver l'entrée. Ce récit me terrifie, bien que je soupçonne cette enfant précoce d'avoir lu Delille, et de me traduire en prose valaisane l'épisode du jeune ami des arts perdu dans les Catacombes. Le semi-crétin qui nous escorte s'associe à la narration par des gémissements inarticulés qui portent le comble à mon épouvante.

Deux habitants de Saint-Maurice prirent un jour la résolution énergique de pénétrer aussi avant que possible dans les mystères de la Grotte des fées. Armés de tout un arsenal de bougies, de lanternes et de torches, ils purent atteindre une profondeur de sept cents mètres, je crois, en gardant leurs lumières. Puis soudainement, comme par un coup de théâtre, toutes les torches s'éteignirent. Ils continuèrent à avancer, en suivant la paroi avec des bâtons, en se couchant à plat ventre et en rampant sur les mains. Ils allèrent ainsi jusqu'à une distance de mille mètres. Le couloir se prolongeait toujours, mais ils respiraient avec peine, et ils durent reculer devant une menace d'asphyxie, sans avoir trouvé le bout de ce défilé souterrain, qui a peut-être plusieurs lieues d'étendue.

Nous n'avons encore vu que la moitié des richesses de Saint-Maurice, et la moindre. Il reste à visiter l'ermitage de Notre-Dame de Sex, juché, au flanc de la montagne, sur un pli de rocher d'où l'on aperçoit le Rhône impétueux coulant à six cents pieds au-dessous. Après quoi, on ne peut se dispenser de prendre un *char* pour faire une excursion dans le voisinage : — à la cascade de Sallanches, plus connue sous un nom d'un réalisme désolant, que je n'ose écrire ici, parce que nous ne sommes pas dans la patrie du *Ranz des vaches* ; puis aux Gorges de Trient, l'un des spectacles les plus saisissants et les plus merveilleux de la Suisse, c'est-à-dire de l'Europe, et peut-être du monde. Figurez-vous une crevasse produite par l'écartèlement d'une montagne, comme si quelque Milon de Crotone y eût enfoncé un coin gigantesque, ou quelque Roland des temps fabuleux l'eût fendue d'un coup de sa Durandal. Au fond de la sombre crevasse on est parvenu à sceller une sorte de balcon en bois, ou un pont latéral, que surplombe le roc effroyable s'élevant à pic à une prodigieuse hauteur, avec des renflements, des contorsions et des aspérités sinistres, et qui domine le torrent écumeux dégorgé par le glacier et courant au Rhône avec un bruit infernal. Le pont s'accroche où il peut, en passant de l'une à l'autre paroi, et s'allonge pendant dix minutes au-dessus de l'abîme jusqu'à la cascade du Trient, qui barre hermétiquement la voie. J'avais préparé avec amour une forte description des Gorges de Trient, rehaussée d'épithètes bien choisies et enluminée de couleurs truculentes à faire pâlir les décors de Cambon. Mais je me résigne à couper net mon chef-d'œuvre, pour ne point trop allonger ce chapitre.

Sur la route de Saint-Maurice à Sion le nom du Grand-Saint-Bernard me fit descendre à Martigny. Depuis l'enfance, l'ascension de ce mont légendaire souriait à mon imagination : non qu'elle ait droit de compter parmi les plus difficiles ou les plus pittoresques ; mais elle compte toujours parmi les plus renommées. Nulle autre ne pose mieux un touriste, et à moins de frais, dans l'estime de ses connaissances, et, quoi qu'en ait dit le poëte, à vaincre sans péril on y triomphe avec gloire.

Ce fut dans cette vague intention que je m'arrêtai à Martigny, — un grand village tapi, comme un grain de sable dans un entonnoir, au centre d'un vaste entassement de montagnes, et qui devient, pendant la saison, la propriété exclusive des Anglaises en mal d'ascension et des membres de clubs alpins. Pareil au bretteur qui s'escrime contre un mannequin avant un duel, je me préparai d'abord en escaladant la Pierre-à-Voir, rocher pointu comme la dent d'un écureuil, d'où l'on jouit, à ce qu'assurent les guides, d'un panorama superbe, quand il n'est pas intercepté par le brouillard. On y monte péniblement à dos de mulet, mais on en descend avec la rapidité de la flèche, par un sentier presque perpendiculaire, sur un traîneau que modère de son mieux, moitié dirigeant et moitié entraîné, un montagnard debout à la poupe de l'embarcation. C'est là toutefois un exercice qui semble plus fait pour les troncs d'arbre que pour les hommes, et que je n'oserais conseiller aux personnes délicates ou sujettes au vertige.

Dirai-je maintenant la raison qui m'a détourné de mon projet primitif?... Muse de la réticence et de la périphrase, viens à mon aide!... Parmi les avis que mon Guide prodigue aux voyageurs, j'avais lu cet aphorisme d'un grand sens, et qui en dit plus qu'il n'est gros :

« Si l'on est écorché, appliquer sur la plaie

« du suif ou une compresse de teinture d'arnica. » L'ascension de la Pierre-à-Voir m'avait fait sentir, par une expérience cuisante, toute la sagesse pratique de ce conseil, et j'ai reculé devant la provision de suif dont il m'eût fallu encombrer ma valise.

Je me suis donc contenté, comme Moïse sur le mont Nébo, d'aller contempler la terre promise du haut d'une vieille forteresse du treizième siècle, qui dresse au sommet d'un roc voisin sa tour mutilée et les débris de sa formidable enceinte. Ce nid féodal semble presque à portée de la main : on y monte par un petit chemin tout à fait engageant, garni, à son début, de planches et de garde-fous, et coquettement pavoisé d'étendards cantonaux et fédéraux. Une Parisienne même passerait sans défiance. Au bout de cinquante pas, les planches, les drapeaux et les garde-fous disparaissent ; le roc se dévoile, la route s'allonge : vous tournez la tête en arrière, mais un sentiment de mauvaise honte vous retient, et vous allez jusqu'au bout, en pestant contre les forteresses du moyen-âge et les sottes manies grimpantes du touriste. Au seuil de la tour, l'ascension recommence sur nouveaux frais : on ne veut point être venu jusque-là pour s'arrêter au bas d'un escalier, et l'on boit le calice jusqu'à la lie.

Sur la plate-forme, sont installés une petite vieille et un grand télescope. La vieille est la fée de ces ruines, où elle a fixé sa demeure. J'ai vu, en passant, bouillir son pot-au-feu sous la voûte gothique de Pierre de Savoie. Elle loue la tour 100 fr. par an à l'évêque de Sion, dont elle est la propriété, pour la sous-louer vingt sous par visite aux curieux. A ce petit commerce, elle joint un débit de bière et de limonade, fort apprécié au temps chaud par les touristes pris au piége, et elle se vante d'avoir trouvé dans les oubliettes du château une cave que lui envieraient les Tuileries. C'est ainsi que le moyen-âge lui-même peut s'accommoder aux progrès de la civilisation moderne !

Braquant la longue-vue sur tous les points de l'horizon, j'ai successivement fouillé du regard et parcouru dans leurs moindres détails la vallée du Rhône et la Dranse impétueuse qui bondit comme une folle à travers la prairie, la Dent de Morges, la Forclaz, le lac Catogne, la Gemmi où périt Mme de Maupas, le Col de Balme, qui vit la fin d'un Cambacérès, puis, frileusement blotti sur les bords du fleuve, au pied de dix montagnes, le village de Fully, cher aux botanistes par la multitude de ses plantes rares, affreux aux philanthropes et aux gens nerveux par sa population de crétins, ces tristes plantes de la botanique humaine, qui poussent au flanc des montagnes comme une mauvaise herbe dont tous les efforts de la science n'ont pu extirper encore la racine. Enfin, au plus lointain du ciel, se cachant derrière la Dent de Ferret, j'ai vu le grand Saint-Bernard (des yeux de la foi), et l'ai salué comme une nouvelle connaissance qu'on se réserve de cultiver plus tard.

V

Sion. — Louesche et ses bains. — Le col de la Gemmi. — Les échelles d'Albinen.

Entre Martigny et Sion, le chemin de fer franchit la station de Saxon-les-Bains, qui est en train de conquérir une certaine notoriété par le monde. Saxon possède d'abord une eau iodurée excellente contre les affections scrofuleuses et cutanées, puis un Casino, où l'on joue la roulette et le trente et quarante. A moins d'être scrofuleux jusqu'à la moelle des os ou d'avoir une maladie de peau, il faut être vraiment possédé par le démon du jeu pour aller s'enfouir dans ce petit village perdu, dont le seul aspect exhale un ennui profond.

Je n'ai donc eu aucun effort à faire pour résister à une tentation qui n'existait pas, et ne suis descendu qu'à Sion.

Sion est la capitale du Valais : ce renseignement fera plaisir aux géographes. On y compte, dit le Guide-Joanne, que je copie pieusement, 4,203 habitants dont 3,999 catholiques, — mettons quatre mille pour faire un compte rond : d'ailleurs la dernière édition du Guide étant de 1865, il est bien probable que la population catholique s'est accrue, depuis lors, de cet unique habitant qui manque au total du scrupuleux M. Joanne. Malgré son nom biblique, la ville n'a rien d'oriental, sinon sa malpropreté. On n'y trouve point d'odalisques, et les femmes qui passent par les rues, en robes de laine courte, dont la taille remonte sous les bras, en souliers ferrés, qui retentissent comme le sabot des mulets indigènes sur les durs cailloux dont la ville est semée, coiffées de chapeaux bizarres et indescriptibles qui ressemblent à des citadelles avec mâchicoulis et forts détachés, ne font point du tout rêver au paradis de Mahomet.

Cependant j'ai vu peu de goîtres, et ceux que j'ai vus, — c'est une justice à leur rendre, — étaient si petits, j'allais dire si mignons, que ces dames les portaient avec une sorte de coquetterie, comme une bague au doigt. Je n'ai rencontré que deux crétins en tout, et ils étaient incomplets.

Le lendemain de mon arrivée était un dimanche. La cathédrale, où j'ai assisté à la messe, ne vaudrait pas un regard sans sa curieuse tour romane, à galerie crénelée. Elle est antique, mais laide, même pour l'archéologue le plus résolu. A l'encontre des hommes, et surtout des femmes, les monuments embellissent d'ordinaire en devenant vieux : la vérité m'oblige à proclamer qu'il n'en est pas ainsi pour la cathédrale de Sion. Il ne se peut rien voir de plus pauvre, de plus humble d'aspect, que l'assistance qui se pressait à la messe, mais aussi rien de plus dévot et de plus recueilli. J'ai fait la même remarque dans tout le Valais. Ces populations indigentes et laborieuses, à qui leurs montagnes servent de barrière contre tous les genres de bienfaits de la civilisation, semblent puiser encore un redoublement de ferveur, comme il arrive souvent, dans leur contact avec les cantons protestants. Les 3,999 catholiques de Sion m'ont tout l'air d'en valoir trente mille de Paris.

J'ai visité l'Hôtel-de-Ville, dont la porte est décorée de quelques serrureries curieuses, et où l'on voit, encastrée dans le mur du vestibule, une inscription qui compte parmi les plus précieux trésors de l'épigraphie chrétienne. Puis, à travers des ruelles étroites et tournantes, par de sombres escaliers, usés, salis, mal odorants, qui semblent conduire à quelque poterne abandonnée, je suis monté jusqu'aux deux rocs abrupts qui dominent la ville, coiffés de ruines d'une physionomie originale et sentant le moyen-âge à faire bondir de joie le cœur d'un antiquaire.

Sur le rocher de gauche s'élève, comme un décor d'opéra, une ligne de remparts crénelés, flanqués à l'arrière des débris d'un château fort, qui fut détruit au dernier siècle par un incendie, le vingtième au moins, mais le plus terrible de tous ceux dont cette malheureuse ville de Sion, tant de fois ravagée par la main des hommes et par la colère des éléments, par les fléaux de la guerre et par ceux de la nature, ait conservé la trace. Sur le rocher de droite, au-dessus du séminaire, juchée tout près du ciel, se dresse la lourde tour de l'église Valéria, bâtie de pièces et de morceaux, du septième au quatorzième siècle, portant la trace de tous les styles — roman, byzantin et gothique — où l'on découvre encore quelques fragments d'un temple païen, purifiés par leur consécration au vrai Dieu. Les cassures des dalles laissent apparaître le roc sur lequel l'église est bâtie.

Un jubé en pierre du treizième siècle ouvre au bout de la nef une voûte sous laquelle on monte dans le chœur, qui est du dixième siècle, et que décorent des stalles du seizième et du dix-septième, où l'ouvrier a fait de son mieux pour produire un chef-d'œuvre, sans y réussir. Un couloir latéral, obscur et défoncé, conduit dans la petite chapelle Sainte-Catherine, qui possède le tombeau vénéré du doyen Will, objet d'un pèlerinage assidu, et des fresques dans lesquelles la naïveté de l'artiste s'est ajoutée à celle de l'art pour représenter les divers épisodes de la vie de l'évêque Jorden et de ses deux filles, qui se consacrèrent à Dieu comme lui, après la mort de leur mère.

Mais, en fait de fresques, l'église Valéria a mieux à offrir au visiteur. Une surtout, — celle qui représente, dans le chœur, la naissance du Christ, l'adoration des mages et des bergers, etc., — vaudrait l'escalade du rocher à elle seule : je suppose toutefois que le lecteur n'est point affligé d'un asthme ni d'une obésité trop prononcée. Elle remonte à une époque où l'on ne soupçonnait même pas les lois les plus élémentaires de la perspective aérienne : on y voit, au dernier plan, des oiseaux et des anges qui sont juste de la même taille que les arbres et les maisons. L'art et l'âme du peintre se révèlent dans la figure de la Vierge et dans celle de l'enfant, d'une grâce et d'un sentiment exquis. Cette grande miniature, qu'on dirait arrachée à quelque livre d'heures colossal, et que j'ai qualifiée de fresque sans aucune raison valable, car elle est peinte sur toile collée sur bois, trahit, malgré des restaurations et des retouches évidentes, une origine six ou sept fois séculaire.

En redescendant, j'ai rencontré une toute petite église blottie dans l'échancrure qui sépare les deux rocs. Jadis, les évêques de Sion faisaient journellement, sans y songer, ce trajet d'un rocher à l'autre. Le château était leur demeure, et l'église Valéria leur chapelle. Habitant sur l'un des rocs, ils trouvaient tout naturel de loger leur oratoire sur l'autre, afin de prendre un peu d'exercice après leur dîner, sans compter leur descente à la cathédrale de Sion. Pour nous, citadins énervés par l'atmosphère méphitique du gaz et des égouts, qui prenons un fiacre quand il s'agit de gravir la butte Sainte-Geneviève et d'arriver au Panthéon, c'est un sujet perpétuel d'étonnement que cette solidité inattaquable du poumon et du jarret montagnards. Sierre et Sion sont entourés de champs, dont les propriétaires demeurent souvent à trois ou quatre lieues dans la montagne. Chaque jour, pendant la saison, ils viennent cultiver eux-mêmes leur terre et s'en retournent le soir, après un travail de douze ou quatorze heures, marchant la nuit et mangeant en route, afin de ne pas perdre une minute.

Quand je fis mon ascension à Louesche et au col de la Gemmi, en compagnie de la petite colonie parisienne qui venait d'inaugurer le tronçon du chemin de fer de Sion à Sierre, le conducteur de ma voiture — car, je ne rougis pas de l'avouer, la voiture est le mode de locomotion que je préfère dans les montagnes, jusqu'à la limite extrême où elle peut monter — se dégourdit les jambes pendant tout le trajet, en marchant à côté de son cheval. Si la bête se mettait à trotter, il trottait derrière elle. En arrivant à Louesche, après cinq heures de cet exercice, il était frais et dispos comme après une promenade dans son jardin. Il détela son cheval et s'aperçut qu'il avait oublié sa pipe à Sierre. Il sembla contrarié, lança un juron qu'il est inutile de reproduire, puis il disparut. J'appris d'un de ses compagnons, dans la soirée, qu'il était redescendu à Sierre pour y chercher sa pipe.

Cette excursion à Louesche-les-Bains a été l'un des principaux épisodes de ma rapide traversée de la Suisse. La colonie française s'était divisée en deux caravanes : celle des mulets et celle des voitures. Les mulets suivent un sentier abrupt et étroit, taillé comme une corniche au rebord de la montagne, et qui abrége le chemin de près de deux heures. Un souvenir sinistre s'attache à cette voie, depuis la chute qu'y fit, il y a deux ou trois ans, une dame qui portait le nom d'un des principaux dignitaires du second empire. Les versions diffèrent sur les causes de cet accident, si elles ne peuvent malheureusement différer sur ses résultats : selon les uns, il faut l'imputer à la rencontre de deux mulets entêtés, dont aucun ne voulut céder la droite à son camarade ; selon les autres, à l'impatience nerveuse de la dame, qui prétendait diriger la marche de sa monture au lieu de se laisser diriger par elle. Les muletiers sont unanimes à le mettre sur le compte de la voyageuse : elle avait des vertiges, assurent-ils, et pouvait aussi bien faire une chute mortelle dans la rue de Rivoli ou sur le boulevard des Italiens. Les précipices ont englouti le mot de cette lugubre énigme. Par bonheur, si l'on en excepte deux ou trois ruades, déchargées par autant de mulets à des Parisiens qui les serraient de trop près, notre excursion ne devait pas grossir le martyrologe de ces victimes des Alpes.

Le chemin des voitures prend d'abord la route du Simplon, que j'ai été surpris de voir presque aussi sillonnée d'équipages et de chars-à-bancs que la route du bois de Vincennes. Après une heure et vingt minutes de marche, on s'arrête au confortable hôtel de la Soute. Là, première station des guides, qui sera suivie de beaucoup d'autres. Les muletiers ne perdent pas une occasion de *boire le vin blanc* : c'est un devoir sacré pour eux d'entrer dans tous les *bouchons* qu'ils rencontrent. Qui eût jamais cru que l'air des glaciers altérât à ce point! On passe ensuite le Rhône sur un pont couvert, et l'on monte jusqu'à Louesche-la-Ville. Là trois ou quatre crétins, appuyés sur des béquilles, nous envoient des baisers, en échange desquels nous leur jetons quelques sous. L'église de Louesche-la-Ville possède un charnier où les cadavres se conservent à l'état de momies, curiosité funèbre que le manque de temps nous a dispensés d'aller voir.

On monte, on monte toujours, par d'interminables zigzags, en dominant le Rhône limoneux et rapide, dont les flots offrent l'apparence d'un torrent de neige fondue, tantôt se divisant à l'infini sur un large lit de sable, tantôt resserré et comme canalisé par des digues qui mettent un frein salutaire à ses débordements. Les Alpes multiplient autour de nous leurs ondulations escarpées et leurs pics coiffés de calottes de neige. La route, bordée, en guise de rampes, de bancs minces comme des feuilles de carton, longe de sauvages crevasses, des gorges inaccessibles plantées de sapins et au fond desquelles s'étend parfois une pelouse d'un vert tendre et savoureux, sur laquelle l'œil se repose avec délices. A notre gauche, sur son lit de rocs, bondit avec un bruit infernal la Dala, que nous franchissons sur un pont digne des Romains. Puis le clocher blanc d'un village se dessine dans le lointain, et après avoir décrit, pendant une heure encore, d'interminables arabesques, on arrive au village d'Inden, avec ses chalets de bois, exhaussés à trois ou quatre pieds du sol par des piquets que couronnent de larges pierres.

Nouvelle station des guides ! J'entre, avec une inquiétude bien vite dissipée, dans l'auberge principale du lieu — une auberge très-civilisée, où la salle à manger est ornée de gravures en taille douce, et où l'on sait parfaitement l'art de faire payer 1 fr. 50 une omelette de trois œufs. J'y bois une demi-bouteille d'un certain vin rouge du pays, qui s'appelle le vin d'Enfer et n'a point volé son nom. Pendant ce quart d'heure d'arrêt, je vois défiler sous les fenêtres de l'hôtel des membres de l'*Alpin-Club* (j'aime à le supposer du moins), le bâton ferré à la main, le mouchoir blanc flottant sur la nuque, le pantalon relevé et serré au mollet comme celui de nos zouaves ; une bande de *compagnons* faisant leur tour de Suisse, le chapeau enguirlandé de fleurs et de rubans, avec la longue corne en sautoir ; les muletiers ivres, débraillés, chantant à tue-tête des airs qui feraient frémir les amateurs de romances sur les châlets de l'Helvétie. L'un a tellement abusé du vin blanc que ses compagnons sont obligés de le soutenir par les deux bras pour le traîner à l'auberge.

« Voyons, dis-je paternellement à l'un d'eux, il en a assez. Ayez pitié de lui !

— Oh ! monsieur, me répond-il avec bonhomie, il ne fait que commencer : il boira bien encore ses deux ou trois bouteilles.

— La charité, monsieur, pour un pauvre homme à jeun ! » murmure d'une voix rauque l'ivrogne lui-même, en essayant de relever la tête et de cligner ses gros yeux chassieux.

Le vers de Guiraud m'est revenu à la mémoire :

Un petit sou leur rend la vie !

Dieu sait combien de fois on vous le demande en Suisse, ce petit sou du poëte ! A Sion, j'ai interrogé dans la rue un des agents de la police, en uniforme, le priant de m'indiquer le chemin de mon hôtel : il l'a fait avec une complaisance extrême, en persistant à m'accompagner, malgré mes protestations, et comme je me confondais en remercîments, il a murmuré à voix basse quelques mots que je n'ai point entendus, mais qu'un geste expressif de sa main droite m'a fait comprendre.

Ceci se rattache à un côté du caractère suisse que j'ai bien des fois observé chez les classes populaires du pays, surtout dans les cantons pauvres. Quoiqu'il ait d'illustres exemples d'héroïsme dans son histoire nationale, le Suisse, esprit positif, plus fourni de facultés solides que brillantes, moins doué d'imagination que de sens, semble avoir surtout les qualités qui font le bon serviteur. Il est entendu que je parle toujours de l'homme du peuple. Ces républicains sont nés pour être d'excellents domestiques, probes, fidèles, laborieux, dévoués à la main qui les paie. Soldats, ils louaient leurs services à qui en avait besoin, et se battaient pour une cause qui n'était pas la leur, avec une intrépidité loyale, en gens qui veulent bien gagner leur gage. Dans un autre ordre, ils ont laissé leurs noms, comme un titre d'honneur, aux portiers de nos hôtels et de nos grandes maisons. Il manque à leur esprit et à leur âme, si je puis m'exprimer ainsi, précisément ce qui manque à leur corps : le charme, la grâce, la délicatesse, ce je ne sais quoi, eût dit le Père Bouhours, qui est comme le duvet de la pêche et la poussière irisée de l'aile du papillon. En employant cette comparaison poétique, je pensais surtout aux jeunes Suissesses du Valais, à la façon toute pratique dont les plus honnêtes d'entre elles comprennent l'amour et le mariage, et dont elles en parlent, ces Héloïses de la montagne qui ont grandi au milieu des mulets, des étables et des fromages, et que la pauvreté a ployées de bonne heure aux plus dures nécessités de la vie ! Mais si je me laissais aller à développer cette idée, ma digression deviendrait bien vite un hors-d'œuvre.

Pendant le dernier terme de notre ascension à travers ces sommets désolés, où pas un oiseau n'apparaît, en apercevant le village d'Albinen hissé sur le revers de la montagne à plusieurs centaines de pieds au-dessus de nos têtes, au milieu de ses prés, de ses bois, et même de quelques champs cultivés, — car les industrieux montagnards tirent parti de tout, et ils ont trouvé moyen de labourer deux ou trois arpents de terre, ou plutôt de roc, dans le voisinage de la région des neiges éternelles, — je me demandais quelle différence il doit exister entre le cerveau, entre la manière de voir, de sentir, de comprendre d'un habitué du boulevard des Italiens, qui vit au cœur de la population la plus raffinée, et d'un habitant de ces villages, séquestré, pour ainsi dire, du reste du monde, dans une région que ne visitent même pas les touristes, loin des journaux, loin des coulisses, loin des cafés, loin du bruit que font par le monde M. Renan, la Patti et Mlle Thérésa, et pour qui Sion, la ville aux quatre mille habitants, est une capitale, un centre, un soleil ! Tout au moins semble-t-il qu'il soit impossible de vivre au milieu de ces beautés sublimes de la nature sans que le cœur en soit agrandi et l'imagination exaltée. Il n'en est rien : le Valaisan naît et meurt dans ses montagnes comme la sole dans l'Océan, sans en soupçonner la grandeur, et il ne remporte de cette communication quotidienne avec ce que l'altière nature a de plus imposant que cette espèce de vie végétative et animale qu'elle donne presque toujours à ceux qui vivent en contact perpétuel et exclusif avec elle, et dont Jules Breton a si bien rendu l'expression équivoque dans le regard atone et vague, demi-rêverie et demi-hébêtement, de sa *Gardeuse de Dindons*.

Cependant, à force de monter, nous avons fini par arriver, cinq heures et demie après notre départ, aux Bains de Louesche. Depuis longtemps déjà, l'immense et sombre paroi de la Gemmi, qui se dresse à pic devant le village jusqu'à une hauteur de huit cents mètres, se montrait à chaque détour de la route, semblable à une muraille dressée à l'extrémité du monde. De Louesche, nous la voyons en face, et nous restons écrasés devant cette masse de granit qui dessine sur l'azur pâli du ciel la silhouette d'une forteresse de géant, couronnée de citadelles, flanquée de bastions et de demi-lunes. L'effroyable muraille s'étend tout d'un bloc et tout d'un jet, si compacte qu'on ne devine pas d'abord comment il est possible de la traverser, avant d'avoir découvert à sa base deux ou trois fissures presque imperceptibles qui ouvrent une porte dans l'abîme.

Il était trop tard pour tenter l'ascension, car déjà la nuit commençait à tomber. Une partie de la caravane, arrivée à dos de mulets deux heures avant nous, avait pris depuis longtemps la route de la Gemmi, et, de la place du village, on suivait la longue file grimpant lentement vers la crevasse escarpée où elle allait disparaître. Pour me dédommager, je suis allé voir les bains. Ils comprennent de vastes piscines où trente personnes peuvent tenir à l'aise. Une balustrade règne autour de chaque piscine, permettant au visiteur de faire la conversation avec le malade, pendant cet interminable bain, qui, d'après les règles, doit durer cinq ou six heures le matin et deux heures l'après-midi. — Pour varier ses plaisirs, tout baigneur a devant lui sa table flottante, sur laquelle il dépose le tricot, l'ouvrage de tapisserie, le livre ou le jeu de cartes destiné à charmer ses loisirs.

Vous voyez qu'il faut être sérieusement malade pour venir se faire soigner à Louesche, dans un village de 500 habitants, perché à 4,250 pieds au-dessus du niveau de la mer, où l'on ne reçoit pas le *Figaro* et où l'on ne joue pas le trente et quarante. On n'a point, même pour se distraire, la perspective des avalanches : ce n'est pas qu'elles manquent à Louesche ; mais, depuis que l'établissement de bains fondé par le cardinal Schinner fut emporté par l'une d'elles, en compagnie de soixante-dix personnes, les autorités de Louesche ont fait un pacte avec la montagne, et les prospectus assurent qu'il n'y a rien à craindre *pendant la saison*.

En parcourant le village, qui est triste et pauvre, et où l'on ne rencontre pour tous monuments qu'une dizaine d'hôtels, l'église et la croix élevée à la mémoire de six chasseurs de chamois broyés par une avalanche, il y a quelques années (mais pas *pendant la saison*), j'ai fait connaissance avec une bonne vieille, la principale commerçante de l'endroit, qui cumule les fonctions de marchande de tabac, de marchande de nouveautés, de mercière, de fruitière, de vendeuse de photographies et de bâtons ferrés, de limonadière et de sage-femme. La population est si misérable que non-seulement cette serviable matrone doit accoucher gratis la plupart de ses clientes, qui ne la laissent point chômer, mais qu'elle doit presque toujours encore fournir le linge pour envelopper le nouveau-né et apporter l'huile et le beurre. Elle se rattrape sur les étrangers. Elle comptait vendre le soir au moins deux ou trois chemises de flanelle aux excursionnistes de la Gemmi, et cette perspective la réjouissait fort. Disons tout de suite que son espoir s'est réalisé. A dix heures du soir, tout le village, amassé sur la place, autour de la musique qui donnait un concert aux habitants de l'Hôtel des Alpes, a vu luire les torches aux flancs de la sinistre forteresse de granit, et une demi-heure après, les muletiers ivres ramenaient la caravane saine et sauve, malgré les péripéties diverses de cette dangereuse excursion, — mais brisée de fatigue et trempée de sueur.

J'ai profité des derniers moments du jour pour aller visiter la cascade de la Dala et les abords du village d'Albinen. Le glacier de la Dala brillait comme un vaste champ de perles aux rayons du soleil couchant. On le croirait à dix minutes de distance, mais il faut plus de trois heures pour l'atteindre. Je me suis arrêté en chemin à l'endroit où le torrent se précipite d'un rocher qui ressemble à un large tronc d'arbre entr'ouvert par la foudre, et dont la noire échancrure dégorge d'un jet continu un flot d'eau sale qui semble fait de toutes les fanges du glacier.

J'avais calomnié le village d'Albinen, en le représentant comme séquestré du reste du monde. Il communique avec Louesche par un chemin vicinal, composé de sept échelles, qui demeurent en permanence superposées le long des parois du roc. Les montagnards et les montagnardes, peu sujets au vertige, défilent jour et nuit, suivant leurs besoins, par cette route primitive, le dos chargé d'une hotte, un paquet sous le bras, quelquefois un mouton sur leurs épaules, car les bergers du lieu sont obligés, à certaines époques, de transporter ainsi leur troupeau pièce à pièce aux pâturages. La conduite à tenir, en cas de rencontre sur cette voie étroite, est prévue et réglée par un usage qui a force de loi, absolument comme pour les voitures qui se croisent sur les boulevards de Paris : celui qui monte doit se couler derrière l'échelle pour laisser le passage libre à celui qui descend. Ce moyen est d'une simplicité admirable, comme l'œuf de Colomb, et je ne l'aurais pas trouvé.

Pour l'amour du pittoresque, j'eusse voulu tenter l'escalade, mais divers petits obstacles m'ont arrêté dès le début. D'abord, il faisait à peu près nuit, puis l'on nous avait prévenus que les habitants d'Albinen s'occupaient, depuis quelques jours, à abattre des sapins à la cime du roc, au-dessus de l'échelle, et qu'il était nécessaire de crier à tue-tête, tout le temps du trajet, pour les avertir de suspendre leur besogne. En outre, à ma première tentative, je découvris quelques détails qui me firent trembler : les échelles ne sont nullement scellées, mais simplement posées sur un rebord de roc, comme s'il s'agissait de grimper au placard où l'on renferme les confitures. Les échelons craquent sous le pied et manquent çà et là, sans que les montagnards se soient jamais aperçus de ces misères. Risquer de recevoir un sapin sur le crâne, pour avoir le plaisir de se casser le cou, c'est une volupté que j'ai volontiers abandonnée à ceux qui ont le goût de ce genre de gloire. L'un de nous, le plus brave, est parvenu à escalader la montée des échelles, pendant que tous en chœur nous exécutions un formidable concert de *Ohé! ohé!* pour lui éviter du moins la chute d'un arbre dans le dos. Je regrette de ne pas savoir son nom, afin de le transmettre à la part de postérité dont je puis disposer.

Toute la nuit, le bruit du vent, des torrents et des sources jaillissantes m'a tenu éveillé. Je me suis levé avec l'aurore, et, en me mettant à la fenêtre, j'ai aperçu mon guide qui fumait, d'un air recueilli, dans une magnifique pipe de deux sous, à couvercle de cuivre. Il l'avait retrouvée. Trois jours plus tard, j'étais redescendu à Sierre.

VI

Le passage du Simplon.

Il ne me restait plus qu'à revenir à Sion, pour y prendre la diligence qui fait la longue et laborieuse traversée du Simplon. L'Italie, si l'on me passe ce souvenir mythologique qui est à sa place ici, rappelle la fable du Jardin des Hespérides gardé par des dragons. Elle est protégée de toutes parts, en dehors de la mer, par un cercle de montagnes qui font sentinelle à ses frontières, et forcent le visiteur d'acheter sa conquête au prix qu'elle vaut. Si, comme moi, l'on écarte le Saint-Bernard par horreur du suif, on a le choix entre le chemin de fer du mont Cenis, pourvu qu'il ne soit point détraqué par l'orage, et les routes de voiture du Saint-Gothard, du Simplon et de la Corniche.

Celle du Simplon est la plus étonnante, au dire

des gens qui s'y connaissent et qui les ont comparées. Après soixante ans, elle reste encore l'une des œuvres prodigieuses du dix-neuvième siècle. Les temps sont passés où il suffisait à Annibal d'une tonne de vinaigre pour se frayer un chemin à travers les Alpes, — procédé économique et expéditif dont Napoléon eût bien voulu retrouver la recette. Mais on n'en fait plus aujourd'hui de ces vinaigres-là, et c'est à peine si, pendant six ans, les pioches de cinq mille ouvriers, aidées de cent soixante mille quintaux de poudre, ont pu suffire à remplacer la tonne d'Annibal.

On m'avait donné rendez-vous à onze heures précises au bureau de la diligence, sans doute pour me procurer le plaisir de me promener pendant une heure et demie dans les rues de Sion. Mais tout vient à point à qui sait attendre. A minuit vingt-cinq, le lourd véhicule s'ébranle. En route pour l'Italie ! Nous arrivons d'un trait et d'un somme jusqu'à Briegg. L'aube se levait, et je m'éveillai en même temps qu'elle. C'est à Briegg seulement que commence la montée, et, à partir de ce moment, le Philistin le plus endurci n'a plus envie de fermer les yeux. Toutefois, les grands aspects ne se montrent pas encore, et l'œuvre de la nature, dans cette première partie du trajet, s'efface en quelque sorte devant celle des ingénieurs ; mais on n'a pas besoin d'avoir fait ses études à l'école des ponts-et-chaussées pour admirer cette route de huit mètres de large, qui rampe en pentes adoucies aux flancs de la montagne, conquise sur le roc et quelquefois sur le vide, appuyée sur des terrasses en maçonnerie massive longues de plusieurs kilomètres, franchissant chaque gorge et chaque ravin sur des ponts hardis qui se jettent en un seul élan d'une rive à l'autre de l'abîme.

Un charme étrange se mêle à ces débuts du voyage. Les rayons du soleil levant se jouent comme un sourire sur cette rude physionomie de la nature, qui en est tout adoucie et tout égayée. La Saltine babille et cabriole au fond d'un joli précipice, comme un écolier en rupture de ban. Le mobile rideau des sapins fait courir un frémissement de verdure sur la ligne escarpée des monts ; la gentiane et la rose des Alpes lèvent leurs têtes pâles entre deux brins de mousse. A chaque détour de la route, on revoit au-dessous de soi les maisons blanches de Briegg, et l'on entend tinter au loin avec une limpidité cristalline, dans l'air pur des hauteurs, les clochettes des troupeaux errants, mêlés aux sons affaiblis de l'angélus du matin.

Aux abords du premier refuge, de toutes petites filles, courant pieds nus sur le roc, viennent environner la voiture, en nous envoyant des baisers et en nous tendant, d'un geste muet, de maigres bouquets de saxifrages : c'est une idylle de Gessner dans un cadre à la Salvator Rosa. En arrivant au deuxième, le postillon lui-même s'approche des portières, chapeau bas, et sollicite *la pièce* pour boire un coup de vin blanc : il assure que cela donnera du cœur à ses chevaux, qui vont en avoir besoin.

Dès qu'on a franchi, sur le pont colossal de la Ganter, un précipice ravagé par les avalanches, au fond duquel vient s'abîmer avec bruit un torrent qui tombe en cascade écumeuse de cent mètres de haut, la voiture s'engage sur un autre versant des Alpes. L'aspect de la nature devient de plus en plus âpre et bouleversé, les cascades se multiplient, les forêts de sapins vont s'affaiblissant peu à peu, comme les dernières ramifications d'une chaîne de montagnes ; on approche de la région des neiges éternelles. Une heure encore de marche : voici le quatrième de ces nombreux refuges semés sur la montagne de distance en distance, pour servir d'abri au voyageur surpris par l'ouragan, et qui ne lui permettent pas de se croire abandonné, même au milieu des solitudes les plus sauvages. Partout où il va, la charité le suit : il se sent enveloppé comme d'un manteau, réchauffé, encouragé, consolé par la protection de ce bienfaiteur invisible, mais toujours présent, qui ne cesse de penser à lui.

Retournez-vous maintenant, et saluez d'un dernier adieu le groupe majestueux des Alpes bernoises : — le mont Rose, qui étincelle avec des lueurs d'opale et des transparences d'émeraude aux rayons du soleil, et la Jungfrau, dressant son front virginal, d'un éclat éblouissant sous le diadème de neige qui la couronne et la chevelure de nuées qui flotte sur ses épaules. Devant vous, à vingt enjambées, ce semble, le glacier de Kaltwasser étale sa morne et implacable blancheur. On en voit sortir les torrents et jaillir les fleuves, littéralement surpris à leur source, tantôt dévalant dans le lit qu'ils se creusent en filets de fange et d'écume, tantôt s'élançant des flancs du glacier en courbes limpides comme un jet d'eau filtrée. Et l'on éprouve l'irrésistible envie, ne fût-ce que par amour du contraste, d'aller plonger jusqu'aux coudes dans cet amas de neige durcie, vieille de plusieurs siècles, ses bras inondés de sueur. En m'élançant à l'étourdie pour réaliser cette belle antithèse, j'ai heurté du bout de ma canne une pierre, derrière laquelle se tenait replié sur lui-même un myosotis à demi-mort de froid. Pauvre petite fleur bleue du souvenir, poussée à douze cents mètres au-dessus du niveau de la mer, je t'ai cueillie en mémoire de ceux que j'aime, et je la leur enverrai pour leur dire : « Pensez à moi, qui pense à vous ! »

Nous montons toujours. Plus un arbre autour de nous, plus une fleur ou un brin de mousse à nos pieds, pas un oiseau dans l'air ! Mais tout à coup, sur notre gauche, un mince filet de fumée s'échappe entre deux fissures, et, au détour du rocher, la voiture débouche en face d'un vallon stérile, resserré entre deux plis de la montagne. Quatre ou cinq misérables cabanes de bois, auxquelles la porte sert de fenêtre et de cheminée, chargées de lourdes pierres aux angles de la toiture pour ne point s'envoler à la première tourmente ; sur le seuil de ces cabanes, de pauvres femmes en haillons, qui nous regardent passer en tricotant des bas; un gamin couché sur le dos avec une indolence superbe, qui fait paître au bout d'une corde enroulée à son bras une vache plus maigre que celles qui apparurent en songe à Pharaon; sur la route, un cantonnier, — le père, sans doute, — cassant tranquillement des cailloux : cette rencontre imprévue nous remet à l'esprit la pensée de l'homme, que nous avions oubliée. Partout où il trouve une place pour y poser son pied, comme si la terre était trop petite, l'homme vit, travaille, souffre et meurt. Si loin que l'on aille, si haut que l'on monte, on l'y trouve établi, et là où l'on ne voit plus l'aigle, on y rencontre l'homme.

Je ne me sens point capable de reprendre en détail toutes les étapes du voyage, de décrire ces galeries granitiques ouvertes à travers le roc, percées d'arcades par où l'on peut se pencher sur l'abîme, protégées par des fortifications çà et là abattues et démantelées, comme des arbres déracinés par l'orage, ni surtout cette dernière galerie en partie double, qu'ébranlent sans cesse de leur choc furieux, avec des hurlements de loups enragés, cinq ou six cascades qui viennent se réunir sur sa tête en une nappe immense, comme pour concentrer tous leurs efforts contre elle, et qui, après avoir rebondi par-dessus, en laissant filtrer à travers les parois une pluie glaciale dont j'ai été trempé jusqu'aux os, vont tomber d'une seule culbute au fond du précipice !

Malgré l'ardeur du soleil, la bise qui souffle nous glace à travers nos pardessus. Nous sommes maintenant à 6,580 pieds au-dessus du niveau de la mer. Une croix scellée dans le roc marque le point culminant de la route : la pensée de Dieu sied à ces hauteurs, où tout nous parle et nous rapproche de lui. En moins de dix minutes, nous descendons à l'hospice, — un monument dont la simplicité et la solidité font tout le mérite architectural. Nous n'avons point vu un seul des religieux qui l'habitent, mais de magnifiques chiens, à la forte encolure et aux poumons de bronze, héritiers évidents, bien qu'un peu dégénérés, des molosses du grand Saint-Bernard, viennent aboyer bruyamment autour de nous, — sans férocité toutefois, et uniquement pour protester contre l'incivilité que nous leur avons faite en n'ayant point recours à leurs services pour nous tirer de quelque mauvais pas.

Bientôt après, la diligence s'arrête au village du Simplon, triste et misérable amas de cahutes bloquées entre six glaciers, dans un vallon sombre où ne pénètrent presque jamais les rayons du soleil. Broyé jadis par l'éboulement d'une montagne, ce lugubre hameau vit continuellement dans la terreur de l'épée de Damoclès que la nature a suspendue de toutes parts au-dessus de sa tête. Le Simplon est, pour ainsi dire, le dernier village de la Suisse, mais ce n'en est pas encore la frontière. Par un bizarre contraste, à mesure qu'on approche de l'Italie, la route se fait plus sauvage et ses aspects deviennent plus sinistres et plus farouches. Les précipices se creusent à pic jusqu'à des profondeurs vertigineuses, les cascades s'effondrent sur elles-mêmes le long des parois dénudées, les rocs escarpés se dressent, se contournent et surplombent avec des airs menaçants, la nature semble agitée de convulsions qui la font retourner au chaos. On entre en Italie par la gorge étroite du Gondo comme par le cratère d'un volcan, au bruit du torrent enragé de la Doveria, qui se tord avec des bonds épileptiques dans le fond de l'horrible ravin qu'il dévaste. Tous les autres torrents de la montagne ne sont que des ruisseaux paisibles, dignes d'être chantés par Mme Deshoulières, auprès de ce débordement de vitriol ou de lave fondue, qui broie et roule les rochers dans ses flots, en dégageant la fumée d'une fournaise. L'Italie redouble d'efforts pour ne pas être conquise, et se défend jusqu'à la dernière extrémité.

Mais elle a beau faire : nous y voici enfin ! Nous venons de dépasser la colonne de granit qui marque la frontière de la Suisse. Dix minutes après, la diligence s'arrête devant un grand bâtiment flanqué de quelques maisons, et le conducteur ouvre la portière. Nous sommes à Isella, et, comme les pays les moins poétiques du monde, l'Italie s'ouvre prosaïquement par un poste de douaniers. On décharge la voiture et l'on visite minutieusement les bagages. Un brigadier, orné de moustaches formidables qui le font ressembler à Victor-Emmanuel, préside d'un air rébarbatif à cette opération, et refuse avec une indignation verbeuse la pièce de 50 centimes que lui offre, pour le corrompre, un voyageur trop confiant dans ses notions particulières sur l'état des finances italiennes.

Nous remontons en diligence, harcelés par un essaim de jeunes drôles qui veulent absolument nous vendre, comme des cristaux rares, tous les cailloux de la montagne. Un grand escogriffe, tout dépenaillé, se penche à la portière avec un sourire obséquieux :

« *Signori, io sono facchino...* »

Ce que je traduis aussitôt, comme il est naturel à un Français débarquant en Italie, par ces mots pleins de vraisemblance et de couleur locale : « Messieurs, je suis un faquin. » Sans chercher à me rendre compte de l'opportunité de cette confidence, j'allais lui faire la réponse de Pandore à son brigadier. Mais un voisin obligeant m'avertit de ma méprise et me traduit sa phrase : « Je suis le commissionnaire qui ai déchargé les bagages. » A quoi nous lui répliquons, avec une navrante unanimité, que S. M. le roi d'Italie ne peut manquer de lui en savoir un gré infini.

Encore une heure de montagnes à pic, de gorges, de galeries percées dans le roc, de torrents et de ponts suspendus sur l'abîme ; puis tout rentre peu à peu dans l'ordre. La nature s'apaise, les Alpes rendent les armes ; l'Italie ne se défend plus. Vers six heures du soir, nous entrons à

Domo d'Ossola, entre deux rangées de jardins en fleurs et de *lazzaroni* en guenilles.

Italiam! Italiam! Depuis le fidèle Achate, c'est le cri de tout voyageur qu'attire l'inépuisable magie d'un pays dont la curiosité banale et gloutonne de tant de millions de touristes n'a pu épuiser les merveilles. Mais pour aujourd'hui je dois m'arrêter sur le seuil. Une autre fois, si le lecteur le veut bien, je l'introduirai dans la terre promise.

TABLE DES MATIÈRES

VOYAGE EN HOLLANDE.

I. — Le départ. — Types de voyageurs. 1

II. — Entrée en Hollande. — Dordrecht. 10

III. — Rotterdam. — Les rues, les routes et les canaux hollandais. — Une séance à la grande Eglise. — Érasme et sa statue. 20

IV. — Riswyck. — Digression sur la pipe, la bière, le schiedam, les choux rouges et les pommes au beurre. — Ce qu'on mange et ce qu'on boit en Hollande. — Inauguration de la statue de Tollens. — Coup d'œil sur la poésie hollandaise. 34

V. — Delft. — Guillaume le Taciturne et Balthazar Gérard. 52

VI. — La Haye. — Le Bois et la maison du Bois. — Le cabinet de curiosités et les musées. 65

VII. — Scheveningue. — Le chapitre des chapeaux. 81

VIII. — Leyde. — L'Hôtel-de-Ville. — L'Université. — Le Musée indien. — Le Prophète. 91

IX. — Katwyk-aan-zee et les écluses du Rhin. — La lutte de la Hollande contre la mer. — Souvenirs du roi Louis. — Cruelle aventure du voyageur. 103

X. — Harlem, son bois, ses orgues et ses tulipes. — La Bourse des oignons. — Un pseudo-Gutenberg hollandais. — Dessèchement du lac de Harlem et d'une portion du golfe de l'Y. 131

XI. — Amsterdam. — Les quais, les ponts, les canaux et le golfe. — Le Dam et son trio de monuments. — Le

Palais royal, les églises et les maisons d'orphelins. — Le Kalverstraat et le Boter-Markt............. 145

XII. — Amsterdam (suite). — Le jardin zoologique. — Les théâtres. — Les crieurs de nuit. — Les traîneaux. — Le quartier des Juifs. — Les musées publics et les collections particulières...................... 163

XIII. — Le tour du Zuiderzée................. 182

XIV. — Broek et Zaandam. — Les trekschuits et les fromageries hollandaises. — Le jardin mécanique et la cabane de Pierre-le-Grand.................. 197

XV. — Utrecht. — Le jansénisme en Hollande... 223

XVI. — Zeist. — Le *phalanstère* des frères Moraves. — Coup d'œil sur l'état religieux de la Hollande......... 239

XVII. — Arnhem. — Circuit par la Prusse rhénane. — Les ombres de Cornélius et de Schadow à Dusseldorf. — Charlemagne et Mme Colet. — Rentrée à Paris............................... 260

UNE EXCURSION EN SAVOIE ET EN SUISSE.

Prélude............................... 267
I. — Aix-les-Bains...................... 272
II. — Chambéry et les Charmettes............. 288
III. — Genève et Ferney. — Le tour du lac....... 301
IV. — Saint-Maurice et Martigny.............. 313
V. — Sion. — Louesche et ses bains. — Le col de la Gemmi. — Les échelles d'Albinen............. 325
VI. — Le passage du Simplon................. 344

Coulommiers. — Typ. Albert PONSOT et P. BRODARD.

LES
VACANCES D'UN JOURNALISTE

Par Victor FOURNEL

1 vol. in-18.

EXTRAITS DE QUELQUES ARTICLES :

M. Victor Fournel, dont on connaît les savantes et agréables études sur bien des sujets de notre histoire littéraire, a rassemblé dans ce volume des esquisses de voyages que nul ne lira sans plaisir. Ce sont de vives ébauches enlevées au courant de la plume. Huit jours dans les Vosges, une promenade à Londres, un voyage à Madrid, une course à travers l'Allemagne et l'Autriche-Hongrie, tels sont les récits où s'exerce la verve humoristique de l'auteur. Le style est plein d'entrain et de bonne humeur. Ce qui nous charme dans ces pages aimables, c'est qu'au milieu des narrations les plus gaies, on voit toujours percer à l'occasion un noble sentiment patriotique.

Revue des Deux Mondes du 1er septembre.

L'auteur des *Vacances d'un journaliste*, M. Victor Fournel, est un très-joyeux compagnon de voyage ; il sait vous amuser beaucoup en vous instruisant énormément. C'est qu'aussi bien il fait partie d'une race d'écrivains qui s'en va, et chez qui la science littéraire se relève et s'aiguise de je ne sais quelles qualités de grâce et de finesse qui avaient toujours passé pour vivre en très-mauvaises camarades avec la réflexion et l'étude. Il y a du poëte dans les écrivains de cette trempe. M. Victor Fournel est un homme de travail. Il a une immense lecture, un grand fonds d'observation, un goût mûri par la comparaison entre eux de tous les chefs-d'œuvre du génie humain : eh bien ! toutes ces fortes qualités ne vont pas, dans les *Vacances d'un journaliste,* sans le cortége d'une bonne humeur toujours en éveil.

On lira avec fruit tout ce que l'auteur des *Vacances d'un journaliste* raconte sur les musées de Madrid et de Valladolid : mais quel imprévu et quel piquant dans le récit des tribulations de son estomac à Tolède ! On s'instruira en l'accompagnant à Londres, voire même à travers l'Allemagne, depuis Heidelberg jusqu'à Prague ; en l'entendant, sur son passage, évoquer tant de souvenirs glorieux et tristes, ridicules et charmants ; mais quel plaisir on prend à voir chez elles, sur le nu pour ainsi dire, ces différentes civilisations si remplies d'elles-mêmes, et qui pourtant nous permettent, tout compte fait, d'opérer de si consolants retours sur ce pauvre pays de France, le meilleur des pays encore, parce que si la cuisine y est meilleure qu'en Espagne, on y vit davantage aussi de cette vie intellectuelle qui sait s'abreuver à toutes les sources de la nature et de l'art, passer en un mot du grave au doux et du plaisant au sévère, sans rien perdre pour cela de la chaleur de son sang, de la puissance de ses facultés, de son élan vers les sommets. C'est de cette vie-là que vit M. Victor Fournel ; nous sommes heureux de lui dire qu'il en a fait passer toutes les qualités dans le livre nouveau dont il vient d'enrichir la collection déjà très-respectable de ses œuvres.

E. G. *Moniteur* du 5 décembre.

... Quand nous disons journaliste, c'est pour nous conformer à la qualification que prend l'auteur : c'est artiste qu'il faudrait dire. Ce qu'il cherche à saisir, c'est l'aspect des lieux, la physionomie des populations, le caractère du pays... Ce sont donc ici de rapides crayons, comme on disait au XVIIe siècle, où la réalité est saisie par son côté élevé et dans ce qu'elle a de pittoresque et de poétique. Qu'il se trouve quelque part dans les monuments, les sites, les personnes, un sentiment, une pensée, un trait, qui parle à l'imagination ou au cœur, voilà ce qui arrêtera le regard de notre voyageur, ce qu'il « croquera » d'une main vigoureuse et sûre...

C'est dans ces dispositions d'esprit indépendantes et élevées que M. Fournel a fait sa pointe sur Madrid. Rien de plaisant comme cette odyssée qui, dans l'ordre du bien-être et du confort, réservait tant d'épreuves à notre touriste impromptu. Nous avons ri, ainsi que chacun le fera, des scènes d'hôtelleries et de restaurants. Toutefois, ce n'est pas par ces épisodes amusants que ce récit nous plaît le plus. Ce que nous en aimons davantage, c'est cette suite d'esquisses, nous dirions presque d'eaux-fortes si vivement enlevées et si bien prises sous leur jour. Il y a dans la population, dans les monuments et dans la nature, en Espagne, une unité dont M. Fournel a eu le vif et intime sentiment...

La seconde excursion n'est, au dire de l'auteur, qu'un *simple coup d'œil sur Londres*. Ce coup d'œil est rapide en effet. Mais il ne nous en semble pas moins pénétrant ; M. Fournel a ce qui s'appelle dévisagé Londres...

Douhaire, *Correspondant* du 25 août.

Parmi ces tribus de nomades, il est rare de rencontrer un homme sincère dans ses sentiments et dans ses opinions ;

aussi n'avons-nous que des éloges à faire de ce spirituel écrivain, toujours gai, toujours aimable, toujours attrayant, M. Victor Fournel.

Son excursion dans les Vosges a la fraîcheur des vallées et le pittoresque des montagnes ; on y descend avec lui des pentes escarpées, on y gravit des pics à vues splendides, on y traverse des lacs en miniature, on y brûle au soleil, on y est transpercé par des pluies d'orage, c'est partout les variétés, les grâces d'une nature délicieuse, resserrées dans un cadre étroit, mais agréablement rempli.

Quant à sa course fortuite en Espagne, rien de plus original... Ce récit aussi rapide qu'un train exprès, aussi spirituel qu'un article de Bernadille, nous mène aux bons endroits, aux musées, aux églises, au *Prado*, à la *Puerta del sol*, partout où il y a à voir, à observer et même à rire.

Autant l'excursion de M. Fournel en Espagne est pittoresque, picaresque et étincelante de couleurs, autant son coup d'œil sur Londres est sérieux et grave. En Espagne, il n'a vu que l'originalité des sites, des gens, des choses ; à Londres, en face de ce fourmillement, de cette énormité, il se fatigue à regarder et à marcher, et ne parvient qu'à se donner par quelques parties une idée de l'ensemble. Mais cette idée est juste et puissante.

Ce qui particularise le talent de M. Victor Fournel, c'est la gaieté, c'est l'humour ; la gaieté dans les petits accidents de la vie, dans les vicissitudes des voyages, dans le choix des accidents : l'humour dans les réflexions, dans les récits, dans le style. D'un trait, il dessine une figure, et la groupe avec art dans l'ensemble de ses portraits ; d'un mot, il peint un aspect, et résume la physionomie des choses et des gens. Il a le don d'intéresser quand il raconte, de peindre quand il décrit, d'amuser quand il critique. Il est juste et vrai dans ses réflexions, quoique de forme enjouée. Il est caustique sans être cruel, sarcastique sans être brutal. S'il égratigne le ridicule, ses coups de patte laissent les traces du bon sens qui sourit et de l'esprit qui pétille. Aussi cette première confidence de ses heures de loisir nous en fait-elle désirer d'autres.

J. D. *Revue de France*, du 31 octobre.

Sous le titre de *Vacances d'un Journaliste*, M. Victor Fournel vient de publier, chez Baltenweck, un amusant et spirituel volume de voyages qui vient très à point dans cette saison des vacances. M. Victor Fournel est, depuis longtemps, bien connu comme érudit, critique et chroniqueur. C'est aussi un touriste infatigable qui, ayant beaucoup vu, a beaucoup retenu. Nous sommes assurés que cette alerte et piquante promenade à travers l'Espagne, l'Allemagne, l'Autriche, etc., n'obtiendra pas un moins vif succès que jadis ses promenades pittoresques à travers le vieux et le nouveau Paris.

Petite Presse du 13 septembre.

Le gai compagnon et l'aimable *cicerone* que M. Victor Fournel ! Comme il sait vous faire voir du pays à vol de touriste, et vous arrêter au bon endroit, là où une vraie curiosité, un paysage expressif, un souvenir ou un monument historique méritent d'arrêter vos regards ! Les *Vacances d'un journaliste* vous promènent des Vosges en Espagne, d'Espagne à Londres, de Londres en Autriche et en Hongrie. Les scènes varient presque à chaque page ; vous avez bien quelque tentation de courir un peu moins vite que M. Fournel, vous souhaiteriez lui faire manquer le train pour qu'il prolongeât ici ou là son séjour ; du moins le temps trop court qu'il passe avec vous ne saurait être plus agréable. M. Fournel écrit comme il voyage, à la française ; vif, rapide, toujours d'humeur prompte et alerte, saisissant le trait juste qui peint les choses et les hommes, trop pressé pour prétendre tracer autre chose que des esquisses, mais habile à y jeter le mouvement et la vie. Dans le meilleur sens, on pourrait dire qu'il est le plus parisien des chroniqueurs, s'il n'avait un redoutable rival dans Bernadille.

G. Feugère, *Français*, du 15 octobre.

Un écrivain d'un grand talent, M. Victor Fournel, vient de publier, sous le titre de : les *Vacances d'un Journaliste*, un petit volume pétillant de verve et d'esprit. C'est un voyage humoristique à travers des régions plus d'une fois décrites, le midi de la France, l'Espagne, Londres, l'Allemagne, mais observées d'une façon tout à fait neuve et remarquablement pittoresque. On nous croira sans peine quand on aura lu le croquis picaresque d'un dîner servi à l'auteur dans une pension bourgeoise de Valladolid. C'est une page d'un comique vraiment irrésistible, qui laisse loin derrière elle, pour le sel et la bonne humeur, la fameuse satire sur le banquet de Mignot.

Voleur illustré, du 27 octobre.

... Le charme est plus grand encore, quand c'est un conteur aimable, plein de verve et de délicatesse, sachant d'un coup de plume peindre un tableau ou reproduire un trait de mœurs, et raconter un souvenir historique, sans poser en érudit. Tel est le plaisir que je viens de goûter, en parcourant les *Vacances d'un Journaliste*, et quand on saura que l'auteur est M. Victor Fournel, le spirituel et fin critique du *Correspondant*, on n'hésitera pas à me croire sur parole.

Ceux qui n'ont pas eu l'occasion de faire une excursion au-delà des Pyrénées, d'explorer ce vaste labyrinthe qui sous le nom de Londres s'étend sur les rives de la Tamise, de voir un peu cette Allemagne si vantée naguère chez nous, n'auront qu'à lire ces pages pétillantes d'esprit et pleines d'observations piquantes. Ces causeries légères du journaliste lui en apprendront plus que certains gros volumes bourrés de science et de détails. Ses descriptions semblent prises d'un jet, comme une photographie, brillantes comme un paysage sur toile, et quand il y a sur la route une légende intéressante, vous êtes assurés d'en profiter. Il raconte ses *Huit jours dans les Vosges*, comme Tœppfer ses voyages en zigzag... Ne croyez pas que l'intérêt soit acquis aux dépens de la vérité ; les récits, comme les descriptions, y sont de la plus scrupuleuse exactitude, et ce mérite a d'autant plus de prix qu'il n'est pas toujours la qualité propre d'un journaliste en vacances. M. Fournel n'invente rien ; il est vrai qu'avec une imagination riche et un style coloré, il n'a pas besoin de rien inventer. L'incident le plus vulgaire peut, sous sa plume, former un tableau ravissant.

G. BOVIER-LAPIERRE, *Instruction publique*, du 2 décembre.

Un de mes spirituels confrères en chronique, M. Victor Fournel, vient de publier un très-amusant volume de récits de voyage intitulé *Vacances d'un Journaliste*. M. Victor Fournel a promené sa verve humoristique dans toutes les directions : dans les Vosges, de Paris à Madrid, à Londres, en Allemagne et en Autriche-Hongrie. Il y a beaucoup de bonne humeur dans ces pages familières, et mieux encore la marque d'un observateur à l'esprit aiguisé, qui ne laisse rien passer de caractéristique sans le noter dans ses souvenirs. J'ai lu cet aimable livre tout d'une haleine, et il m'a instruit autant que charmé.

Chronique du *Temps*, 10 octobre.

... Ce n'est pas un voyageur, c'est un chroniqueur qui court le pays. Mais quelle bonne humeur, quelle gaieté communicative, quel entrain endiablé, quelle infatigable vivacité, quel pétillement d'adjectifs joyeux et extravagants ! Quelles observations inattendues, quels traits d'un réalisme saisissant ! Depuis les récits de voyages d'Alexandre Dumas, je n'ai pas rencontré une verve aussi soutenue ni une allégresse aussi facile. M. Fournel n'a pas sans doute l'ampleur du grand conteur ; toutefois, il possède ce que n'avait pas naturellement l'illustre dramaturge, l'ironie, l'ironie réjouissante, le sarcasme à demi sournois qui picote plus qu'il ne blesse et qui égratigne comme les bons bourgeois chatouillent pour faire rire.

Ne lui demandez pas, d'ailleurs, trop de descriptions. Dans son premier voyage, les Vosges le poussèrent à quelque étalage de couleur. Maintenant qu'il est bien maître de sa plume et en pleine possession de son esprit, il passe vite à côté des paysages, il ne s'attarde pas à côté des monuments. Ce qu'il lui faut, c'est la rue, la voiture publique, l'auberge, l'homme qui a le mieux conservé le type très-particulier des pays parcourus, l'homme du peuple. Et savez-vous où il est le plus éblouissant ? C'est à la cuisine. Il a des descriptions de repas, de repas espagnols ou allemands, qui dérideraient la statue du Commandeur.

CH. D'HÉRICAULT, *Liberté* du 1ᵉʳ août.

MÊME COLLECTION

Victor FOURNEL
VACANCES D'UN JOURNALISTE

HUIT JOURS DANS LES VOSGES. — DE PARIS A MADRID. —
SIMPLE COUP D'ŒIL SUR LONDRES. —
A TRAVERS L'ALLEMAGNE ET L'AUTRICHE-HONGRIE

Un beau volume in-18 jésus.................... 2 fr. »
— — par la poste. 2 25

Xavier ROUX
LES ALPES
HISTOIRE ET SOUVENIRS
Un beau volume in-18 jésus................ 2 fr. »
— — par la poste. 2 25

Eugène MULLER
SCÈNES VILLAGEOISES
JACQUES BRUNON — GEORGES MAUCLAIR
Un beau volume in-18 jésus.................. 2 fr. »
— — par la poste. 2 25

A. GENEVAY
LES RÉVOLUTIONS D'AUTREFOIS
MÉMOIRES DE DON RAMOS — LE SIÉGE DE FLORENCE
Un beau volume in-18 jésus.................. 2 fr. »
— — par la poste. 2 25

CH. WALLUT
GRANDEUR & DÉCADENCE D'UNE OASIS
MARTHE VERDIER
Un beau volume in-18 jésus, avec gravures, hors texte 2 fr. »
— — par la poste........... 2 25

H. DE LA BLANCHÈRE
HISTOIRE NATURELLE PITTORESQUE
MÉMOIRES D'UNE MÉNAGERIE — FROSCH ET PÉCOPIN
Un beau volume in-18 jésus, avec nombreuses gravures 2 fr. »
— — par la poste........... 2 25

Coulommiers. — Typogr. Albert PONSOT et P. BRODARD.

www.ingramcontent.com/pod-product-compliance
Lightning Source LLC
Chambersburg PA
CBHW050312170426
43202CB00011B/1866